VERA 3 2015
Übungsaufgaben mit Lösungen

Mathematik

STARK

Bildnachweis:
Titelbild: © BilderBox.com
S. 40, 49, 50, 113, 125, 126, 162, 165, 166, 191, 195, 197: Claudia Bichler
S. 45/119, 57/135: Redaktion
S. 67, 148: König: © Gerhard Elsner / Wikimedia; http://commons.wikimedia.org/wiki/File:Cardset1-ck.jpg; lizenziert gem. CC Attribution-Share Alike 3.0 Unported; Dame: © Gerhard Elsner / Wikimedia; http://commons.wikimedia.org/wiki/File:Cardset1-cq.jpg; lizenziert gem. CC Attribution-Share Alike 3.0 Unported

ISBN 978-3-8490-1108-6

© 2014 by Stark Verlagsgesellschaft mbH & Co. KG
9. neu bearbeitete und ergänzte Auflage
www.stark-verlag.de

Das Werk und alle seine Bestandteile sind urheberrechtlich geschützt. Jede vollständige oder teilweise Vervielfältigung, Verbreitung und Veröffentlichung bedarf der ausdrücklichen Genehmigung des Verlages.

Inhalt

Vorwort

Hinweise und Tipps

Allgemeine Hinweise zu den Vergleichsarbeiten ...	1
Vorbereitung auf die Vergleichsarbeiten	1
Die Arbeit mit dem Buch	2
Allgemeine Tipps zu den Aufgaben	3

Tipps und Übungsaufgaben 5

Erster Kompetenzbereich: Zahlen und Operationen
1 Vorbereitungs- und Lerntipps 7
2 Übungsaufgaben 8

Zweiter Kompetenzbereich: Raum und Form
1 Vorbereitungs- und Lerntipps 19
2 Übungsaufgaben 20

Dritter Kompetenzbereich: Muster und Strukturen
1 Vorbereitungs- und Lerntipps 33
2 Übungsaufgaben 34

Vierter Kompetenzbereich: Größen und Messen
1 Vorbereitungs- und Lerntipps 42
2 Übungsaufgaben 43

Fünfter Kompetenzbereich: Daten, Häufigkeiten und Wahrscheinlichkeiten
1 Vorbereitungs- und Lerntipps 53
2 Übungsaufgaben 54

Lösungen 71

Beispieltests 153

1 Vorbereitungs- und Lerntipps 155
2 Beispieltest 1 157
   Aufgabenteil 1:   Muster und Strukturen 157
   Aufgabenteil 2:   Größen und Messen 162
3 Beispieltest 2 169
   Aufgabenteil 1:   Daten, Häufigkeiten und
                     Wahrscheinlichkeiten 169
   Aufgabenteil 2:   Raum und Form 177

Lösungen................................... 184

Autorin:
Christine Brüning

Vorwort

Liebe Eltern,

Sie haben sich für ein Übungsbuch entschieden, mit dem sich Ihr Kind auf die Vergleichsarbeiten Mathematik vorbereiten kann. Diese Arbeiten werden zentral gestellt und in allen Bundesländern im Mai des 3. Schuljahres zeitgleich an allen Grundschulen geschrieben. Die Vergleichsarbeiten wurden als Reaktion auf die **PISA-Studie** eingeführt, um den Wissensstand der Schüler zu überprüfen. Die Arbeiten werden nicht benotet, sondern geben dem Lehrer die Möglichkeit, festzustellen, ob die **Anforderungen der Bildungsstandards** erreicht wurden, und seinen weiteren Unterricht den Leistungen seiner Schüler besser anzupassen.

Das Buch enthält zunächst **Aufgaben**, mit denen sich Ihr Kind gezielt auf die verschiedenen Kompetenzbereiche, die bei den Vergleichsarbeiten geprüft werden, vorbereiten kann. Zusätzlich sind die **Beispieltests** im letzten Kapitel so konzipiert, dass sie in Umfang und Schwierigkeitsgrad einer offiziellen Vergleichsarbeit entsprechen. Dabei ist wichtig zu wissen, dass die Arbeiten so angelegt sind, dass sie nur von leistungsstarken Schülern in der vorgegebenen Zeit vollständig und richtig bearbeitet werden können.

Das Ziel dieses Buches ist, Ihr Kind dabei zu unterstützen, die **Kompetenzen**, die in den Bildungsstandards festgelegt sind, zu **erreichen** und zu **festigen**. Diese Kompetenzen sind **wichtige Grundlagen** für die späteren Unterrichtsinhalte.

Ihr Kind sollte nicht zu früh im Schuljahr beginnen, mit dem Buch zu üben, da es manche Inhalte sonst noch nicht aus dem Unterricht kennt. In oder nach den Weihnachtsferien ist der beste Zeitpunkt, die Arbeit mit dem Buch anzufangen. Achten Sie darauf, dass Ihr Kind die Aufgaben alleine bearbeitet. Erst bei der Kontrolle und Verbesserung der Aufgaben sollten Sie Ihrem Kind, wenn nötig, helfen. Wichtig ist, dass sich Ihr Kind die Lösungen und die hier aufgeführten **Lösungswege** sehr genau anschaut, versucht, sie nachzuvollziehen, und die eigenen Lösungen korrigiert. Nur so kann es verstehen, wie es zur richtigen Lösung kommt, und ein **langfristiger Erfolg** gesichert werden.

Die Arbeit mit diesem Buch bietet darüber hinaus die Möglichkeit, **alle Inhalte des Mathematikunterrichts bis zum Ende der 3. Klasse** zu wiederholen und zu überprüfen. Sie können so die Schwierigkeiten erkennen, die Ihr Kind eventuell in bestimmten Teilbereichen hat, und diese dann gezielt üben. Das Buch ist daher auch ideal für den Start in die 4. Klasse geeignet.

Ich wünsche Ihnen und Ihrem Kind viel Spaß und Erfolg bei der Arbeit mit dem Buch!

Christine Brüning

Hinweise und Tipps

Allgemeine Hinweise zu den Vergleichsarbeiten

In den Vergleichsarbeiten Mathematik werden Aufgaben aus den Bereichen

- Zahlen und Operationen,
- Raum und Form,
- Muster und Strukturen,
- Größen und Messen sowie
- Daten, Häufigkeiten und Wahrscheinlichkeiten

gestellt.

In einer Vergleichsarbeit kommen **Aufgaben aus zwei dieser Kompetenzbereiche** vor. Die Zusammenstellung der Aufgabengebiete ist dabei in jedem Jahr anders.

Dieses Buch enthält daher zunächst Übungsaufgaben, mit denen du dich gezielt auf die verschiedenen Themenbereiche vorbereiten kannst. Danach findest du zwei Beispieltests, die jeweils wie eine echte Vergleichsarbeit aufgebaut sind. Damit kannst du auf Zeit prüfen, ob der Stoff schon so gut sitzt, dass du den Test schaffen kannst.

Vorbereitung auf die Vergleichsarbeiten

Beginne nicht erst kurz vor den Vergleichsarbeiten mit dem Üben. Am besten ist es, wenn du in oder nach den Weihnachtsferien anfängst.

Wenn du Aufgaben findest, die du noch nicht rechnen kannst, weil ihr sie in der Schule noch nicht besprochen habt, lässt du sie einfach aus und rechnest sie später.

Beim Üben ist es wichtig, dass du konzentriert rechnest, gründlich kontrollierst, verbesserst und wirklich versuchst, die Lösungen zu verstehen. Es ist dabei normal, wenn du die Hälfte der Zeit zum Rechnen der Aufgaben und die andere Hälfte zum Korrigieren benötigst.

Die Aufgaben sind unterschiedlich schwer. Einige sind sicher ziemlich einfach zu lösen, und bei anderen musst du dich schon richtig anstrengen. Das ist normal, denn mit so einer Arbeit möchte man herausfinden, was jeder einzelne Schüler besonders gut kann oder wo er noch Schwierigkeiten hat.

Wichtig ist, dass du in der Prüfung nicht bei den schwierigen Aufgaben hängen bleibst. Wenn du Schwierigkeiten hast, mach mit der nächsten Aufgabe weiter. Am Schluss kannst du noch einmal die Aufgaben angehen, die du zuerst nicht lösen konntest.

Lies die Aufgaben langsam und genau, überlege, wie du zu einer Lösung kommen kannst – vielleicht weißt du auch nur einen Teil des Lösungsweges –, schreibe auf, was du weißt, und rechne dann ruhig und konzentriert weiter.

Wenn du einmal nicht weiterweißt, schau dir hinterher die Lösungen genau an. Dort wird erklärt, wie du zu einer Lösung kommen kannst. Wenn du die Erklärung nicht verstehst, helfen dir sicher deine Eltern, dein Lehrer oder deine Lehrerin gerne weiter.

Die Arbeit mit dem Buch

Bevor du anfängst, lege dir alle notwendigen Dinge zurecht: Bleistift, Farbstifte, Radiergummi, ein Lineal oder Geodreieck und Papier für Nebenrechnungen, Zeichnungen und Notizen.

Bearbeite die Aufgaben selbstständig. Erst wenn du die Aufgaben kontrollierst und etwas nicht verstehst, solltest du jemanden um Hilfe bitten.

Betrüge dich nicht selbst, indem du dir die Lösungen schon vorher anschaust. Nur wenn du selbst die Aufgaben gerechnet hast, kann dir die Lösung weiterhelfen, und nur so kannst du lernen, solche Aufgaben richtig zu lösen.

Wenn du mit der Bearbeitung fertig bist, überprüfe deine Antworten mithilfe des Lösungsteils. Es gibt oft verschiedene Lösungswege für eine Aufgabe – nicht alle findest du hier in diesem Buch.

Ist eine Aufgabe für dich besonders schwierig, rechnest du sie einfach ein paar Tage später noch einmal und überprüfst deine Lösung erneut.

Allgemeine Tipps zu den Aufgaben

Lies dir die Aufgaben immer sehr genau durch. Oft verändert schon ein einziges Wort den Sinn der Aufgabe und du machst einen Fehler, wenn du etwas überliest.

Halte dich genau an die Anweisungen der Aufgabe. Wenn du zum Beispiel etwas rot unterstreichen sollst, dann achte darauf, dass du auch wirklich einen roten Stift benutzt.

Einige Aufgaben werden als Multiple-Choice-Aufgaben gestellt. Wenn du dort die richtige Antwort oder das richtige Ergebnis ankreuzen musst, ist immer mindestens eine Lösung richtig. Es können auch mehrere richtige Antworten oder Ergebnisse dabei sein. Dann musst du alle richtigen Lösungen ankreuzen.

Wenn du bei einer Aufgabe nicht mehr weiterweißt, dann gehe zur nächsten Aufgabe über. Du musst in der Vergleichsarbeit sehr viele Aufgaben in kurzer Zeit lösen, sodass du dich nicht an einem Problem festbeißen solltest. Die nächste Aufgabe fällt dir vielleicht ganz leicht.

Lies am Schluss noch einmal deine Antworten durch und kontrolliere, ob du alles getan hast, was in der Aufgabe verlangt wurde.

▶ Tipps und Übungsaufgaben

Bildnachweis
marekuliasz. Shutterstock

Erster Kompetenzbereich: Zahlen und Operationen

1 Vorbereitungs- und Lerntipps

Bei den Aufgaben im Bereich „Zahlen und Operationen" werden alle Rechenarten abgefragt. Es ist deshalb wichtig, dass du die Rechenregeln sicher kennst. Die folgenden Tipps weisen dich noch einmal auf die wichtigsten Regeln hin und helfen dir beim Lösen der Aufgaben.

Allgemeine Tipps

- Arbeite konzentriert und lies die Aufgabenstellung genau. Das hilft dir dabei, schnell zu erfassen, was bei der Aufgabe zu tun ist. Denke daran, dass bereits ein kleines Wort den Sinn der Aufgabe verändern kann.
- Schreibe ordentlich. Dann behältst du leicht den Überblick. Denke bei Plus- und Minusaufgaben z. B. an das Stellenwerthaus und schreibe Einer unter Einer, Zehner unter Zehner.

Rechenaufgaben

- Vergiss beim schriftlichen Addieren und Subtrahieren nicht, die Gemerktzahlen zu notieren.
- Durch Überschlagsrechnen kannst du außerdem prüfen, ob dein Ergebnis stimmen kann.
- Benutze bei schweren Einmaleinsaufgaben Tauschaufgaben oder Nachbaraufgaben.
- Denke an Punkt vor Strich!
- Mach zum Schluss immer die Probe, ob dein Ergebnis richtig ist.

Sachaufgaben

- Lies die Aufgabe genau und unterstreiche wichtige Angaben.
- Mach dir einen Rechenplan und schreibe dir zuerst in Worten auf, welche Dinge du wie ausrechnen kannst.
- Benutze Zwischenüberschriften, damit du schneller siehst, was du gerade berechnest.
- Vergiss nicht, einen Antwortsatz zu schreiben.

Erster Kompetenzbereich: Zahlen und Operationen

2 Übungsaufgaben

1. Berechne das Produkt der Zahlen 6 und 7.

   42   ✓ nach korrektur

2. a) Ina legt in einer Stellenwerttafel die Zahl 256.

H	Z	E
••	••• ••	••• •••

   Jetzt legt sie ein Plättchen dazu. Welche der folgenden Zahlen kann Ina in der Stellenwerttafel legen? Kreuze alle möglichen Lösungen an.

   ☐ 258   ☒ 356
   ☐ 245   ☐ 255
   ☒ 266   ☒ 257   ✓

   b) Ina hat in der Stellenwerttafel zwei dreistellige Zahlen gelegt. Für die erste Zahl hat sie 4 Plättchen benutzt, für die zweite Zahl hat sie 3 Plättchen benutzt. Die zweite Zahl ist um genau 10 kleiner als die erste.

   Welche beiden Zahlen könnte Ina gelegt haben? Trage ein.

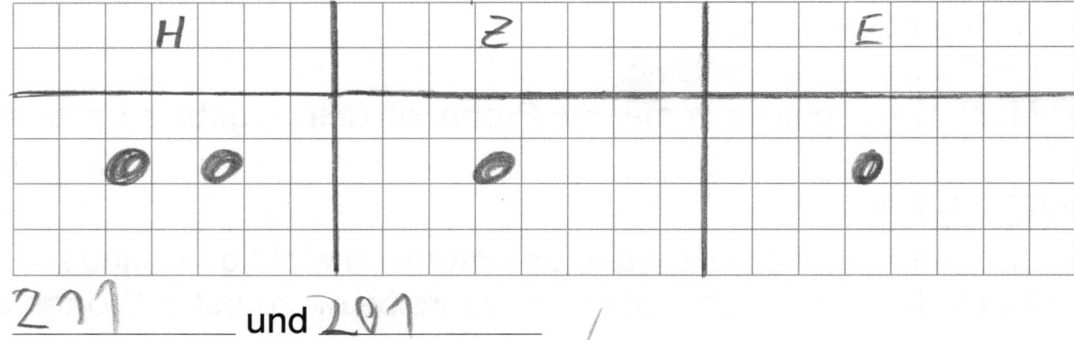

H		Z		E
◯ ◯		◯		◯

   211   und   201   ✓ nach korrektur

Erster Kompetenzbereich: Zahlen und Operationen

3. Du hast die Ziffernkarten 2, 5 und 9. Bilde aus den Ziffern verschiedene dreistellige Zahlen und subtrahiere jeweils zwei von ihnen. Die Differenz soll zwischen 600 und 700 liegen.

```
  9 5 2        9 2 5        9 5 2        9 2 5
- 2 5 9      - 2 9 5      - 2 5 5      - 2 5 9
  6 9 3        6 3 0        6 5 7        3 6 6
```

```
    9  5  2              9  2  5
  - 2  5  9            - 2  9  5
  ─────────            ─────────
    6  9  3              6  3  0
```

4. Die Differenz zweier Zahlen ist 352, die kleinere Zahl ist 136. Wie heißt die größere Zahl?

   Die Zahl heißt: 488

5. Die Aufgaben sind nach einer bestimmten Regel erstellt:

   100 − 9 − 7 − 5 − 5 − 3 − 1 = 100 − 3 · 10
   100 − 8 − 6 − 5 − 5 − 4 − 2 = 100 − 3 · 10
   100 − 18 − 16 − 14 − 6 − 4 − 2 = 100 − 3 · 20

   Verwende diese Regel, um die folgenden Aufgaben zu vervollständigen:

   a) 100 − 9 − 8 − 7 − 3 − 2 − 1 = _____
   b) 100 − 1 − 2 − 3 − 2 − 3 − 4 = _____
   c) 100 − 12 − 11 − 10 − 10 − 9 − 8 = _____

6. Schreibe die fehlenden Zahlen auf. Die Abstände auf dem Zahlenstrahl sind immer gleich.

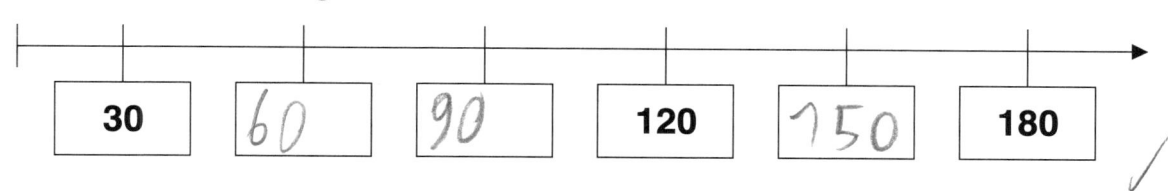

   | 30 | 60 | 90 | 120 | 150 | 180 |

   ohne Hilfe

Erster Kompetenzbereich: Zahlen und Operationen

7. Berechne.

a) 6 · __5__ = 30

b) 60 · __5__ = 300

c) 6 · __50__ = 300

8. Lisa wählt mit einer grauen Folie zwei Zahlen aus und berechnet ihre Summe. Lisa will die Folie so verschieben, dass sich die Summe der beiden Zahlen um 20 verringert.

Wie muss sie die Folie verschieben? Kreuze an.

1	2	3	4	5	6	7	8	9	10
11	12	13	14	15	16	17	18	10	20
21	22	23	24	25	26	27	28	29	30
31	32	33	34	35	36	37	38	39	40
41	42	43	44	45	46	47	48	49	50
51	52	53	54	55	56	57	58	59	60
61	62	63	64	65	**66**	**67**	68	69	70
71	72	73	74	75	76	77	78	79	80
81	82	83	84	85	86	87	88	89	90
91	92	93	94	95	96	97	98	99	100

- [☒] um ein Feld nach oben
- [ ] um ein Feld nach rechts
- [ ] um ein Feld nach unten
- [ ] um ein Feld nach links
- [ ] um zwei Felder nach oben

Erster Kompetenzbereich: Zahlen und Operationen

9. Rechne folgende Aufgaben.
   Denke daran: Klammern werden zuerst ausgerechnet.
   Punktrechnung (· und :) geht vor Strichrechnung (+ und –).

   a) 12 – 3 · 3   = _3_

   b) 30 + 4 · 8 – 42 = _20_

   c) 8 · (2 + 7)   = _~~72~~_

   d) 56 : (13 – 6)   = _8_

10. Ich denke mir eine Zahl. Wenn ich diese durch 5 dividiere, erhalte ich das gleiche Ergebnis, wie wenn ich 32 subtrahiere.

    Welche Zahl denke ich mir?

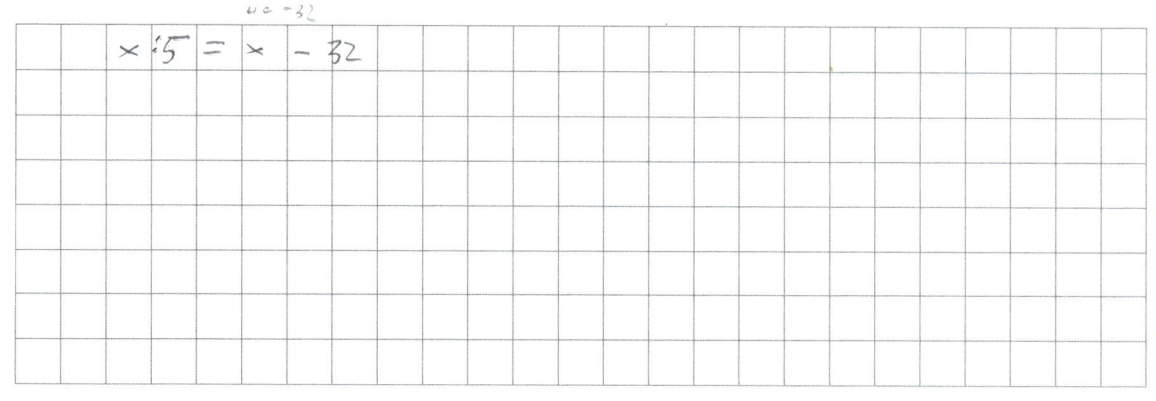

    $x : 5 = x - 32$

    Meine Zahl ist: _____

11. Finde heraus, welche Zahl in das letzte Dreieck gehört, und trage sie ein.

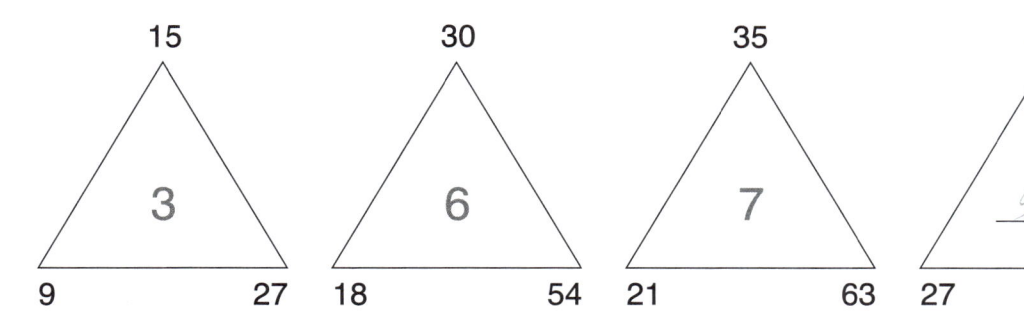

15	30	35	45
3	6	7	_9_
9 27	18 54	21 63	27 81

Erster Kompetenzbereich: Zahlen und Operationen

12. Fehlersuche: Tom soll die Zahlen 428 und 379 addieren.
Er hat einen Fehler gemacht.

Tom rechnet:
```
    4 2 8
  + 3 7 9
    0 4 9
```

Das Ergebnis ist falsch, …

☐ weil 379 oben und 428 unten stehen muss.

☐ weil das richtige Ergebnis 159 sein muss.

☒ weil Tom minus und nicht plus gerechnet hat.

☐ weil Tom die Überträge vergessen hat.

13. Anne und ihre vier Freundinnen spielen Karten. Anne verteilt die Karten an sich selbst und an die anderen Mädchen. Alle erhalten gleich viele Karten. 4 Karten bleiben übrig. Waren es 26, 27, 28, 29 oder 30 Karten? Karoline sagt: „Es waren 29 Karten."

Begründe, warum sie recht hat.

Es waren 29 Karten, weil _es insgesamt 5 Personen mit gleich vielen Karten sind und noch 4 übrig bleiben. Sprich eine Zahl unter der Fortsetzung der 5-er Reihe_

14. Welche Rechengeschichte passt zu (15 − 3) : 2?

☐ 15 Personen sitzen schon im Bus. Dann steigen 3 Personen aus und an der nächsten Haltestelle steigen noch einmal genauso viele Personen in den Bus ein, wie schon darin sitzen. Wie viele Personen sitzen dann im Bus?

☒ Zwei Kinder bekommen für das Rasenmähen 15 € vom Nachbarn. Für 3 € kaufen sie sich Eis und den Rest teilen sie. Wie viel Geld bekommt jeder?

☐ Zwei Kinder bekommen für das Rasenmähen 15 € vom Nachbarn. Sie teilen das Geld und kaufen sich dann für 3 € Süßigkeiten. Wie viel Geld bekommt jeder?

☐ Zwei Kinder haben zusammen 15 € gespart. Dafür kaufen sie für 3 € ein Buch. Wie viel Geld haben sie am Ende zusammen?

☐ Keine der Rechengeschichten passt.

Erster Kompetenzbereich: Zahlen und Operationen

15. Die Zahlen auf den Karten sind nach einer Regel geordnet und
werden immer kleiner.

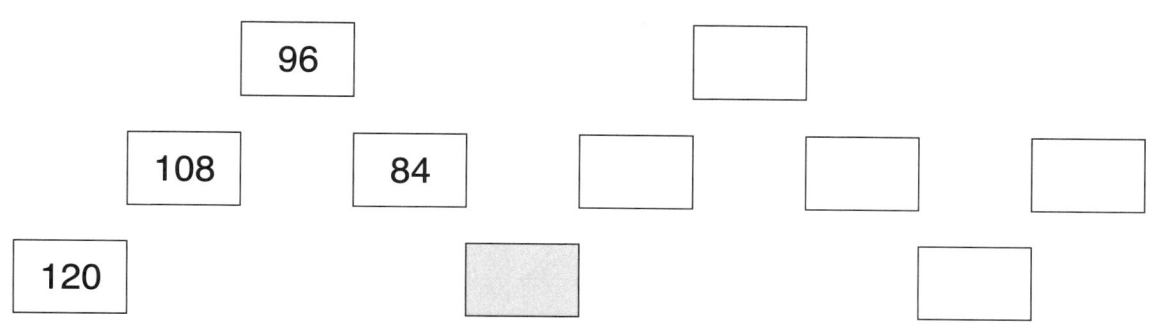

| 108 | 96 | 84 | | | | |

| 120 | | | | | | |

a) Welche Zahl muss auf der markierten Karte stehen?

Die Zahl ___72___.

b) Ab welcher Karte ist die Zahl kleiner als 50?

Ab der ___7___. Karte ist die Zahl kleiner als 50.

16. Was ist richtig? Kreuze an.

☐ 621 < 261
☒ 356 > 289
☒ 597 > 579
☐ 725 < 527

17. Ordne die Zahlen der Größe nach. Beginne mit der kleinsten Zahl.

a) 27   46   72   64

Antwort: 27 46 64 72

b) 527   279   297   572

Antwort: 279 297 527 572

c) 186   681   861   816   168   618

Antwort: 168 186 618 681 816 861

18. Setze die passenden Rechenzeichen (+, −, · oder :) ein.

a) 160 **+** 40 = 200   c) 64 **·** 2 = 128

b) 160 **:** 40 = 4   d) 64 **−** 2 = 62

Erster Kompetenzbereich: Zahlen und Operationen

19. Trage die fehlende Zahl in das graue Kästchen ein.

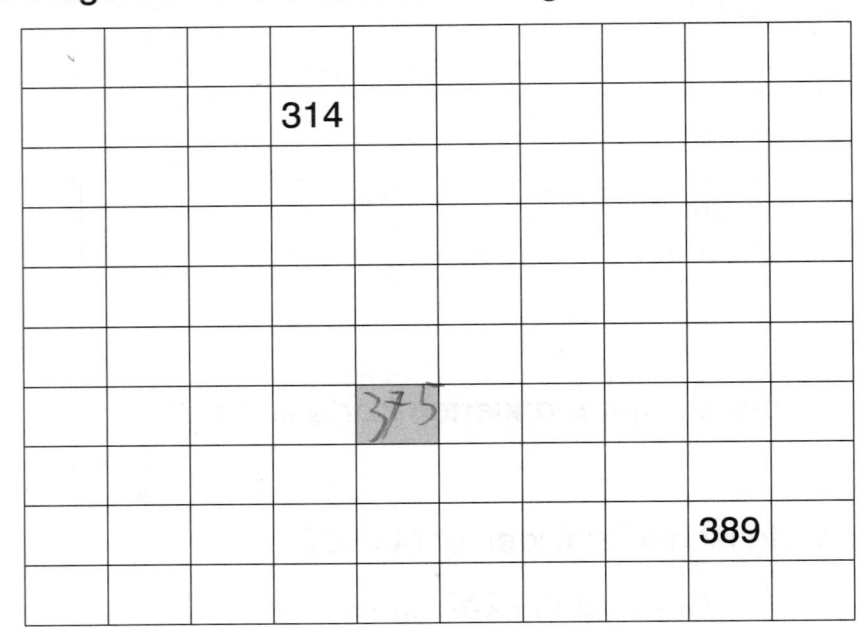

		314						
				375				
							389	

20. Auf dem Bild siehst du die kleinen Päckchen, von denen der Lehrer an seinem Geburtstag an jedes Kind in der Klasse eines verschenkt. In jedem Päckchen sind drei kleine Überraschungen.

Welche Rechnung zeigt, wie viele Überraschungen der Lehrer insgesamt braucht? Kreuze an.

- ☐ 4 + 5 + 3
- ☒ 4 · 5 · 3
- ☐ 4 · 5 + 3
- ☐ 4 + 5 · 3

Erster Kompetenzbereich: Zahlen und Operationen

21. Du hast diese drei Ziffernkarten:

6   8   4

a) Bilde aus den Ziffern die kleinste dreistellige Zahl. Benutze jede Ziffernkarte nur einmal.   _468_

b) Bilde aus den Ziffern die größte dreistellige Zahl. Benutze jede Ziffernkarte nur einmal.   _864_

22. Kreuze an.

5 · 3 · 10 · 2 = ?

☐ 15
☐ 6
☒ 300
☐ 30

23. Berechne.

63 : 7 = _9_

24. Die Lehrerin diktiert den Kindern Zahlen. Eine Zahl lautet „achthundertsechsundsiebzig".

Wie sieht die Zahl in Ziffern aus? Kreuze an.

☐ 80 076
☐ 80 067
☐ 8 670
☒ 876

25. Timo kauft mit seiner Mutter Eier auf dem Markt. Er hört, wie die Verkäuferin zählt: 2, 4, 6, 8, 10. Im Kopf rechnet er: 2 + 2 + 2 + 2 + 2 = ♦.

Schreibe die Rechnung als Multiplikationsaufgabe auf.

_2 · 5_ = _10_

Erster Kompetenzbereich: Zahlen und Operationen

26. Frau Möller weiß, dass in ihre neue Klasse 26 Kinder gehen. Sie stellt Gruppentische auf. An jedem Gruppentisch sitzen vier Kinder. Die übrigen Kinder sitzen an Einzeltischen.

Wie viele Kinder müssen an Einzeltischen sitzen?

Antwort: __2__ Kinder sitzen an Einzeltischen.

27. Welche Zahl kann man hier einsetzen, damit das Ergebnis von 13 + _____ kleiner als 24 ist?

Kreuze an.

☒ 10
☐ 11
☐ 12
☐ 13

28. Wie heißt die Zahl? Die Zahl ist ein Vielfaches von 7 und gerade und größer als 44 und kleiner als 70.

Antwort: ~~56~~

29. ♥ steht für die Anzahl der Gäste auf Steffis Geburtstagsparty. Steffi wird 15 Waffeln an ihre Gäste verteilen. Jetzt möchte sie wissen, wie viele Waffeln jeder Gast bekommt.

Welche Rechnung ist richtig? Kreuze an.

☐ 15 : ♥
☒ 15 · ♥
☐ 15 + ♥
☐ 15 − ♥

Erster Kompetenzbereich: Zahlen und Operationen

30. Zwei nebeneinanderliegende Mauersteine werden multipliziert. Das Ergebnis steht im Mauerstein darüber. Setze die fehlenden Zahlen in die rechte Mauer ein.

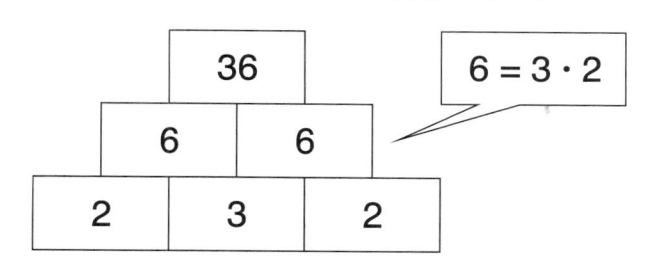

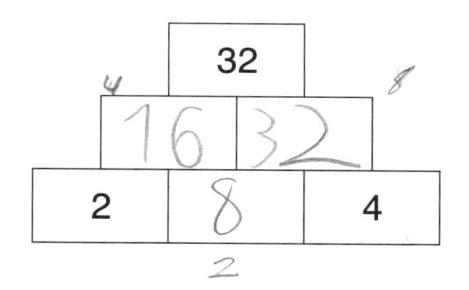

```
      36                            32
   6     6           6 = 3·2    4  16  32  8
 2   3   2                      2   8   4
                                    2
```

31. a) Welche Zahl ist dreimal so groß wie die Summe der Zahlen 5 und 6? Kreuze an.

☐ 15
☐ 30
☐ 33
☒ 90

b) Welche Zahl ist um 12 kleiner als die Differenz aus 90 und 30? Kreuze an.

☐ 42
☒ 48
☐ 72
☐ 132

32. Welche Rechenzeichen fehlen? Kreuze an.

a) 8 _·_ 12 = 96
☐ +
☒ ·
☐ −
☐ :

b) 78 _+_ 46 = 124
☒ +
☐ ·
☐ −
☐ :

c) 84 _:_ 6 = 14
☐ +
☐ ·
☐ −
☒ :

Erster Kompetenzbereich: Zahlen und Operationen

33. Trage die fehlenden Zahlen ein.

a) 872 − __97__ = 775

b) 775 + __89__ = 864

c) 864 − __125__ = 739

34. Setze die Rechenzeichen +, −, · oder : so ein, dass die Gleichung stimmt.

a) 3 ◻ 5 = 7 ◻ 8

b) 56 ◻ 7 = 2 ◻ 4

c) 64 ◻ 8 = 9 ◻ 1

d) 75 ◻ 0 = 5 ◻ 0

Zweiter Kompetenzbereich: Raum und Form

1 Vorbereitungs- und Lerntipps

Im Bereich „Raum und Form" findest du Aufgaben zu geometrischen Formen und Körpern und zu achsensymmetrischen Figuren. Mit den folgenden Tipps fallen dir die Lösungen leichter.

Vorbereitung der Bearbeitung

- Wiederhole die Eigenschaften der verschiedenen geometrischen Formen und Körper, bevor du die Übungsaufgaben bearbeitest. Wenn die Merkmale sitzen, spart das Zeit für schwierigere Überlegungen und du kommst bei den Aufgaben schnell voran.
- Baue dir zur Vorbereitung Modelle von unterschiedlichen geometrischen Körpern und schau sie dir genau an. Dann kannst du sie dir beim Test besser vorstellen.
- Du solltest wissen, was ein „rechter Winkel" ist und was „deckungsgleich" bedeutet.
- Auch die Merkmale achsensymmetrischer Figuren und Abbildungen solltest du im Kopf haben.
- Achte darauf, dass alle Hilfsmittel bereitliegen, die du für die Bearbeitung von Geometrieaufgaben brauchst. Spitze deine Bleistifte, damit du genau und sauber zeichnen kannst.

Lösen von Geometrieaufgaben

- Denke konzentriert und in Ruhe nach und stelle dir räumliche Körper genau vor. Denke dabei z. B. an die Modelle, die du gebaut hast.
- Mach dir kleine Zeichnungen auf deinen Schmierzettel, wenn du dir unsicher bist.
- Miss bei symmetrischen Figuren und Spiegelungen die Abstände zur Symmetrieachse sorgfältig nach.
- Zeichne genau und ordentlich. Die Übersichtlichkeit hilft dir bei der Lösung kniffliger Aufgaben.

Zweiter Kompetenzbereich: Raum und Form

2 Übungsaufgaben

1. Spiegle die Zeichnungen an der Spiegelachse.

    a)

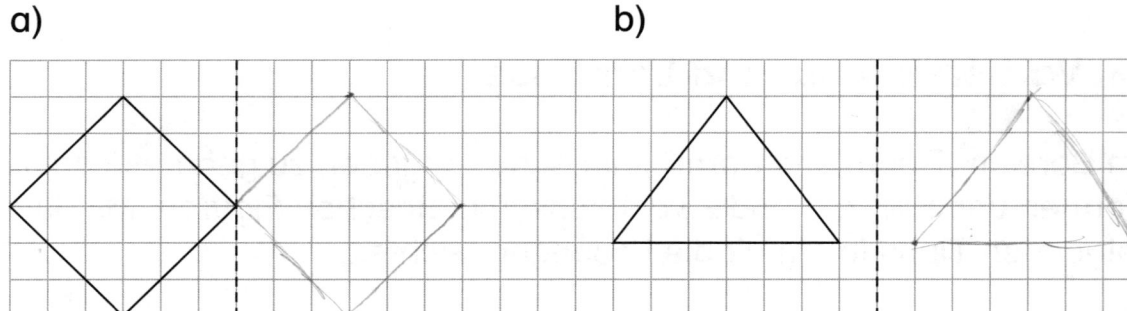

    b)

2. Zeichne bei den folgenden Figuren alle Spiegelachsen ein.
   Eine Figur kann keine, eine oder mehrere Spiegelachsen haben.

    a)

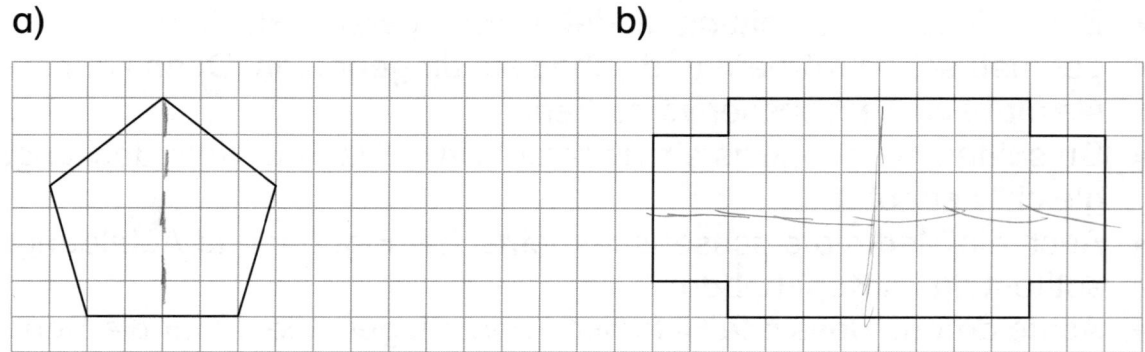

    b)

    c)

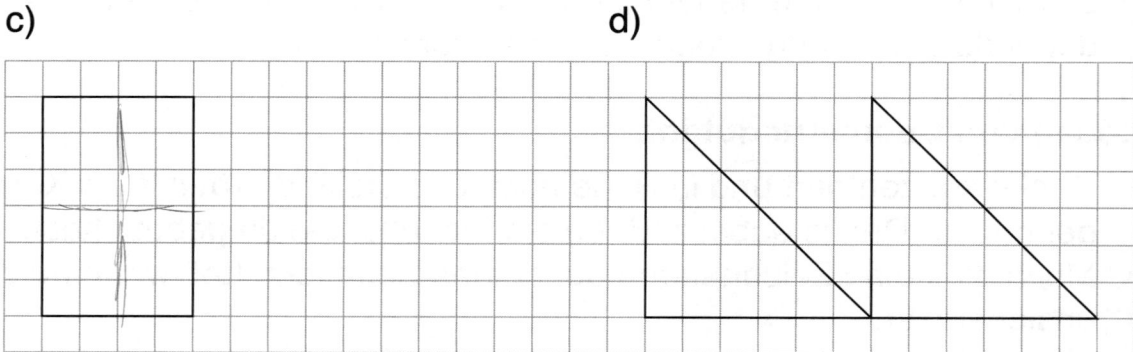

    d)

    e)

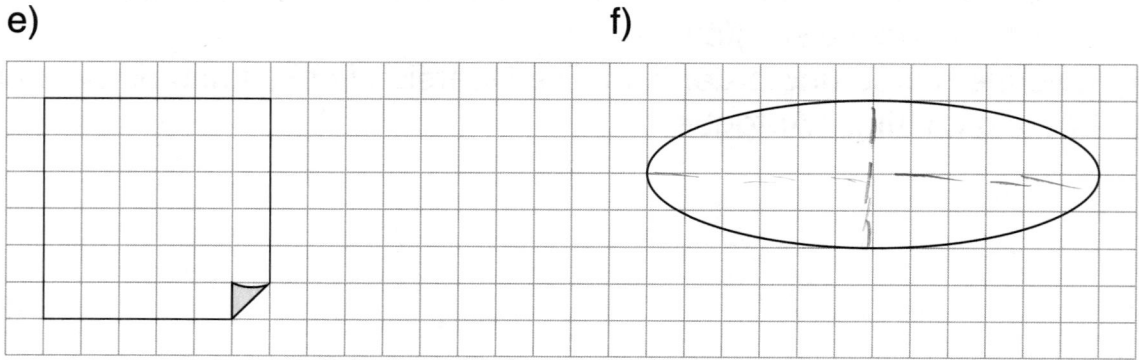

    f)

Zweiter Kompetenzbereich: Raum und Form

3. Welcher Bauplan gehört zu diesem Würfelgebäude? Kreuze an.

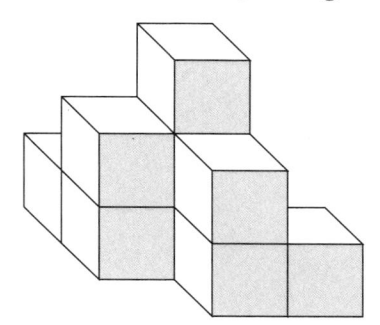

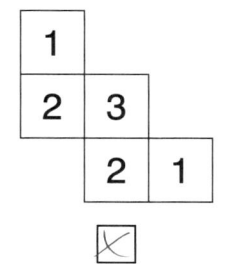

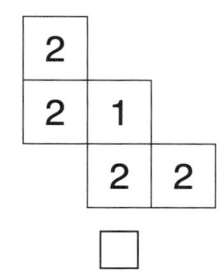

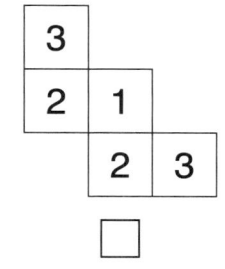

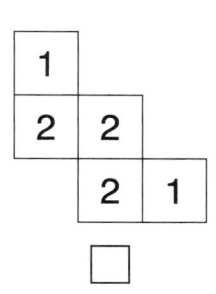

1	
2	3
	2	1

☒

2	
2	1
	2	2

☐

3	
2	1
	2	3

☐

1	
2	2
	2	1

☐

4. Wie musst du diesen Würfel kippen, damit die 1 unten liegt?

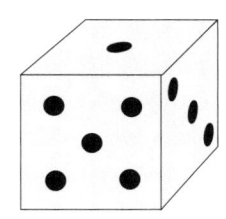

zweimal in dieselbe, beliebige Richtung

5. Aus welchem Netz kann kein Würfel entstehen? Kreuze an.

a)

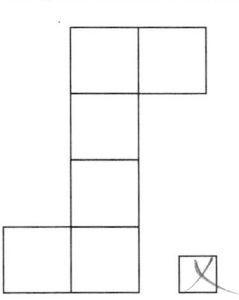

b) ☒

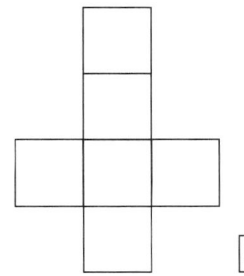

c) ☒

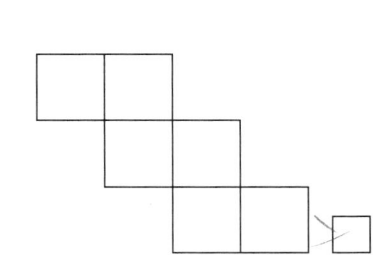

d) ☒

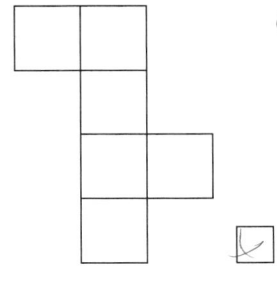

e) ☐

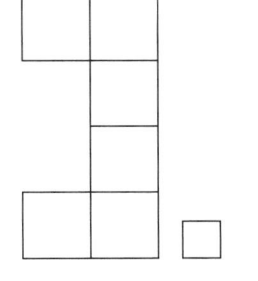

Zweiter Kompetenzbereich: Raum und Form

6. Wie sieht dieses Bauwerk aus Bausteinen von oben aus?

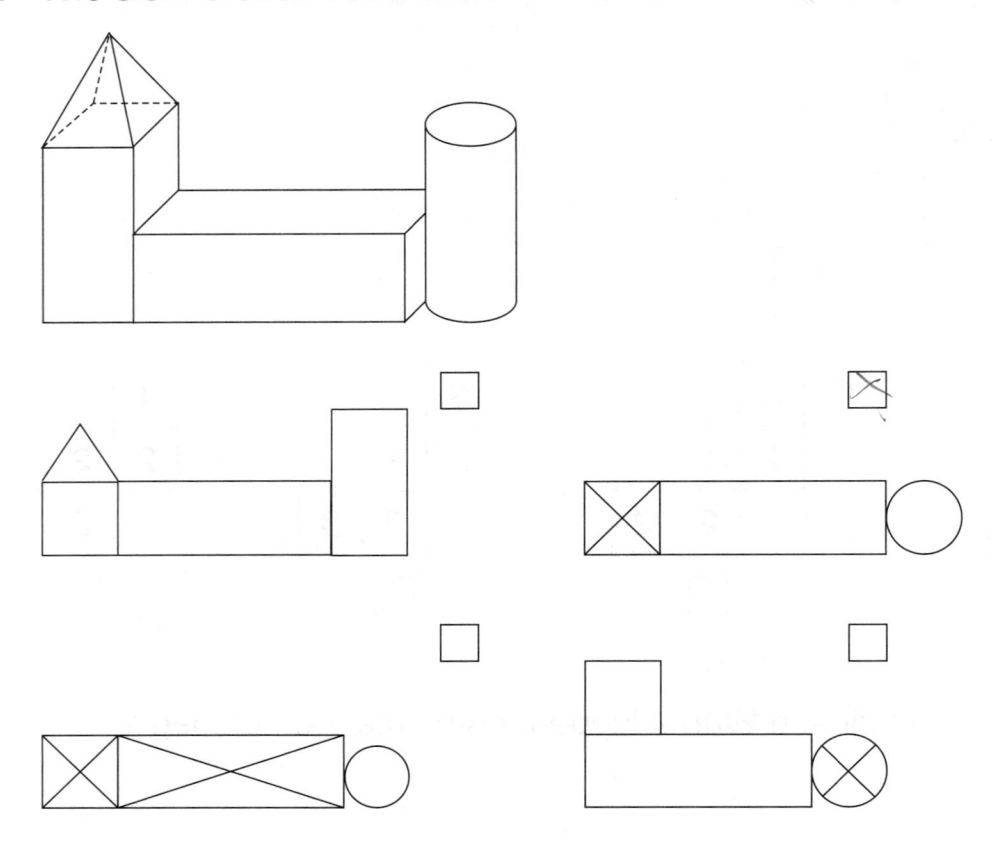

7.

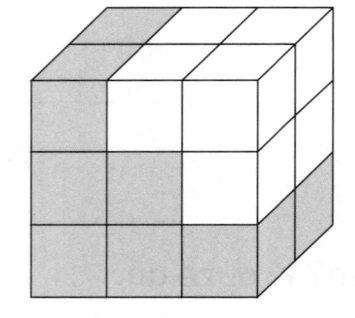

Das weiße Teil oben im Quader besteht aus sieben kleinen Würfeln. Wie sieht es aus?

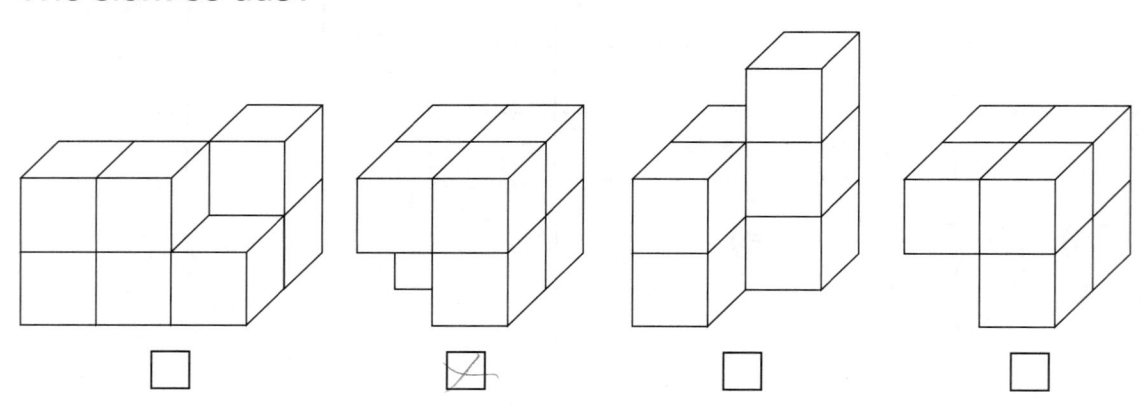

8. Vera legt Figuren.

Welche der folgenden Figuren braucht sie, um ein Fünfeck zu legen? Kreuze an.

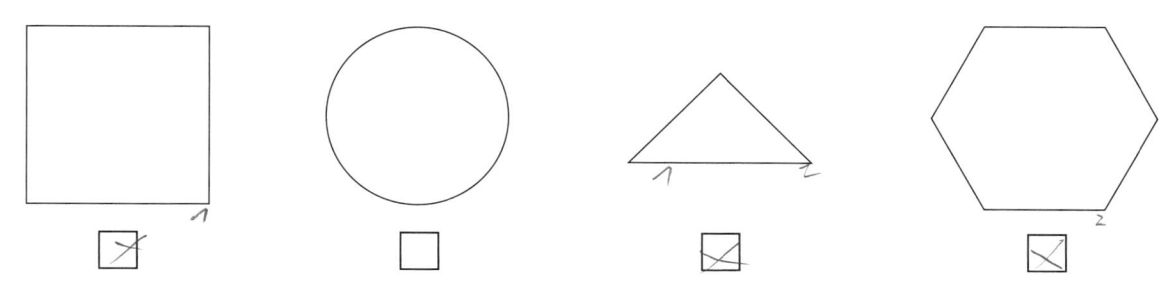

☒   ☐   ☒   ☒

9. Tom hat in einem Hunderterfeld auf alle äußeren Felder rote Plättchen gelegt. Jetzt will er noch auf alle inneren Felder blaue Plättchen legen.

Wie viele blaue Plättchen braucht Tom?

1	2	3	4	5	6	7	8	9	10
11	12	13	14	15	16	17	18	19	20
21	22	23	24	25	26	27	28	29	30
31	32	33	34	35	36	37	38	39	40
41	42	43	44	45	46	47	48	49	50
51	52	53	54	55	56	57	58	59	60
61	62	63	64	65	66	67	68	69	70
71	72	73	74	75	76	77	78	79	80
81	82	83	84	85	86	87	88	89	90
91	92	93	94	95	96	97	98	99	100

Tom braucht ___64___ Plättchen.

Zweiter Kompetenzbereich: Raum und Form

10. Hier siehst du einen Fliesenboden mit einem Teppich darauf.
Wie viele Fliesen sind es insgesamt?

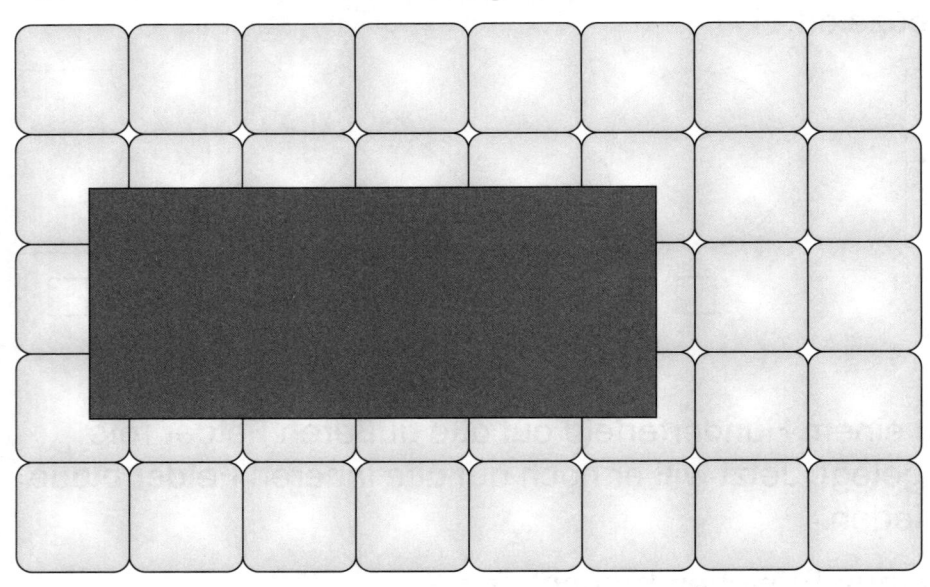

Es sind __40__ Fliesen.

11. Sina legt mit den folgenden Plättchen Muster aus.

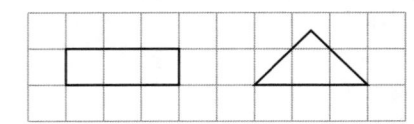

Wie viele von diesen Plättchen braucht sie?

a) Sie braucht __2__ ▭ und __1__ △.

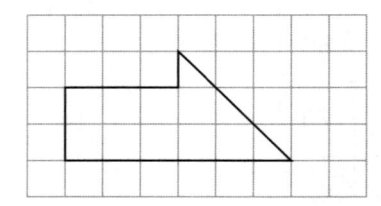

b) Sie braucht __4__ ▭ und __2__ △.

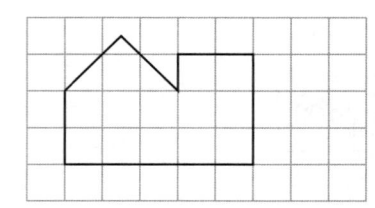

c) Sie braucht __3__ ▭ und __2__ △.

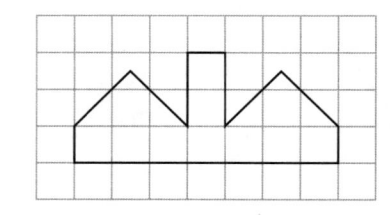

Zweiter Kompetenzbereich: Raum und Form

12. Spiegle die Zeichnungen an der Spiegelachse.

a)

b)

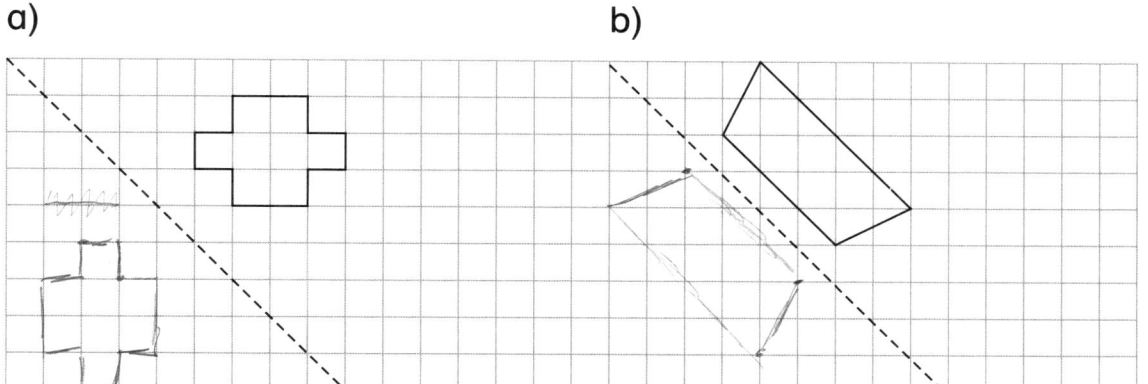

13. a) Linda hat diese Formen vor sich liegen.
Sie braucht zum Basteln aber nur Rechtecke.

Welche Formen kann sie benutzen? Kreuze an.

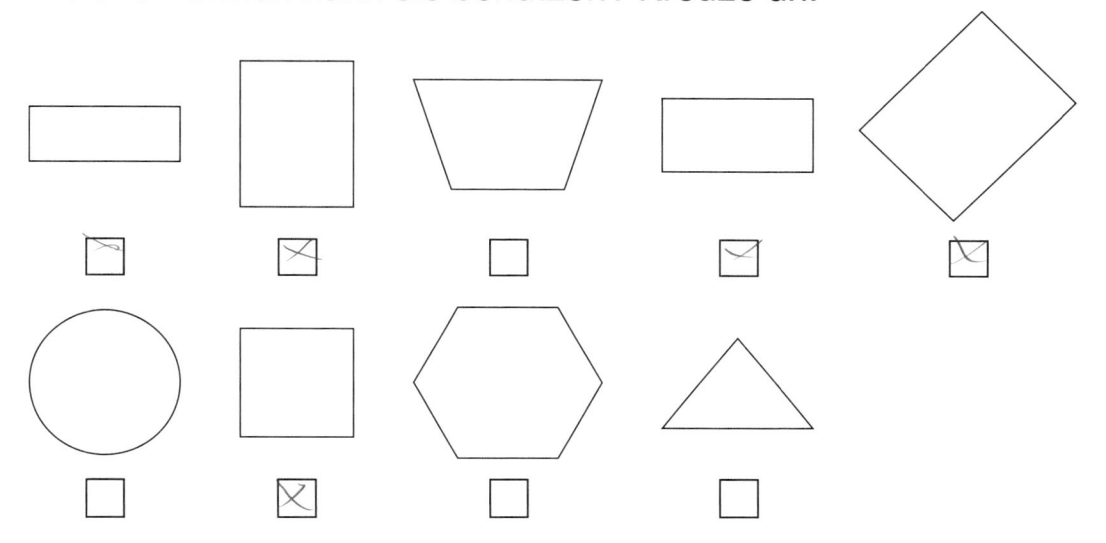

b) Für die nächste Bastelarbeit braucht Linda alle Fünfecke.
Kreuze an.

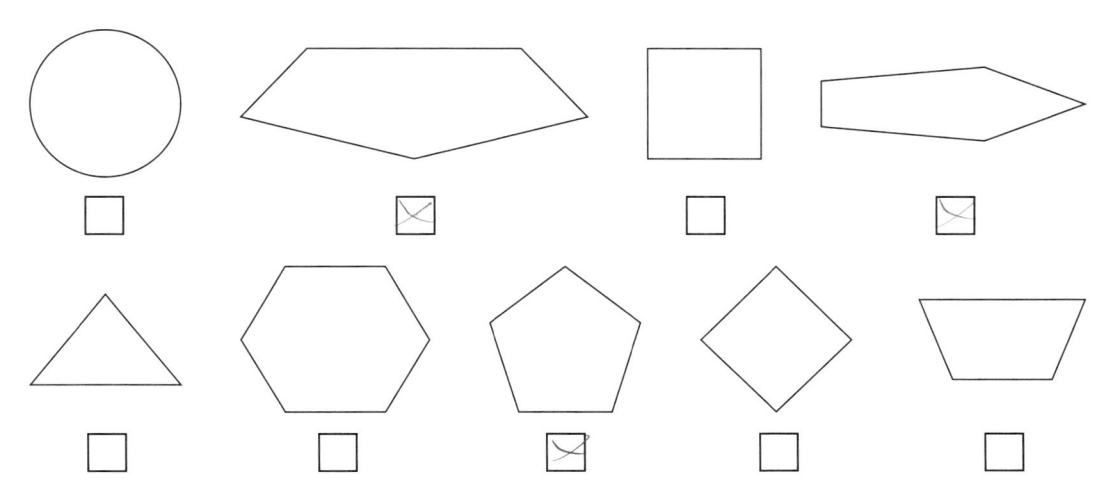

Zweiter Kompetenzbereich: Raum und Form

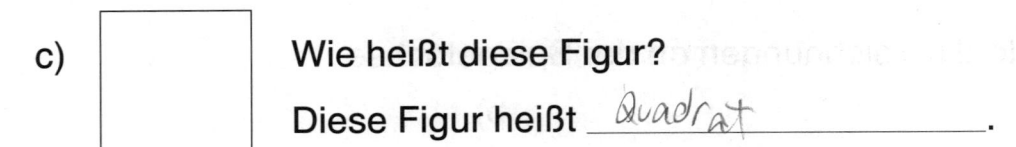

c) Wie heißt diese Figur?

Diese Figur heißt _Quadrat_.

14. a) Zeichne zwei gerade Linien so, dass ein Dreieck und ein Fünfeck entstehen.

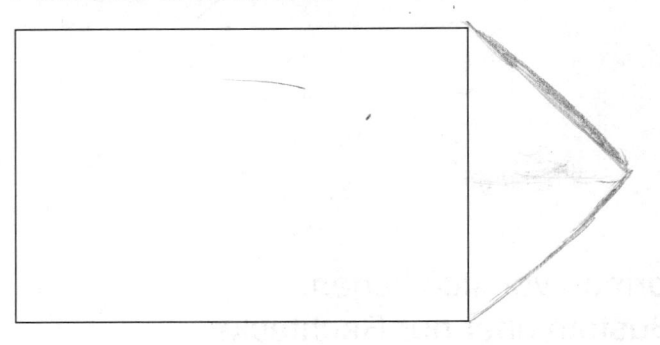

b) Zeichne zwei gerade Linien so, dass drei Quadrate entstehen.

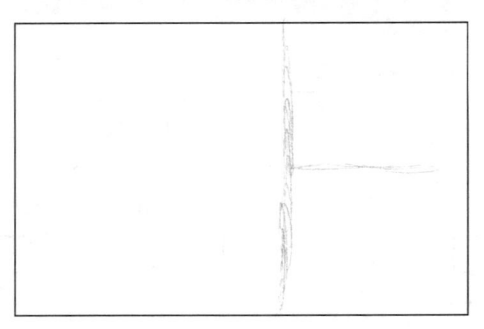

c) Zeichne eine gerade Linie so, dass zwei Rechtecke entstehen.

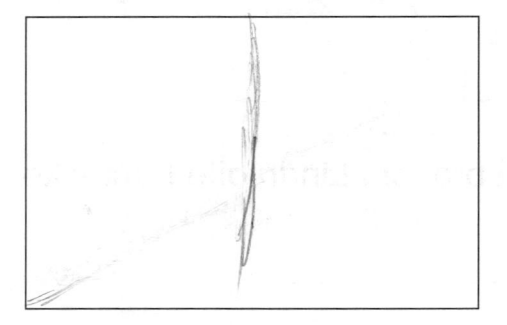

15. Theresa baut einen großen Würfel aus kleinen Würfeln.
Für die mittleren Würfel an den Kanten wählt sie jeweils kleine
schwarze Würfel.

Wie viele kleine schwarze Würfel hat
sie für ihren großen Würfel benutzt?

Sie hat ___24___ kleine schwarze
Würfel benutzt.

16. Welche zwei Teile lassen sich zu einem Kegel zusammensetzen?
Kreuze an.

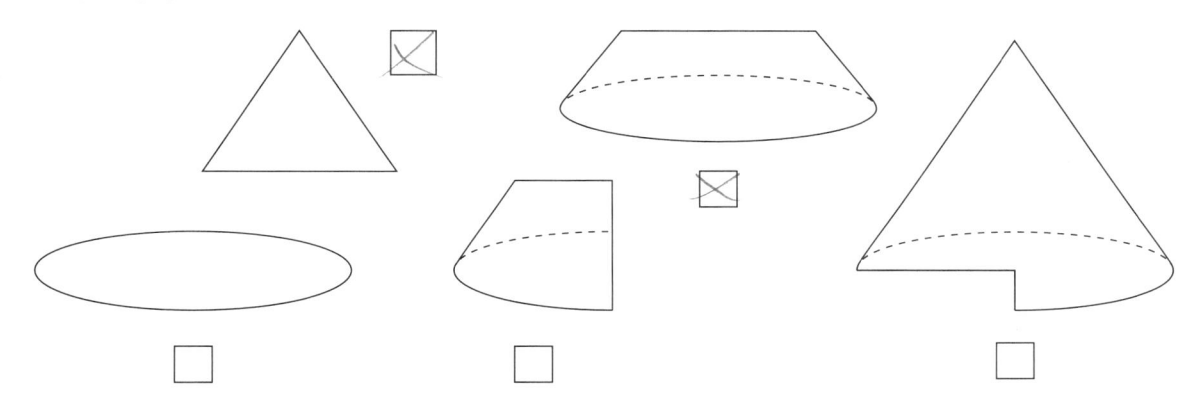

- Dreieck: ☒
- Kegelstumpf (unten): ☒
- Ellipse: ☐
- Kegel mit Ausschnitt: ☐

17. Kreuze alle Bezeichnungen für Flächen an.

- ☒ Quader
- ☐ Pyramide
- ☒ Quadrat
- ☐ Würfel
- ☒ Kreis
- ☐ Kugel

Zweiter Kompetenzbereich: Raum und Form

18. Zeichne die Figur noch einmal.

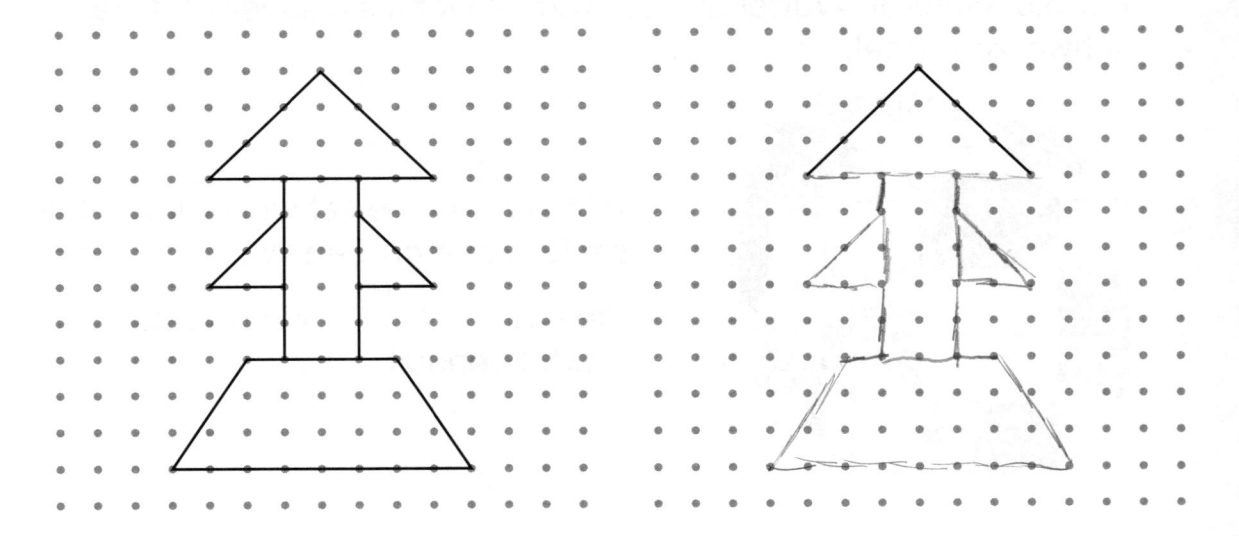

19. Welches Spiegelbild gehört dazu? Kreuze an.

☐ A ☐ B ☒ C ☐ D

20. Kennzeichne im Würfelnetz mit einem Kreuz die Seite, die der gefärbten Seite gegenüberliegt.

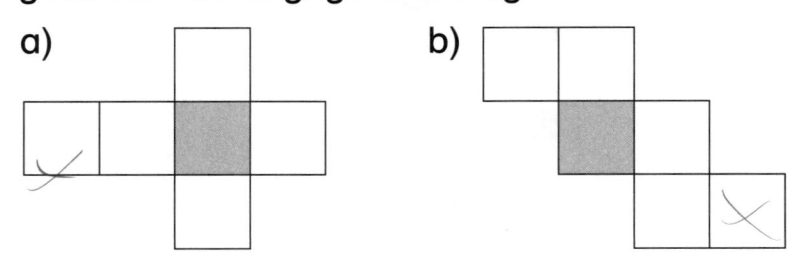

a)

b)

21. Du hast genau diese geometrischen
Formen:

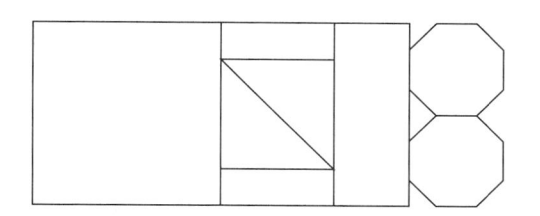

Welche der unteren Bilder kannst du aus den Teilen legen?
Kreuze an.

☐ möglich
☒ nicht möglich

☒ möglich
☐ nicht möglich

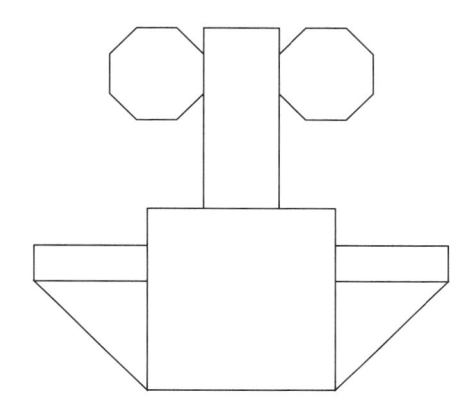

☒ möglich
☐ nicht möglich

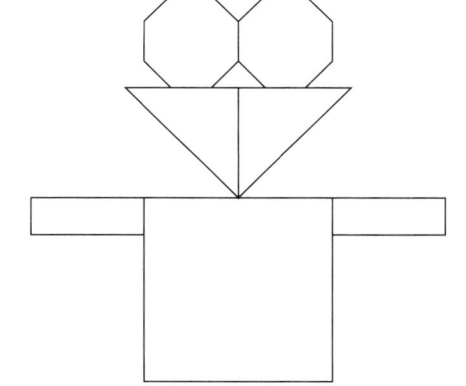

Zweiter Kompetenzbereich: Raum und Form

22. Ela möchte alle Seiten des Würfels mit gleich großen Quadraten bekleben.

Wie viele Quadrate benötigt sie dazu insgesamt?

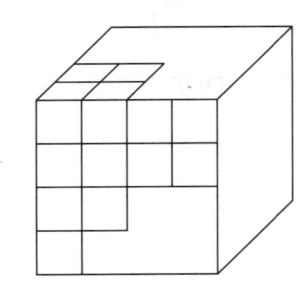

Ela benötigt insgesamt ___96___ Quadrate.

23. Teile das Trapez mit zwei geraden Linien in …

a) ein Dreieck und zwei Vierecke.

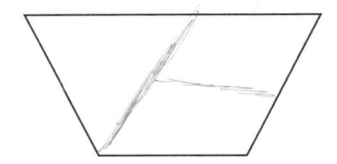

b) drei Dreiecke.

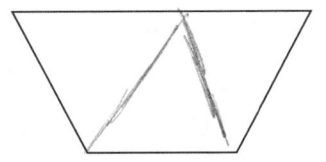

24. Wie viele kleine Würfel brauchst du mindestens noch, um aus dem Körper einen großen Würfel zu machen?

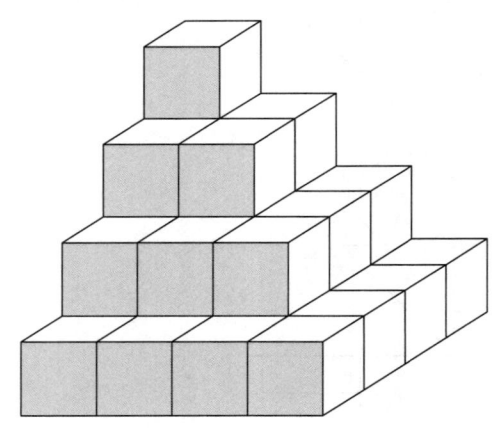

Ich brauche noch mindestens ___66___ Würfel.

Zweiter Kompetenzbereich: Raum und Form

25. Aus drei Dreiecken und einem Quadrat kann man ein Dreieck legen. Welche Dreiecke musst du umlegen?

a)

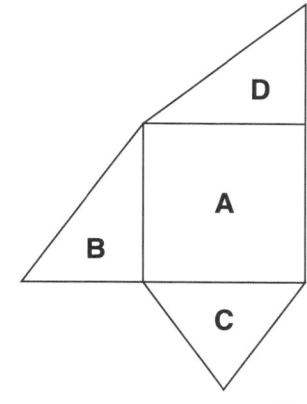

Ich muss ___D & C___ umlegen.

b)

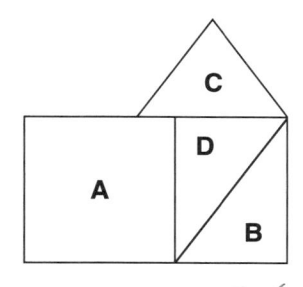

Ich muss ___C & B___ umlegen.

26. Du hast 16 Streichhölzer und sollst aus ihnen ein Trapez legen. Zur Erinnerung: So sieht ein Trapez aus:

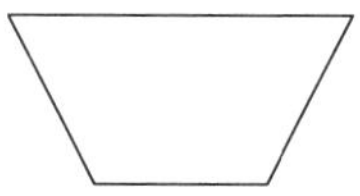

Gib eine Möglichkeit an, wie viele Streichhölzer du an jede Seite legen musst.

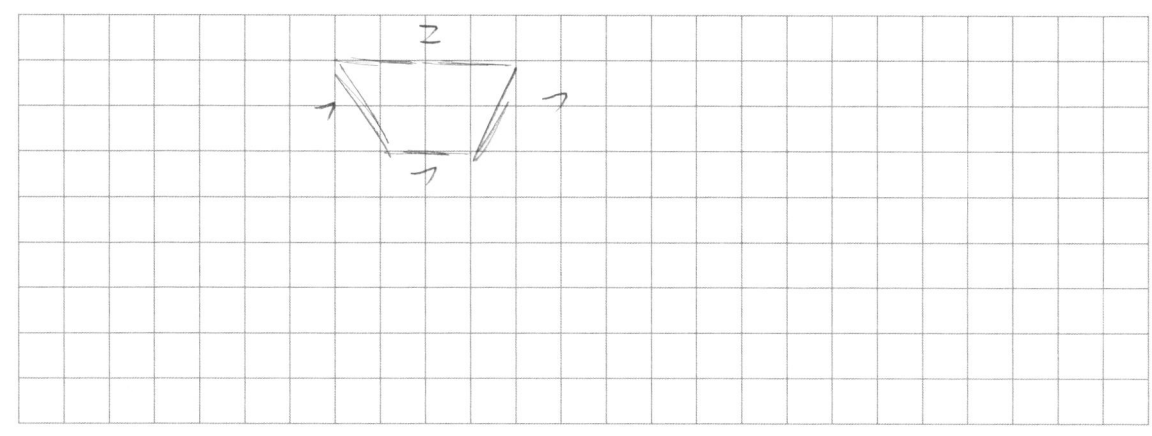

Seite 1: ___2___   Seite 2: ___7___

Seite 3: ___7___   Seite 4: ___7___

Zweiter Kompetenzbereich: Raum und Form

27. Ergänze zu einem Quadrat. Verwende ein Lineal.

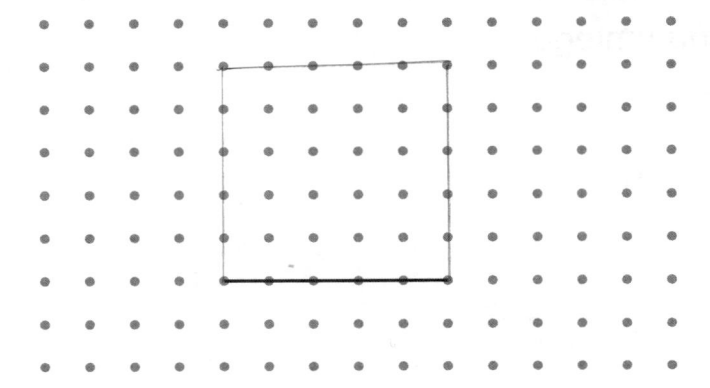

28. Zeichne in das Quadrat alle Spiegelachsen ein.

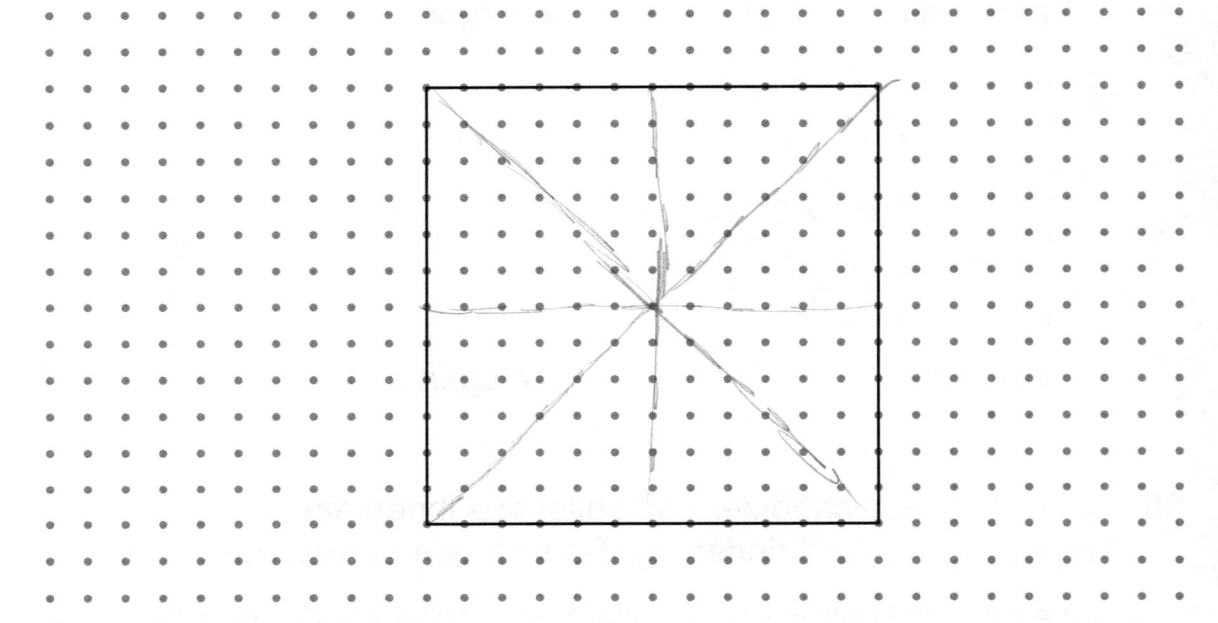

29. Hier siehst du ein kleines Gebäude aus Bausteinen.

Was siehst du von hinten?
Kreuze an.

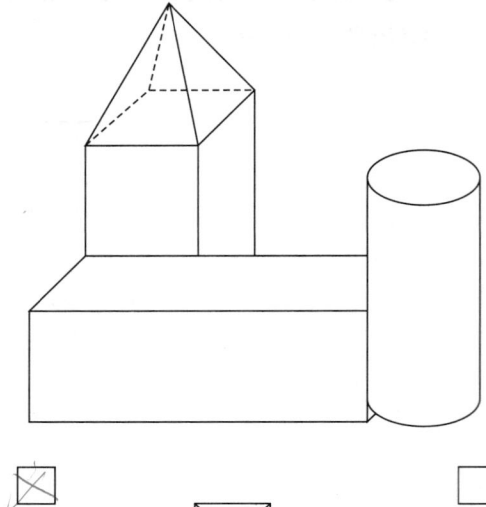

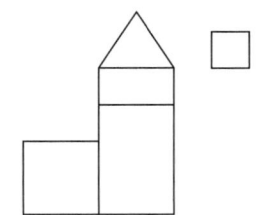

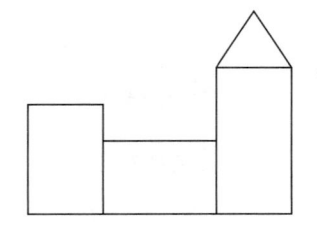

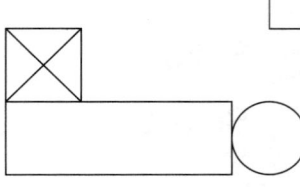

Dritter Kompetenzbereich: Muster und Strukturen

1 Vorbereitungs- und Lerntipps

Bei den Aufgaben im Bereich „Muster und Strukturen" musst du Reihen fortsetzen. Dafür ist es wichtig, dass du die Regeln herausfindest, nach denen die Folgen aufgebaut sind. Die folgenden Tipps helfen dir dabei, Muster aus verschiedenen Bereichen zu erkennen.

Geometrische Figuren

- Schau dir die Figuren genau an und vergleiche sie miteinander: Was bleibt gleich? Was verändert sich? So findest du heraus, wie die Folge weitergeht.
- Mach zu deinen Überlegungen Zeichnungen auf deinem Notizzettel. Dadurch kannst du die Figuren leichter weiterdenken und du kommst auch bei kniffligen Aufgaben Schritt für Schritt zur Lösung.

Zahlenfolgen

- Überlege dir genau, wie du von der ersten zur zweiten und von der zweiten zur dritten Zahl kommst. Wenn du willst, kannst du es dir auch aufschreiben.
- Denke daran: Werden die Zahlen größer, wurde addiert (+) oder multipliziert (·). Werden die Zahlen kleiner, wurde subtrahiert (−) oder dividiert (:).

Aufgabenfolgen

- Schau dir die untereinanderstehenden Zahlen genau an und überlege wie bei den Zahlenfolgen, wie sich die einzelnen Zahlen verändern. Auch in den Ergebnissen kannst du oft eine Regel finden.
- Notiere deine Überlegungen auf deinem Schmierzettel. Du kannst dann verschiedene Ideen vergleichen und erkennst schnell die richtige Lösung.

Dritter Kompetenzbereich: Muster und Strukturen

2 Übungsaufgaben

1. Vervollständige die Reihen.

   a) 30; 60; 90; 120; _150_; _180_; _210_; 240

   b) 400; 390; 370; 340; _300_ ; _250_ ; _190_ ; 120

   (über den Zahlen notiert: 10, 20, 30, 40, 50, 60, 70)

2. Rechne die Aufgaben und setze die Aufgabenmuster um zwei Aufgaben fort.

   a) 11 + 22 = _33_   b) 123 − 31 = _92_   c) 1 · 48 = _48_

   22 + 44 = _66_   234 − 42 = _192_   2 · 24 = _48_

   33 + 66 = _99_   345 − 53 = _292_   4 · 12 = _48_

                          456 − 64 = 392   8 · 6 = 48

                          567 − 75 = 492   16 · 3 = 48

3. Wie viele Punkte hat die siebte Figur?

   ```
   O    O O    O O O
        O O    O O O
               O O O
   ```

   Antwort: _7. Figur hat 7×7 Steine bzw. 49 Steine_

4. Beschreibe das Muster und setze jeweils um zwei Zahlen fort.

   Beispiel: 9; 18; 27; 36   immer +9

   a) 10; 22; 34; 46; _58_ ; _70_   immer _+12_

   b) 81; 64; 49; 36; ____ ; ____   immer ____

   (Notiert: 7 5 ... 3)

5. Eine Zahl passt nicht. Streiche sie durch.

   a) 978; 867; 765; 645; 534; 423

   b) 14; 29; 44; 59; 73; 89

   c) 88; 84; 85; 82; 82; 78

Dritter Kompetenzbereich: Muster und Strukturen

6. Schau dir das Parkettmuster genau an. Zeichne es bis zum Ende der Kästchenreihe weiter wie in der Vorgabe.

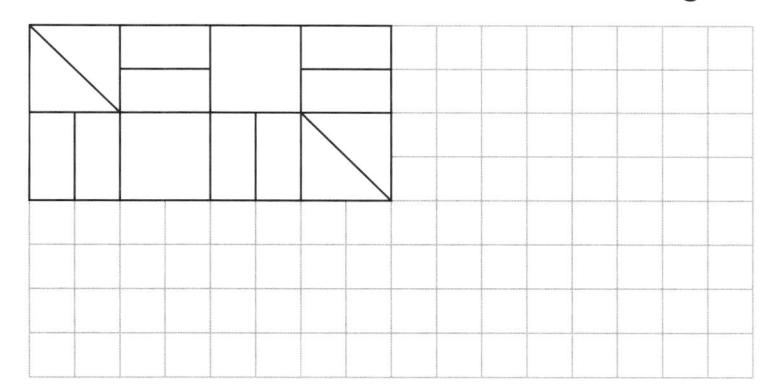

7. Zeichne die nächsten beiden Muster der Folge.

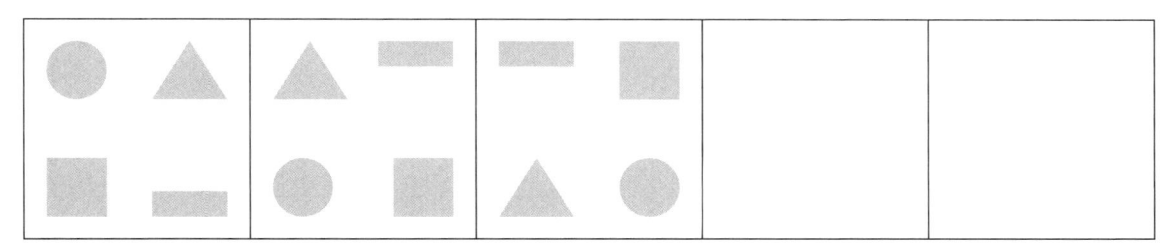

8. Welche Zahlenfolge passt zu welchem Muster? Verbinde.

Pippi
• ♦ ♦ ♥ ♠ ♠
Kakao
⊕ ⊕ ⊕ ⊘ ⊘ ⊗ ⊘ ⊘ ⊕ ⊕ ⊕

62628
44477977444
39339
755433

9. Rechne die Aufgaben und setze die Aufgabenmuster um zwei Aufgaben fort.

a) 62 + 21 = _83_
    57 + 25 = _82_
    52 + 29 = _81_
    47 + 33 = 80
    42 + 37 = 79

b) 18 : 3 = _6_
    28 : 4 = _7_
    40 : 5 = _8_
    54 : 6 = 9
    70 : 7 = 10

c) 120 − 21 = _99_
    115 − 27 = _88_
    110 − 33 = _77_
    105 − 39 = 66
    100 − 45 = 55

Dritter Kompetenzbereich: Muster und Strukturen

10. Vervollständige die Reihen.

a) 10; 10; 20; 30; 50; __80__ ; __130__ ; __210__ ; 340

b) 159; 137; 115; _____ ; _____ ; _____ ; 27

11. Laras Großeltern haben ein Sparbuch für Lara eingerichtet, als sie geboren wurde. Sie zahlen für jeden Lebensmonat von Lara 2 Euro dort ein. Jetzt wird Lara zehn Jahre alt und möchte wissen, wie viel Geld auf dem Sparbuch ist. Dafür legt sie sich folgende Tabelle an.

Vervollständige die Tabelle und berechne, wie viel Geld Lara an ihrem zehnten Geburtstag auf ihrem Sparbuch hat.

Jahr	1	2	3	4	5	6	7	8	9	10
eingezahlt	24	24	24	24	24	24	24	24	24	24
Kontostand	24	48	72	96	120					240

An Laras zehntem Geburtstag sind __240__ Euro auf ihrem Konto.

12. Schau dir das Parkettmuster genau an. Zeichne es bis zum Ende der Kästchenreihe weiter und färbe es wie in der Vorgabe.

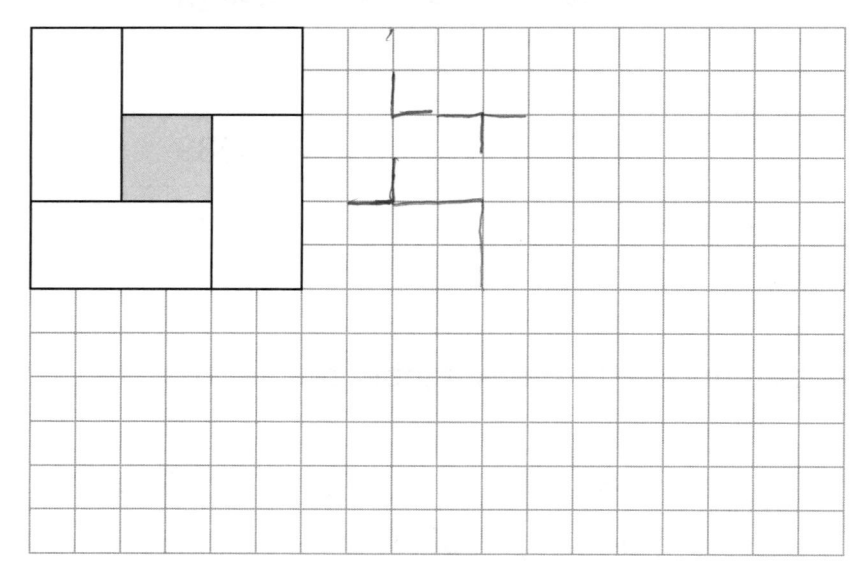

Dritter Kompetenzbereich: Muster und Strukturen

13. Zeichne die nächsten beiden Figuren der Folge.

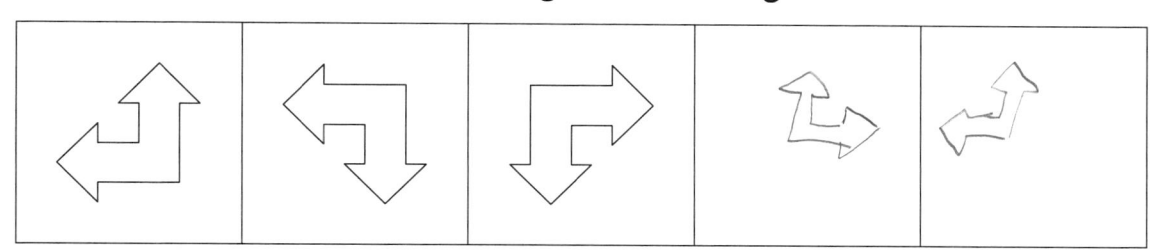

14. Beschreibe das Muster und setze jeweils um zwei Zahlen fort.

Beispiel: 40; 52; 64; 86   immer +12

a) 11; 16; 22; 26; 33; __36__ ; __44__   immer _____

b) 704; 352; 176; 88; 44; _____ ; _____   immer _____

15. Wie viele Dreiecke hat die neunte Figur?

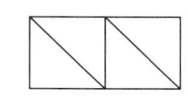

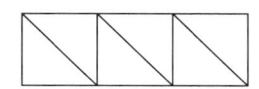

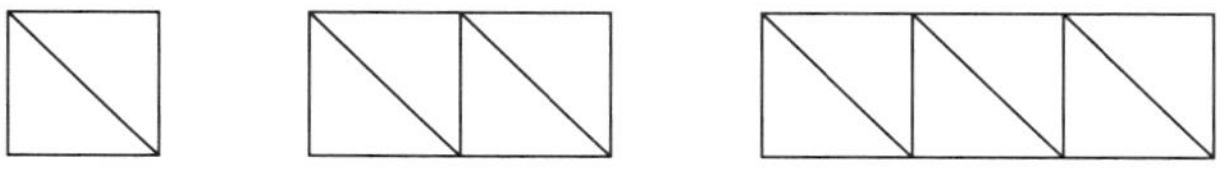

Antwort: __18__

16.

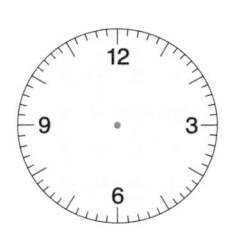

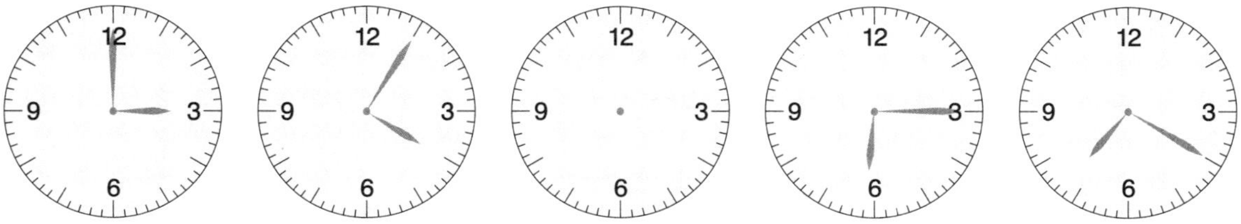

Welche der folgenden Uhren gehört an die dritte Stelle? Kreuze an.

☐ 17.05   ☐ 16.10   ☒ 17.10   ☐ 17.15

Dritter Kompetenzbereich: Muster und Strukturen

17. Marie und Emma bereiten für ein Schulfest eine Quarkspeise zu. Für eine Riesenschüssel benötigen sie folgende Nahrungsmittel: 2 kg Obst, 500 g Zucker, 4 ℓ Milch, 6 Packungen Quark.

Damit sie wissen, wie viel sie für 5 Schüsseln und für 8 Schüsseln brauchen, haben sie sich eine Tabelle gemacht.
Ergänze die fehlenden Angaben in der Tabelle.

	1 Schüssel	5 Schüsseln	8 Schüsseln
Obst	2 kg	10 kg	16 kg
Zucker	500 g	2 500 g	4 000 g
Milch	4 ℓ	20 ℓ	32 ℓ
Quark	6 Pck.	30 Pck.	48 Pack.

18. Ein Zahlenpaar ist falsch.
Streiche es durch und begründe deine Entscheidung.

56 / 40   29 / 17   **28 / 12**   35 / 19   23 / 7   40 / 24

_____

_____

_____

19. Familie Meier braucht 12 Joghurts.
Ein Joghurt kostet 0,60 €.

Wie viel muss Familie Meier dank des Angebots der Woche bezahlen?

ANGEBOT
4 Joghurts zum Preis von 3 Joghurts
der Woche

```
1 = 0,60    1·12          3 1 = 60   1·3
12 = 720 = 7,2€             3 = 180 = 1,8

7,2 - 1,8 = 5,4
```

Antwort: Familie Meier muss ___5,40___ € bezahlen.

Dritter Kompetenzbereich: Muster und Strukturen

20. Lisa hat aus Pappdeckeln Kartenhäuser gebaut.
Schau sie dir genau an.
Zu jedem Muster hat sie eine Aufgabe geschrieben, mit der sie
ausgerechnet hat, wie viele Pappdeckel sie benötigt.

❶ ❷ ❸

3 · 2 + 1   6 · 2 + 3   10 · 2 + 6

❹ ❺

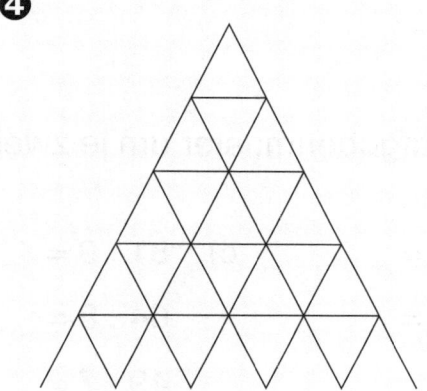

a) Zeichne das dritte Muster ein.

b) Schreibe zum vierten Muster die passende Aufgabe.

c) Zeichne das fünfte Muster und schreibe die passende Aufgabe.

21. Vervollständige die Reihen.

a) 10; 15; 25; 40; _60_ ; _85_ ; _115_ ; 150

b) 124; 110; 96; 82; _78_ ; _64_ ; _40_ ; 26

Dritter Kompetenzbereich: Muster und Strukturen

22. Zeichne jeweils die beiden nächsten Figuren der Folge.

a)

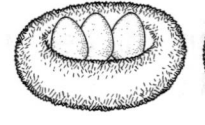

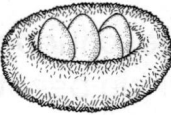

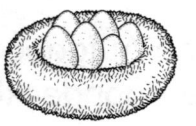

b)

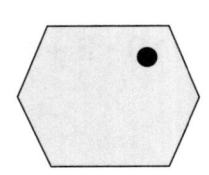

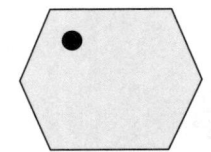

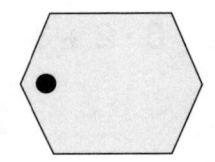

23. Rechne die Aufgaben und setze die Aufgabenmuster um je zwei Aufgaben fort.

a) 4 + 240 = _244_
8 + 120 = _128_
16 + 60 = _76_
32 + 30 = 64
64 + 15 = 79

b) 919 − 30 = _8_
828 − 60 = _____
737 − 90 = _____
_____
_____

c) 81 : 9 = _____
64 : 8 = _____
49 : 7 = _____
_____
_____

24. Wie viele Kreuze hat die siebte Figur?

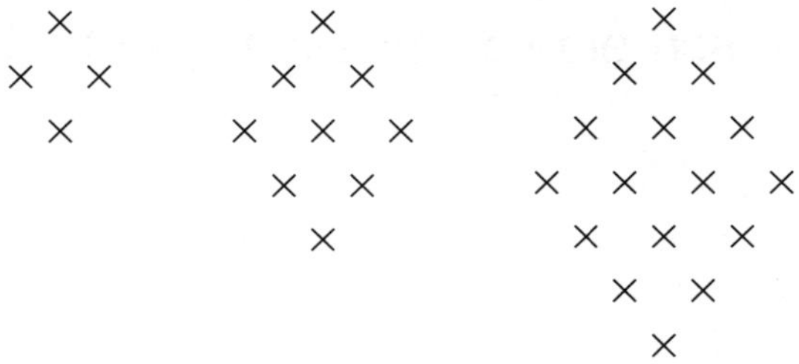

Antwort: _____

Dritter Kompetenzbereich: Muster und Strukturen

25. Hier siehst du eine Zahlenfolge.

1 – 2 – 3 – 5 – 8 – _____ – 21

a) Setze die fehlende Zahl ein.

b) Schreibe die Rechenregel auf.

_____

_____

26. Setze das Aufgabenmuster um eine Aufgabe fort.

4 · 6 + 5 · 6 = (4 + 5) · 6
5 · 7 + 6 · 7 = (5 + 6) · 7
6 · 8 + 7 · 8 = *(6 + 7) · 8*

27. Schau dir das Parkettmuster genau an. Ergänze das Muster bis zum Ende der Kästchenreihe und färbe es wie in der Vorgabe.

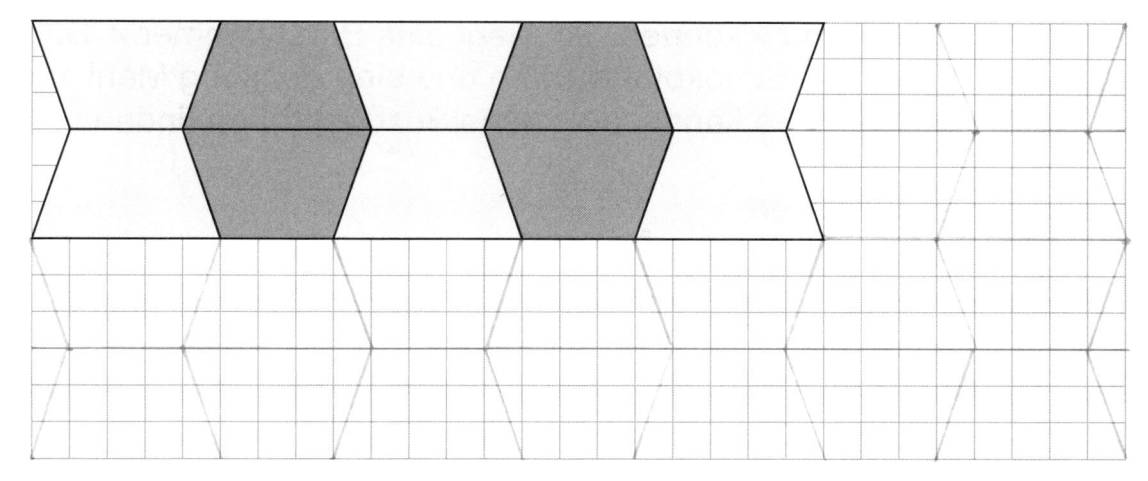

28. Hier siehst du Zugwaggons.
Die Waggons sind logisch durchnummeriert.
Welche Nummer hat der letzte Waggon?

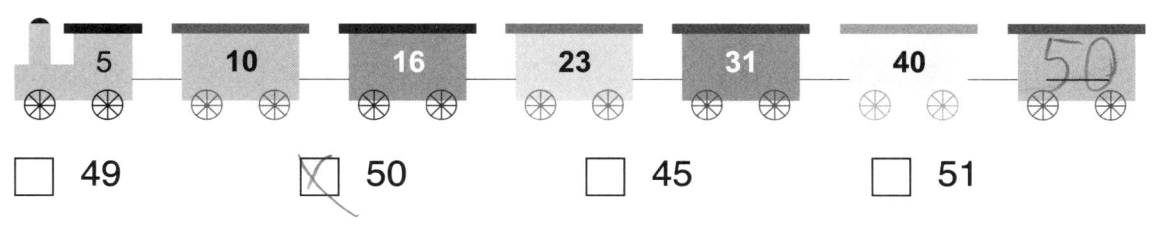

5 – 10 – 16 – 23 – 31 – 40 – *50*

☐ 49   ☒ 50   ☐ 45   ☐ 51

Vierter Kompetenzbereich: Größen und Messen

1 Vorbereitungs- und Lerntipps

Im Bereich „Größen und Messen" findest du Aufgaben mit Geld, Zeitmaßen, Längen, Gewichten, Hohlmaßen und Geschwindigkeiten. Wie du sie geschickt bearbeitest, zeigen dir die folgenden Tipps.

Vorbereitung

- Es ist wichtig, dass du die Maße kennst und sicher mit ihnen umgehen kannst. Dadurch musst du beim Lösen der Aufgaben nicht mehr lange nachdenken. Das spart im Test wertvolle Zeit.
- Das Rechnen mit Größen kannst du im Alltag üben. Beim Einkaufen kannst du z. B. mit Geld rechnen. Und wenn du dich mit Freunden verabredest, übst du nebenbei das Lesen der Uhr und den Umgang mit der Zeit.
- Schau dir die Dinge in deiner Umgebung genau an, um Größen besser einschätzen zu können. So wiegt eine Büroklammer z. B. etwa 1 g, eine Tafel Schokolade 100 g und eine Packung Mehl 1 kg. Auch für andere Maße kannst du solche Bezugsgrößen finden.

Umrechnungsaufgaben

- Schreibe dir die Umrechnungseinheiten am besten auf deinen Schmierzettel. So hast du einen guten Überblick und kannst immer wieder nachsehen.
- Achte bei der Kommaschreibweise genau darauf, wo du das Komma setzen musst. Das Komma trennt immer die angegebene von der nächstkleineren Einheit.

Sachaufgaben

- Lies die Aufgabe genau und unterstreiche wichtige Dinge.
- Mach dir einen Rechenplan und schreibe dir zuerst in Worten auf, welche Dinge du wie ausrechnen kannst.
- Benutze Zwischenüberschriften, damit du schneller siehst, was du gerade ausrechnest.
- Vergiss nicht, einen Antwortsatz zu schreiben.

2 Übungsaufgaben

1. Die Kinder der 3a haben aufgeschrieben, wie lang ihr Schulweg ist.

Alex:	Timo:	Lukas:	Lea:
2 km 350 m	1 km 800 m	1 km 400 m	2 km 100 m

a) Wer hat den längsten Schulweg?

   Alex hat den längsten Schulweg.

b) Rebekkas Schulweg ist 200 m kürzer als Leas Schulweg.

   Rebekkas Schulweg ist _1 km 900 m_ lang.

2. Linus findet auf dem Boden vor dem Supermarkt vier Münzen. Zwei davon haben den gleichen Wert, die anderen beiden sind unterschiedlich.

   Welchen Betrag kann er nicht gefunden haben? Kreuze an.

   ☐ 2,30 €
   ☐ 2,70 €
   ☐ 1,15 €
   ☒ 0,40 €
   ☒ 6,00 €

3. Frau Schatz braucht 3 m Stoff.
   3 m Stoff kosten im Kaufhaus 18,00 €.
   Am Samstag auf dem Markt bekommt sie 4,50 m Stoff für 18,00 €.

   Wie viel Stoff bekommt sie mehr, wenn sie den Stoff auf dem Markt kauft?

   Frau Schatz bekommt _1,5_ m mehr Stoff.

Vierter Kompetenzbereich: Größen und Messen

4. Moritz ist 35,5 kg schwer. Er ist 1,5 kg leichter als Leo.
Leo ist 500 g schwerer als Nico.

M = 35,5
L = 37
N = 36,5

a) Wie schwer ist Leo?

Leo ist __37__ kg schwer.

b) Wie schwer ist Nico?

Nico ist __36,5__ kg schwer.

5. Verbinde mit der richtigen Maßeinheit.

- m — Mein Lineal ist 30 ? lang.
- h — Ein Stürmer läuft bei einem Fußballspiel eine Strecke von etwa 9 ?.
- cm — Beim Sportfest springt Ina 2,74 ?.
- km
- min — Die große Pause dauert 20 ?.
- Ein Kind schläft nachts etwa 9 bis 10 ?.

6. Anne hilft ihrem Vater. Er braucht für die Umrandung seines Blumenbeets 30 kg Steine. In einen Eimer passen 5 kg Steine.

Wie oft muss Anne ihrem Vater einen Eimer voller Steine bringen?

Anne muss ihrem Vater __6__ Eimer voller Steine bringen.

7. Julius hat in seiner Spardose zwei 10-€-Scheine, einen 20-€-Schein und drei 5-€-Scheine. Er möchte sich ein Spiel für 44,90 € kaufen.

Reicht das Geld aus der Spardose? Kreuze an.

☒ ja   ☐ nein

Begründe deine Meinung:

3·5€ + 2·10€ + 1·20€ = 15€ + 20€ + 20€ = 55€ > 44,90€

Nicht genau erreichbar, aber genügend Geld ist vorhanden

Vierter Kompetenzbereich: Größen und Messen

8. Verbinde jeden Wecker mit der richtigen Uhrzeit.

9. In der Bäckerei kostet Brot vom Vortag nur die Hälfte.

Heute frisch gebacken!
Bauernbrot: 3,60 Euro
Vollkornbrot: 4,10 Euro
Nussecken: 1,20 Euro

Wie viel kosten die Brote am nächsten Tag?

Bauernbrot: __1,80__ €

Vollkornbrot: __2,05__ €

10. Schreibe mit Komma.

    a)   1 m 50 cm = __1,5__ m

    b)   5 € 5 Cent = __5,05__ €

Vierter Kompetenzbereich: Größen und Messen

11. Klara steht jeden Morgen um 6.40 Uhr auf.
Sie geht um 7.35 Uhr in die Schule.

Wie viele Minuten hat Klara Zeit, bis sie losgehen muss?

Klara hat ___55___ Minuten Zeit, bis sie losgehen muss.

12. Die Kinder wollen wissen, wie schnell sich kleine Tiere im Wald bewegen. Sie messen, wie weit die Tiere in einer Minute kommen.

Wie lange brauchen die Tiere für 1 Meter?

Strecke nach 1 Minute	Laufkäfer: 100 cm	Spinne: 50 cm	Marienkäfer: 20 cm	Schnecke: 10 cm
Zeit für 1 Meter	1 Min	2 Min	5 Min	10 Min

Min = Minuten

13. Hier siehst du den Fahrplan für die Haltestelle am Schwimmbad.

Haltestellen	Abfahrtszeiten			
Schwimmbad	16.45	17.20	18.00	18.50
Stadtpark	16.54	17.29	18.09	18.59
Grundschule	17.12	17.47	18.27	19.17
Wiesenweg	17.23	17.58	18.38	19.28

Lea kommt um 17.05 Uhr aus dem Schwimmbad.

a) Wie lange muss Lea auf den nächsten Bus warten?

Sie muss ___15___ Minuten warten.

b) Lea muss an der Grundschule aussteigen.
Wie lange dauert die Fahrt?

Die Fahrt dauert ___27___ Minuten.

14. Simon hat gerechnet: In 3 Monaten und 1 Woche ist Heiligabend.

An welchem Tag sagt Simon das? Kreuze an.

☐ 24. September
☒ 17. September
☐ 24. Oktober
☐ 17. Dezember

15. Paula und Karolin spielen ein Sportlerquartett.
Karolin sagt: „Mein Sportler läuft auf 100 Meter 2 Sekunden schneller als deiner, er springt 40 Zentimeter weiter, aber nur halb so hoch."

Trage die Werte von Karolins Sportler mit den richtigen Maßeinheiten in die Tabelle ein.

	Weitsprung	100-m-Lauf	Hochsprung
Paulas Sportler	6,20 m	13,5 sec	1,80 m
Karolins Sportler	6,6 m	11,5 sec	0,9 m

16. Die Kinder wiegen in der Schule ihre Ranzen.

Welche Aussage kann nicht stimmen? Kreuze an.

☐ Max: 3 kg 150 g
☐ Dana: 3 kg 600 g
☐ Daniel: 4 kg 200 g
☒ Kevin: 15 kg 450 g
☐ Lisa: 2 kg 900 g

Warum kann das nicht stimmen? Begründe deine Entscheidung.

Zu schwer für normalen Schulbetrieb

Vierter Kompetenzbereich: Größen und Messen

17. Nele backt mit ihrer Mutter Brot. Sie benötigen 1 kg Mehl und haben schon $\frac{1}{2}$ kg Mehl in die Schüssel gegeben.

Wie viel Gramm Mehl fehlen noch?

500g

Antwort: Es fehlen noch _500_ g Mehl.

18. Wie lang sind alle Linien zusammen? Schreibe als Kommazahl.

| 1 cm 5 mm | 3 cm 5 mm | 2 cm |

| 4 cm 5 mm | 6 cm |

| 8 cm |

1 + 4 + 3 + 8 + 6 + 2 = 24 cm
0,5 + 0,5 + 0,5 = 1,5 cm
25,5 cm

Antwort: Es sind _25,5_ cm.

19. Ergänze die richtige Einheit.

Ein Bleistift kostet etwa 1 _Euro_.

Eine Packung Butter wiegt 250 _Gramm_.

Ein Klassenraum ist etwa 9 _Meter_ lang.

Eine Geburtstagsfeier dauert oft etwa 3 _Stunden_.

Ein Hund ist etwa 80 _cm_ lang.

20. Maries kleiner Bruder ist jetzt 150 Stunden alt.
Wie viele Tage und Stunden ist er alt? Kreuze an.

☐ 6 Tage und 0 Stunden

☐ 5 Tage und 23 Stunden

☒ 6 Tage und 6 Stunden

☐ 7 Tage und 2 Stunden

Vierter Kompetenzbereich: Größen und Messen

21. Die Kinder der Klasse 3c besuchen gemeinsam das Freibad. Der Eintritt kostet pro Kind 2,50 €. Drei Kinder haben keine Schwimmkleidung dabei und können nicht mitschwimmen. Die Klassenlehrerin bezahlt an der Kasse 50 € für alle Kinder, die mitschwimmen können.

a) Wie viele Kinder gehen in die Klasse 3c?

___23___ Kinder gehen in die Klasse 3c.

b) Schreibe auf, wie du zu der Lösung gekommen bist.

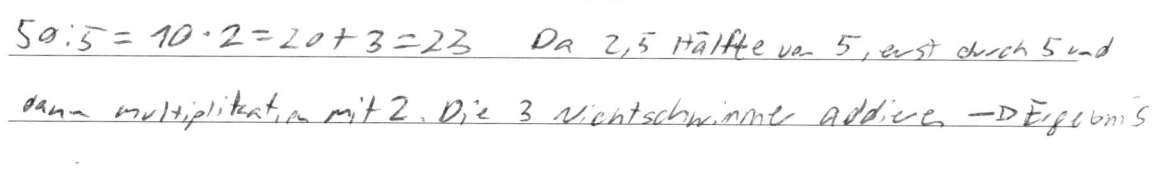

50 : 5 = 10 · 2 = 20 + 3 = 23   Da 2,5 Hälfte von 5, erst durch 5 und dann multiplikation mit 2. Die 3 Nichtschwimmer addieren → Ergebnis

22. Hier siehst du zwei Waagen.

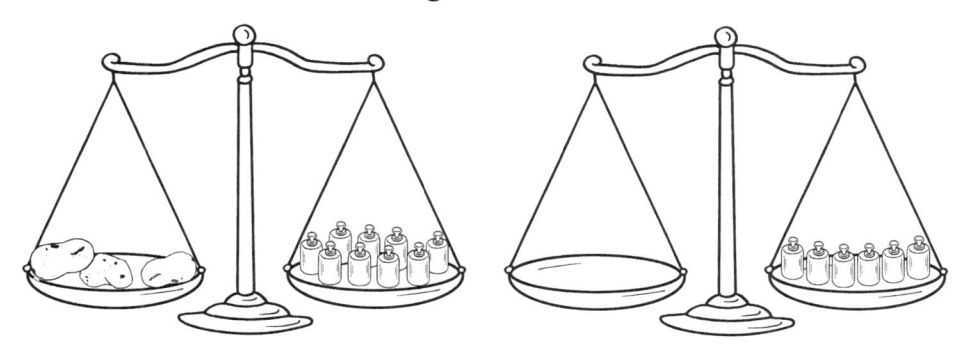

Wie viele gleich schwere Kartoffeln musst du auf die zweite Waage legen, damit sie im Gleichgewicht ist?

Antwort: Ich muss ___2___ Kartoffeln auf die zweite Waage legen.

23. Die Kinder wiegen gemeinsam in der Klasse ihre Lieblingsbücher. Lukas' Lieblingsbuch ist schwerer als Leas Lieblingsbuch. Mias Lieblingsbuch ist leichter als Leas Lieblingsbuch.

Wessen Lieblingsbuch ist am schwersten?

☐ Mias
☐ Leas
☒ Lukas'
☐ alle gleich
☐ Das kann man nicht sagen.

Vierter Kompetenzbereich: Größen und Messen

24. Wandle um.

1 kg 500 g = 150 g

3 450 m = 3 km 450 m

52 mm = 5 cm 2 mm

5 min = 300 sec

25. Was ist schwerer? Kreuze in jeder Zeile an.

- [x] Auto
- [ ] Motorrad
- [ ] Amsel
- [x] Katze
- [x] Schulranzen
- [ ] Mathebuch
- [ ] Büroklammer
- [x] Radiergummi
- [ ] Teller
- [x] Packung Zucker

26. An einem Stand auf einem Kinderflohmarkt hängt folgendes Schild.

Nils hat 5 € dabei. Reicht das Geld …

für 3 Bücher und 2 Autos? [x] ja [ ] nein
für 1 Spiel und 3 CDs? [ ] ja [x] nein
für 1 Puppe, 1 Buch und 1 Auto? [x] ja [ ] nein
für 2 Spiele? [ ] ja [x] nein
für 4 Autos, 2 CDs und 1 Buch? [x] ja [ ] nein

1 Buch 1,20 €
1 CD 80 ct
1 Spiel 3 €
1 Auto 0,50 €
1 Puppe 2 € 50 ct

27. Eva braucht neue Bleistifte. Sie vergleicht die Preise im Supermarkt, im Schreibwarenladen und im Drogeriemarkt.

Welches Angebot ist am preiswertesten?

Supermarkt	Drogeriemarkt	Schreibwarenladen
5 Bleistifte nur 2,99 €	10 Bleistifte nur 5,45 €	2 Bleistifte nur 0,99 €

Vierter Kompetenzbereich: Größen und Messen

```
2,99 € : 3      →   3 : 5 = 3/5 = 0,6 Euro/Stift
5,45 ≈ 5,5      →   5,5 : 10 = 55/100 = 0,55 Euro/Stift
0,99 ≈ 1        →   1 : 2 = 1/2 = 0,5 Euro/Stift
```

Antwort: Das Angebot aus dem ___Schreibwarenladen___
   ist am preiswertesten.

28. Marion feiert mit ihren 4 Freundinnen ihren Geburtstag am Mittwoch im Zoo. Marions Mama ist natürlich auch dabei.
Wie viel kostet der Eintritt für alle zusammen?

Karlstädter Zoo

Eintrittspreise   **Mittwoch ist Zootag!**
Erwachsener .... 7,50 €   Erwachsener .... 5,00 €
Kind .... 3,00 €   Kind .... 2,00 €

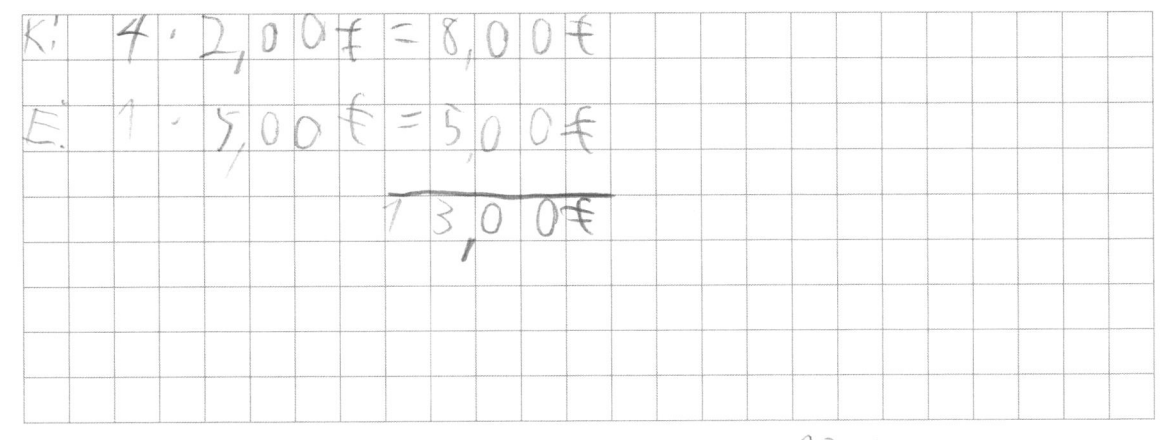

Gruppeneintrittspreise (für Gruppen ab 5 Personen)
   Immer 5 Kinder zusammen .... 10,00 €
   Jedes weitere Kind .... 1,50 €
   Pro 5 Kinder ein Erwachsener frei.
   Jeder weitere Erwachsene .... 4,00 €

```
K:  4 · 2,00 € = 8,00 €
E:  1 · 5,00 € = 5,00 €
              ─────────
               13,00 €
```

Antwort: Der Eintritt kostet für alle zusammen __13,00 €__ Euro.

29. Lena und ihre Klasse nehmen an den Bundesjugendspielen teil. Sie fahren um 8.10 Uhr mit dem Bus gemeinsam zum Sportplatz. Die Fahrt dauert 15 Minuten. Dann können sich die Kinder aufwärmen und um 9.00 Uhr machen sie Weitsprung. Um 10.00 Uhr beginnt der 50-m-Lauf und 35 Minuten später das Werfen.
Um 11.00 Uhr sind damit alle Klassen fertig.
Vor der Siegerehrung um 12.10 Uhr finden noch Staffelläufe statt.

a) Wie viel Zeit haben die Kinder, um sich aufzuwärmen?

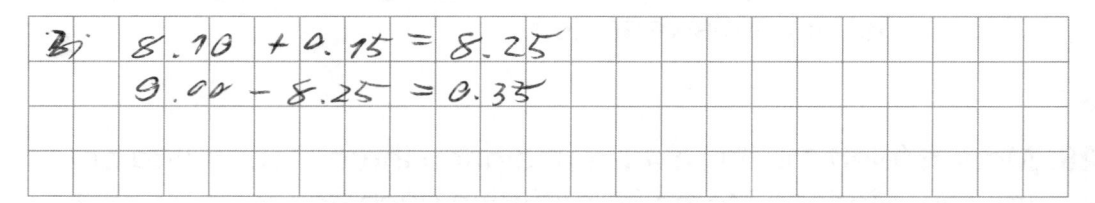

> B) 8.10 + 0.15 = 8.25
> 9.00 − 8.25 = 0.35

Die Kinder haben __35__ Minuten Zeit, um sich aufzuwärmen.

b) Wann beginnt Lenas Klasse mit dem Werfen?

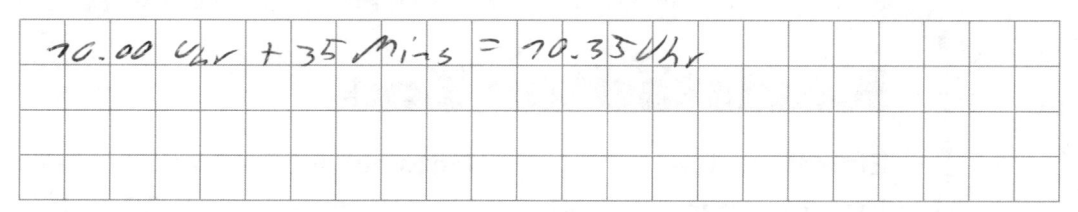

> 10.00 Uhr + 35 Mins = 10.35 Uhr

Lenas Klasse beginnt um __10.35__ Uhr mit dem Werfen.

c) Wie viel Zeit bleibt den Kindern für die Staffelläufe?

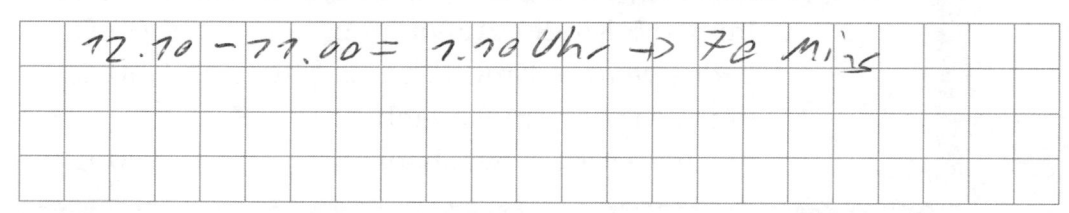

> 12.10 − 11.00 = 1.10 Uhr → 70 Mins

Die Kinder haben __70__ Minuten Zeit für die Staffelläufe.

Fünfter Kompetenzbereich:
Daten, Häufigkeiten und Wahrscheinlichkeiten

1 Vorbereitungs- und Lerntipps

Bei den Aufgaben im Bereich „Daten, Häufigkeiten und Wahrscheinlichkeiten" ist logisches Denken und Kombinieren gefragt. Dazu musst du dich gut konzentrieren. Mit den folgenden Tipps kommst du den Lösungen leicht auf die Spur.

Kombinatorikaufgaben

- Kombinatorikaufgaben nennt man die Aufgaben, bei denen dir verschiedene Dinge oder Personen genannt werden, die auf verschiedene Arten kombiniert werden können (z. B. Ostereier und Verstecke oder die Reihenfolge der Kinder beim Zieleinlauf).
- Gehe bei diesen Aufgaben am besten systematisch vor und schreibe dir alle Möglichkeiten auf. So vergisst du keine und zählst auch keine doppelt.

Aufgaben zur Wahrscheinlichkeit

- Überlege genau, wie hoch die Chancen für die gefragten Ereignisse stehen. Bei einem Würfelwurf ist die Wahrscheinlichkeit, eine 1 zu würfeln, zum Beispiel genauso hoch, wie eine 6 zu würfeln. Mach dir am besten eine kurze Notiz, welches Ereignis wie wahrscheinlich sein könnte.
- Wenn du bei einer solchen Aufgabe nicht weiterkommst, hilft es auch oft, wenn du deinem Bauchgefühl vertraust. Häufig schätzt man solche Wahrscheinlichkeiten richtig ein.

Aufgaben zu Daten

- Hier ist es wichtig, dass du sehr konzentriert und sorgfältig arbeitest. Schau dir die Daten und Diagramme aufmerksam an und lies die Daten möglichst genau ab.
- Zeichne in Diagrammen immer mit Bleistift und beachte die Einteilung, die neben dem Diagramm steht.

Fünfter Kompetenzbereich: Daten, Häufigkeiten und Wahrscheinlichkeiten

2 Übungsaufgaben

1. Pia, Lea und Caro stellen ihre Fahrräder nebeneinander in den Fahrradständer.

   Welche der folgenden Aussagen stimmt? Kreuze an.

   ☐ Es ist sicher, dass Pias und Leas Fahrräder nebeneinanderstehen.

   ☐ Es ist unmöglich, dass Pias und Caros Fahrräder nebeneinanderstehen.

   ☐ Es ist sicher, dass Leas und Caros Fahrräder nicht nebeneinanderstehen.

   ☒ Es ist möglich, aber nicht sicher, dass Pias und Leas Fahrräder nebeneinanderstehen.

2. Die Kinder der dritten Klassen haben eine Umfrage gemacht: „Was ist dein Lieblingsessen?"

   Dies ist das Ergebnis:

   a) Was essen die Jungen am liebsten?

   Jungen essen _Pommes_ am liebsten.

   b) Wie viele Kinder essen am liebsten Gemüse?

   ___8___ Kinder essen am liebsten Gemüse.

   c) 14 weitere Kinder haben das gleiche Lieblingsessen wie Nils.

   Nils isst am liebsten _Pommes_.

Fünfter Kompetenzbereich: Daten, Häufigkeiten und Wahrscheinlichkeiten

3. Die Kinder der Klasse 3b verkaufen beim Schulfest Lose. In einem Säckchen sollen 100 Lose sein, aufgeteilt in Gewinne und Nieten. Die Kinder sollen die gleichen Chancen haben, einen Gewinn oder eine Niete zu ziehen.

Wie müssen die Kinder das Säckchen füllen?

Sie müssen das Säckchen mit __50__ Gewinnen und __50__ Nieten füllen.

4. Die Kinder zählen eine Woche lang, wie viele Kinder jeden Tag zwischen 15.00 Uhr und 17.00 Uhr auf dem Spielplatz spielen.

Die Ergebnisse siehst du in dem Diagramm.

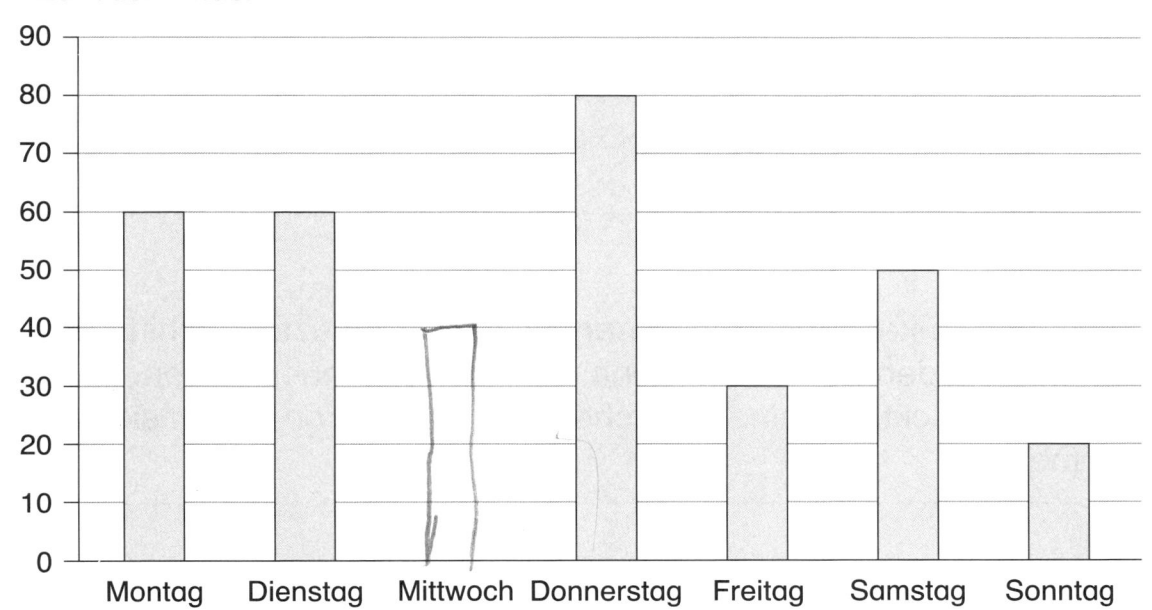

Anzahl der Kinder

a) Am Mittwoch kommen doppelt so viele Kinder wie am Sonntag. Zeichne die Anzahl der Kinder in das Diagramm ein.

b) An welchem Tag kamen die wenigsten Kinder auf den Spielplatz?

Am Sonntag kamen die wenigsten Kinder.

c) Wie viele Kinder kamen am Donnerstag und Freitag insgesamt auf den Spielplatz?

110 Kinder kamen insgesamt auf den Spielplatz.

Fünfter Kompetenzbereich: Daten, Häufigkeiten und Wahrscheinlichkeiten

5. Kreuze jeweils an.

	sicher	möglich, aber nicht sicher	unmöglich
Dieses Jahr wird es im Sommer jeden Tag über 25 Grad haben.	☐	☒	☐
Dieses Jahr beginnt der Winter im Juli.	☐	☐	☒
Wenn ich nach der vierten Klasse die Grundschule verlasse, komme ich in den Kindergarten.	☐	☐	☒
Nach April kommt Mai.	☒	☐	☐

6. Klara hängt Luftballons für ihr Geburtstagsfest auf. Sie hat zwei gelbe (G), einen roten (R) und einen blauen (B) Luftballon.
Die beiden gelben Luftballons hängen nicht nebeneinander.

Notiere alle Möglichkeiten.

G, R, B, G   G, B, R, G   B, G, R, G   R, G, B, G   G, R, G, B

G, B, G, R

7. Leons Onkel und Tante fahren mit einem Kreuzfahrtschiff auf dem Main. In den Ferien darf Leon fünf Tage mit ihnen fahren. Auf einer Karte steckt er kleine Fähnchen auf die Orte, an denen sie haltmachen.

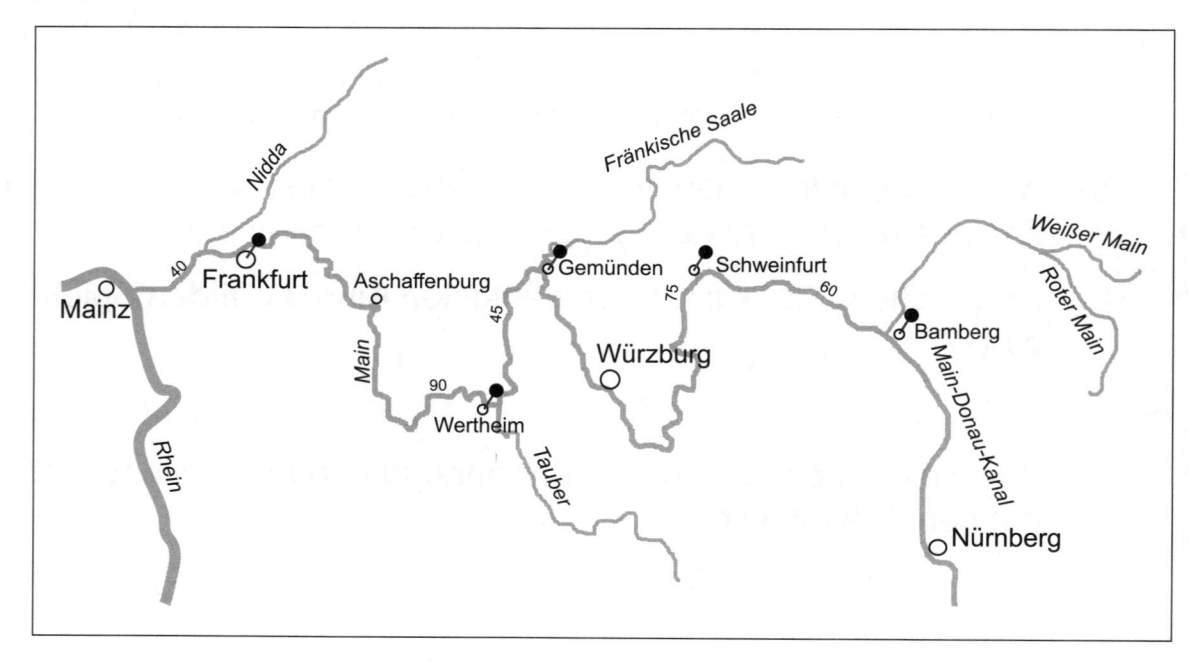

Leon beginnt, eine Übersicht zu den einzelnen Tagen zu erstellen.
Vervollständige seine Tabelle.

	von	nach	Kilometer
1. Tag	Mainz	Frankfurt	40
2. Tag	Frankfurt	Wertheim	90
3. Tag	Wertheim	Gemünden	45
4. Tag	Gemünden	Schweinfurt	75
5. Tag	Schweinfurt	Bamberg	60

8. Stefan, Kai und Bastian schlafen auf der Klassenfahrt in einem Zimmer in den Betten 1, 2 und 3.

   Wie viele Möglichkeiten gibt es für die drei Jungen, sich die Betten aufzuteilen?

   Es gibt ___6___ Möglichkeiten.

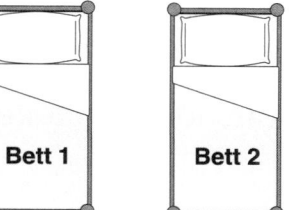

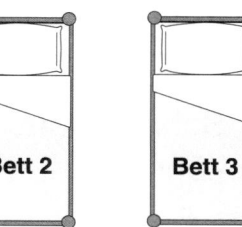

   | S K B | B K S | K S B | B S K | K B S | S B K |

9. Begründe, bei welchem Spiel du die größeren Gewinnchancen hast.

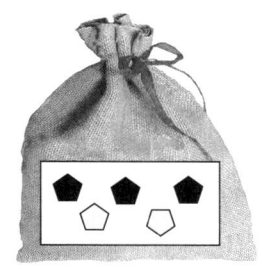

   Du ziehst ein Plättchen und gewinnst, wenn du ein dunkles Plättchen ziehst.

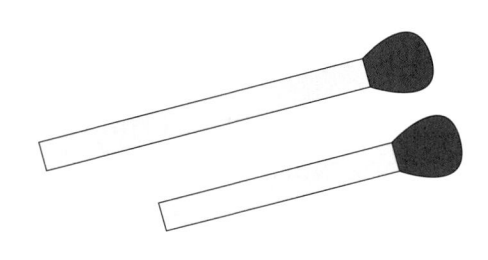

   Du ziehst ein Streichholz aus der Hand und gewinnst, wenn du das lange Streichholz ziehst.

   Große Gewinnchance bei Plättchen, da Verhältnis bei Streichhölzern 1:1 (50%) und bei Plättchen 3:2 (60% : 40%)

Fünfter Kompetenzbereich: Daten, Häufigkeiten und Wahrscheinlichkeiten

10. Melanie zieht mit verbundenen Augen eine Zahlenkarte.

1 2 3 4 5 6 7 8

Kreuze die richtige Aussage an.

☐ Es ist sicher, dass Melanie eine Zahl zwischen 1 und 6 zieht.

☐ Es ist unmöglich, dass Melanie eine Zahl größer als 5 zieht.

☐ Es ist sicher, dass Melanie die Zahl 4 zieht.

☒ Es ist möglich, aber nicht sicher, dass Melanies Zahl kleiner als 5 ist.

11. Klara (K), Lena (L), Mia (M) und Nina (N) machen einen Wettlauf. Klara kommt nach Mia ins Ziel.

Schreibe alle Möglichkeiten auf, wie die Kinder ins Ziel kommen können.

M,K,L,N   M,K,N,L   L,M,K,N   N,M,K,L
L,M,M,K   N,L,M,K

12. Anna versteckt an Ostern zwei gleiche Ostereier. Sie hat drei Verstecke zur Wahl.
Wie viele verschiedene Möglichkeiten gibt es, die beiden Ostereier zu verstecken?

Es gibt __3__ Möglichkeiten.

13. Du würfelst einmal mit drei normalen Spielwürfeln und addierst die Augenzahlen.

Welches Ergebnis ist unmöglich? Kreuze an.

☒ 13
☒ 5
☒ 20
☐ 9

Fünfter Kompetenzbereich: Daten, Häufigkeiten und Wahrscheinlichkeiten

14. In einem Beutel sind drei dunkle und ein helles Bonbon. Marie greift hinein und nimmt drei Bonbons.

Wie können die Bonbons aussehen? Kreuze jeweils an.

	sicher	möglich, aber nicht sicher	unmöglich
Alle Bonbons sind dunkel.	☐	☒	☐
Ein Bonbon ist hell, zwei sind dunkel.	☐	☒	☐
Alle drei Bonbons sind hell.	☐	☐	☒
Ein Bonbon ist dunkel, zwei sind hell.	☐	☐	☒

15. Susi nimmt zwei Karten und legt damit eine zweistellige Zahl.

3   5   7   9

Kreuze jeweils an.

	sicher	möglich, aber nicht sicher	unmöglich
Die Zahl ist größer als 33 und kleiner als 99.	☐	☒	☐
Die Zahl ist ohne Rest durch 2 teilbar.	☐	☒	☐
Die Zahl ist größer als 57.	☐	☒	☐
Die Ziffern der Zahl sind gleich.	☐	☒	☐

16. Hier siehst du ein Diagramm mit den höchsten Gebäuden der Welt:

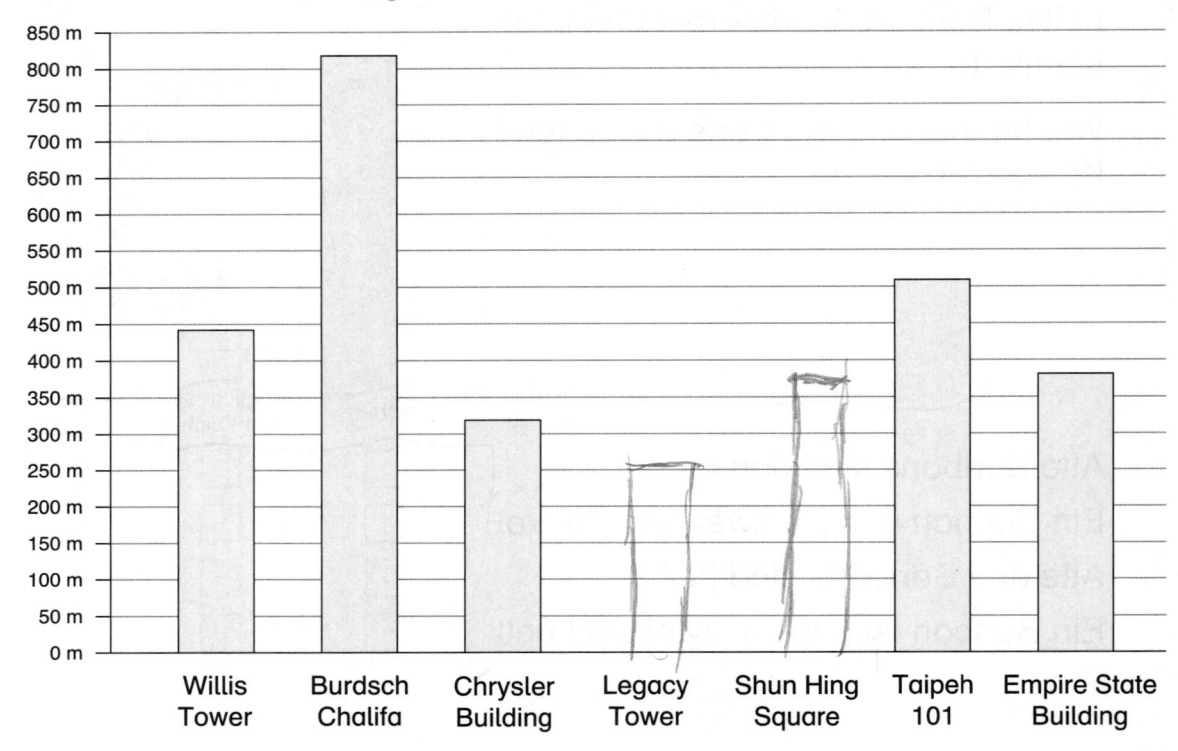

a) Der Legacy Tower ist 250 m hoch.
   Zeichne die entsprechende Säule in das Diagramm.

b) Der Shun Hing Square ist genauso hoch wie das Empire State Building. Zeichne die entsprechende Säule in das Diagramm.

c) Schreibe die Gebäude auf, die größer als 300 m und kleiner als 400 m sind.

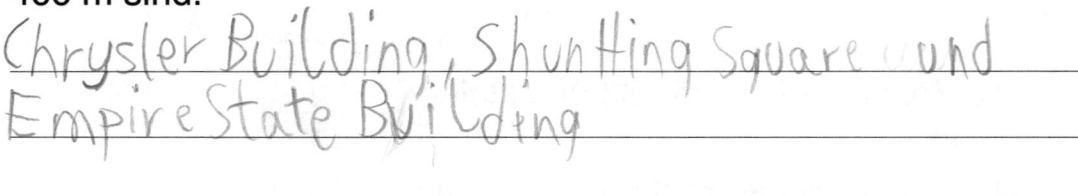

Chrysler Building, Shun Hing Square und Empire State Building

17. Hier siehst du die Anzahl der Zoobesucher im letzten Jahr:

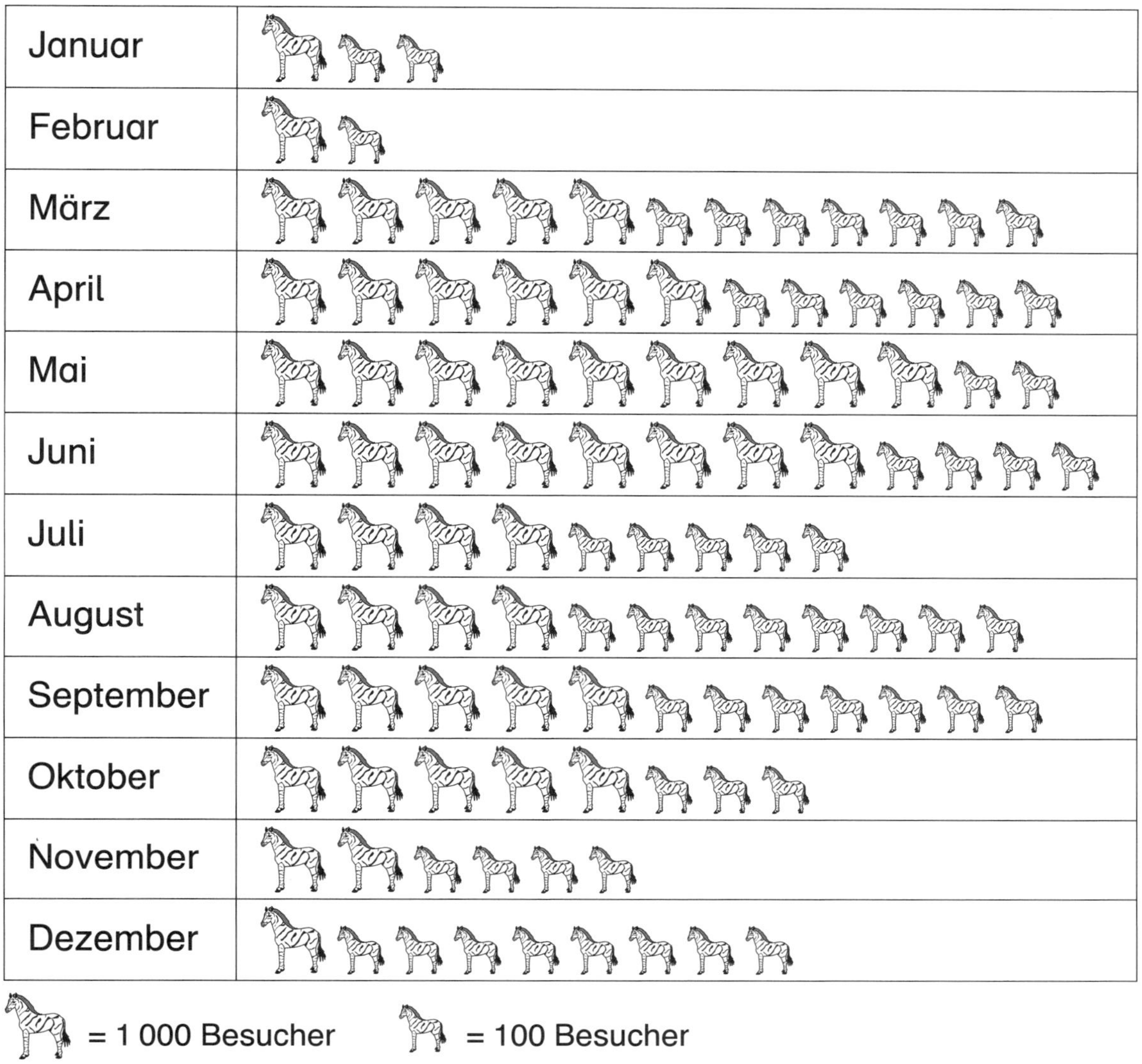
Januar
Februar
März
April
Mai
Juni
Juli
August
September
Oktober
November
Dezember
= 1 000 Besucher
= 100 Besucher

a) In welchem Monat hatte der Zoo die meisten Besucher?

Im Mai.

b) Wie viele Besucher waren es im Juni?

8400 Besucher.

c) In welchem Monat kamen die wenigsten Besucher?

Im Februar.

Fünfter Kompetenzbereich: Daten, Häufigkeiten und Wahrscheinlichkeiten

18. Die Kinder der Klasse 3a haben gezählt, wie viele Kinder in welcher Jahreszeit Geburtstag haben. Hierzu haben sie ein Kreisdiagramm gezeichnet. Ordne die Jahreszeiten zu.

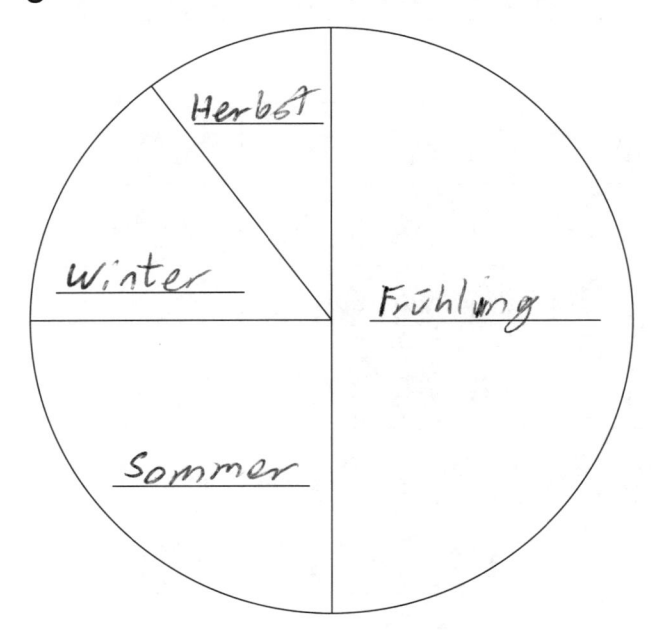

Kreisdiagramm mit Beschriftungen: Herbst, Winter, Frühling, Sommer.

Die meisten Kinder haben im Frühling Geburtstag.

Im Sommer haben halb so viele Kinder Geburtstag wie im Frühling.

Im Winter haben mehr Kinder Geburtstag als im Herbst.

19. Im Urlaub wollen Linda und ihre Familie Fahrräder leihen. Linda möchte gern ein Fahrrad mit einem Fahrradcomputer haben, aber ihr Vater sagt, bei den Fahrradhändlern muss man nehmen, was man bekommt.

Bei welchem Fahrradhändler ist die Wahrscheinlichkeit am größten, ein Fahrrad mit einem Fahrradcomputer zu bekommen?

Fahrradhändler	Fahrräder mit Fahrradcomputer	Fahrräder insgesamt
Händler A	30	70
Händler B	40	70
Händler C	40	60

Die Wahrscheinlichkeit, ein Fahrrad mit einem Fahrradcomputer zu bekommen, ist bei Händler __C__ am größten.

20. Alle Drittklässler einer Grundschule wurden danach befragt, wie lange sie etwa jeden Tag fernsehen.

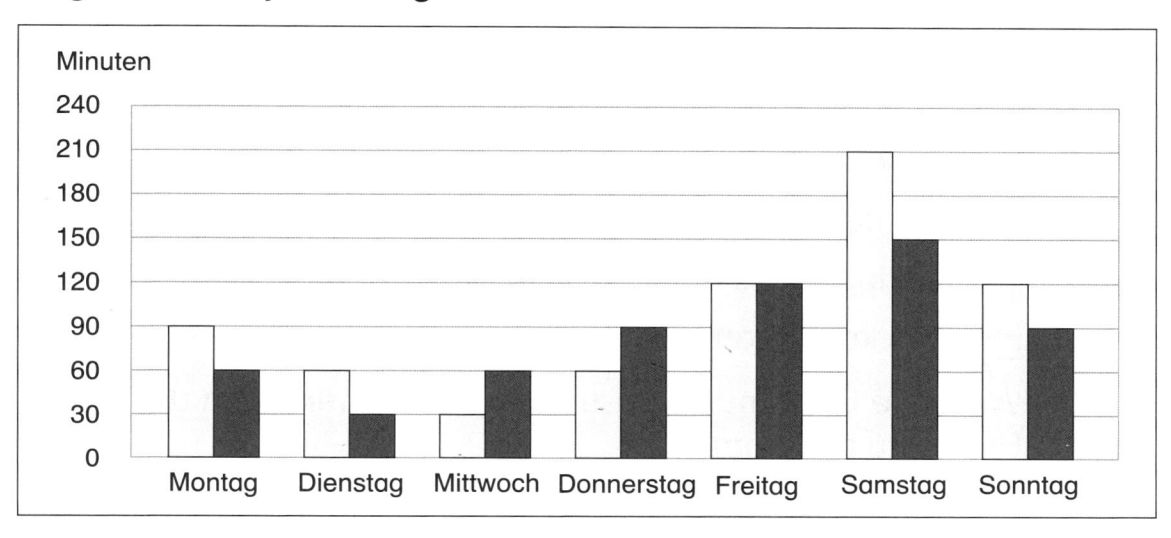

a) An welchem Wochentag sehen die Schüler zusammen am längsten fern?

   Samstag

b) An welchen Wochentagen sehen die Schüler zusammen am wenigsten fern?

   Dienstag und Mittwoch

c) Wie lange sehen die Schüler in der Woche insgesamt fern?

   27,5 h

d) An welchen Wochentagen sehen die Mädchen mehr fern als die Jungen?

   Montag, Dienstag, Samstag, Sonntag

Fünfter Kompetenzbereich: Daten, Häufigkeiten und Wahrscheinlichkeiten

21. Bei einer Tombola mit 13 Losen gibt es genau einen 1. Preis, zwei 2. Preise, einen 3. Preis, einen Sonderpreis und acht Trostpreise.

a) Wie hoch sind die Chancen, einen der ersten drei Preise oder den Sonderpreis zu bekommen? Kreuze an.

☐ Höher, als einen Trostpreis zu bekommen.

☐ Genauso hoch, wie einen Trostpreis zu bekommen.

☒ Niedriger, als einen Trostpreis zu ziehen.

☐ Das kann man nicht feststellen.

b) Wie viele Lose musst du ziehen, um **sicher** einen der ersten Preise zu bekommen?

Um **sicher** einen der ersten Preise zu bekommen, muss ich ___9___ Lose ziehen.

22. Leo hat ein Glücksspiel erfunden und es gleich gebastelt.
Es gibt drei Spielräder, die gedreht werden müssen – für jeden Mitspieler eines. Wenn das Spielrad bei einem grauen Feld stehen bleibt, hat der Spieler gewonnen. Wenn es bei einem weißen Feld stehen bleibt, hat der Spieler verloren.
Das erste Spielrad hat Leo schon angemalt. Wie müssen die anderen beiden Spielräder gefärbt sein, damit jeder Spieler die gleichen Gewinnchancen hat?

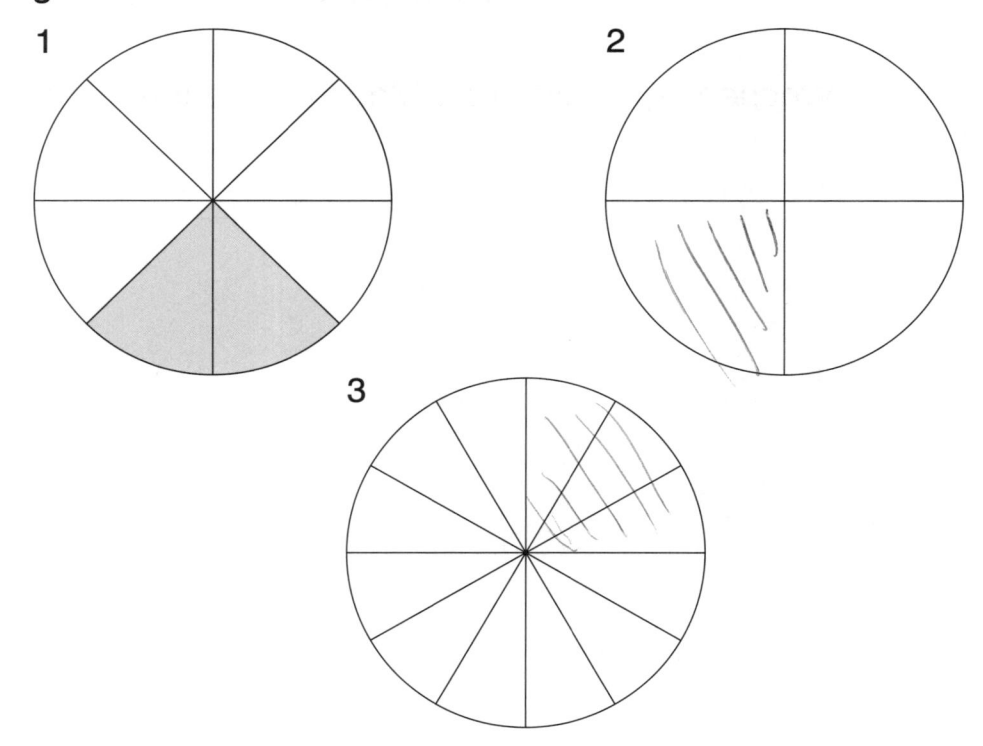

23. Wie schnell können Tiere werden?

Tierart	Rekordgeschwindigkeit in Metern pro Sekunde
Rennpferd	35
Schwalbe	60
Brieftaube	20
Biene	6

Beschrifte das Diagramm mit den passenden Tiernamen.

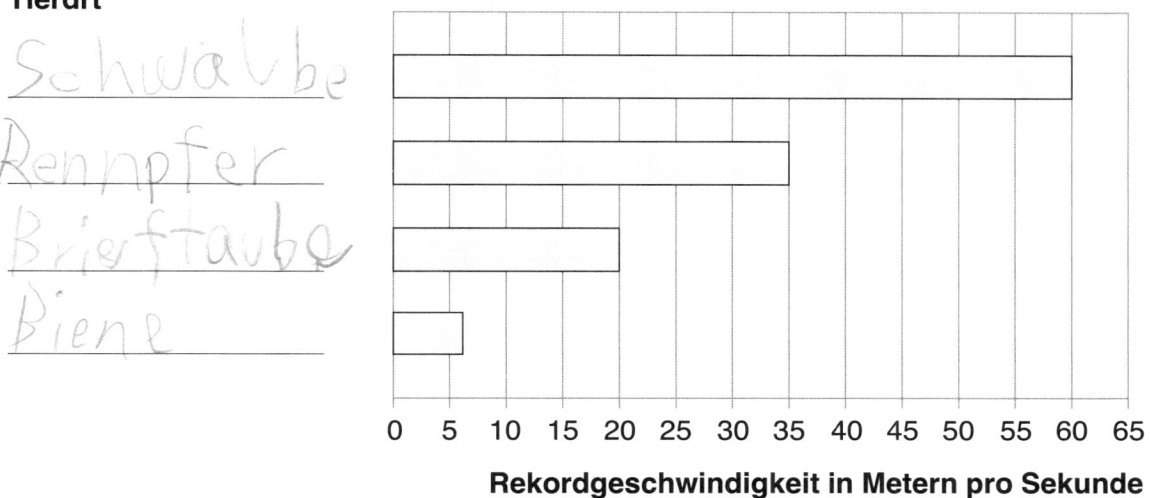

Tierart

Schwalbe
Rennpfer
Brieftaube
Biene

Rekordgeschwindigkeit in Metern pro Sekunde

Fünfter Kompetenzbereich: Daten, Häufigkeiten und Wahrscheinlichkeiten

24. Die Kinder sprechen über gesunde Ernährung. Aus einer Kiste sollen sie Obst, Gemüse und Süßigkeiten angeln und die Lebensmittel anschließend sortieren. Sie können die Lebensmittel beim Angeln **nicht** sehen.

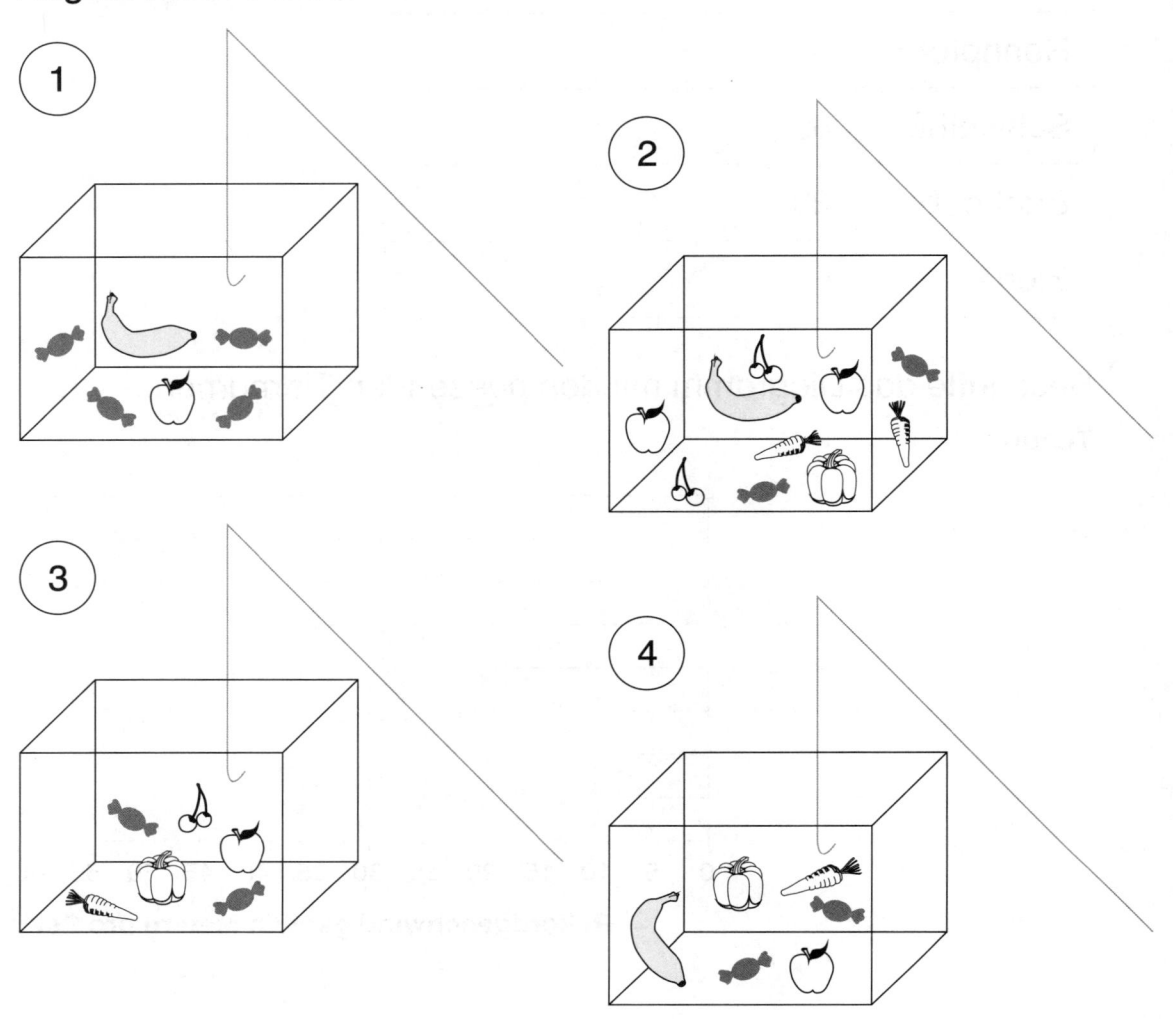

a) Bei welcher Kiste ist die Wahrscheinlichkeit am größten, ein Bonbon zu angeln?

Bei Kiste ___1___.

b) Bei welcher Kiste ist die Wahrscheinlichkeit am kleinsten, ein Bonbon zu angeln?

Bei Kiste __2 4__.

c) Bei welcher Kiste ist die Wahrscheinlichkeit am größten, Obst/Gemüse zu angeln?

Bei Kiste ___2___.

Fünfter Kompetenzbereich: Daten, Häufigkeiten und Wahrscheinlichkeiten

25. Stell dir vor, du ziehst mit geschlossenen Augen Karten.

a) Alle herausgenommenen Karten sollen die **gleiche** Figur haben. Welche Aussage stimmt? Kreuze an.

	unmöglich	möglich, aber nicht sicher	sicher
Bei 3 genommenen Karten ist es		X	
Bei 4 genommenen Karten ist es		X	
Bei 5 genommenen Karten ist es	X	X	

b) Alle herausgenommenen Karten sollen **verschiedene** Figuren haben. Welche Aussage stimmt? Kreuze an.

	unmöglich	möglich, aber nicht sicher	sicher
Bei 2 genommenen Karten ist es		X	
Bei 3 genommenen Karten ist es	X	X	
Bei 4 genommenen Karten ist es	X	X	

26. Die Lehrerin befragt die 26 Kinder in ihrer Klasse nach ihrem Lieblingsgetränk.

Lieblingsgetränk	Anzahl der Kinder
Apfelschorle	|||| ||||
Limo	|||| ||||	
Eistee	||||
Orangensaft	||
Wasser	

Stelle die Ergebnisse der Befragung in einem Säulendiagramm dar.

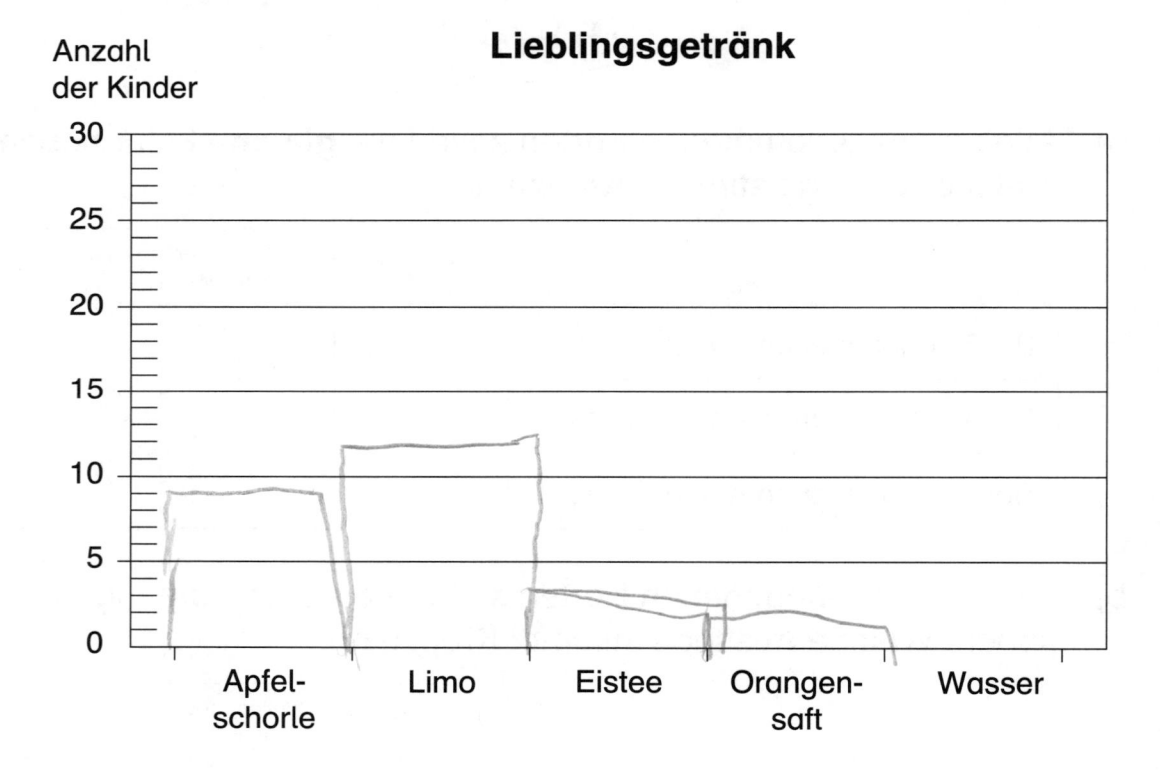

27. Timos Eltern besitzen eine Eisdiele und haben eine Woche lang gezählt, wie viele Gäste jeden Tag kommen.

= 10 Gäste   = 1 Gast

Wochentag	Gäste
Montag	
Dienstag	
Mittwoch	
Donnerstag	
Freitag	
Samstag	
Sonntag	

a) An welchem Tag besuchten die wenigsten Gäste die Eisdiele?

Am Freitag kommen die wenigsten Besucher.

b) Wie viele Gäste besuchten am Samstag und Sonntag insgesamt die Eisdiele?

150 Gäste

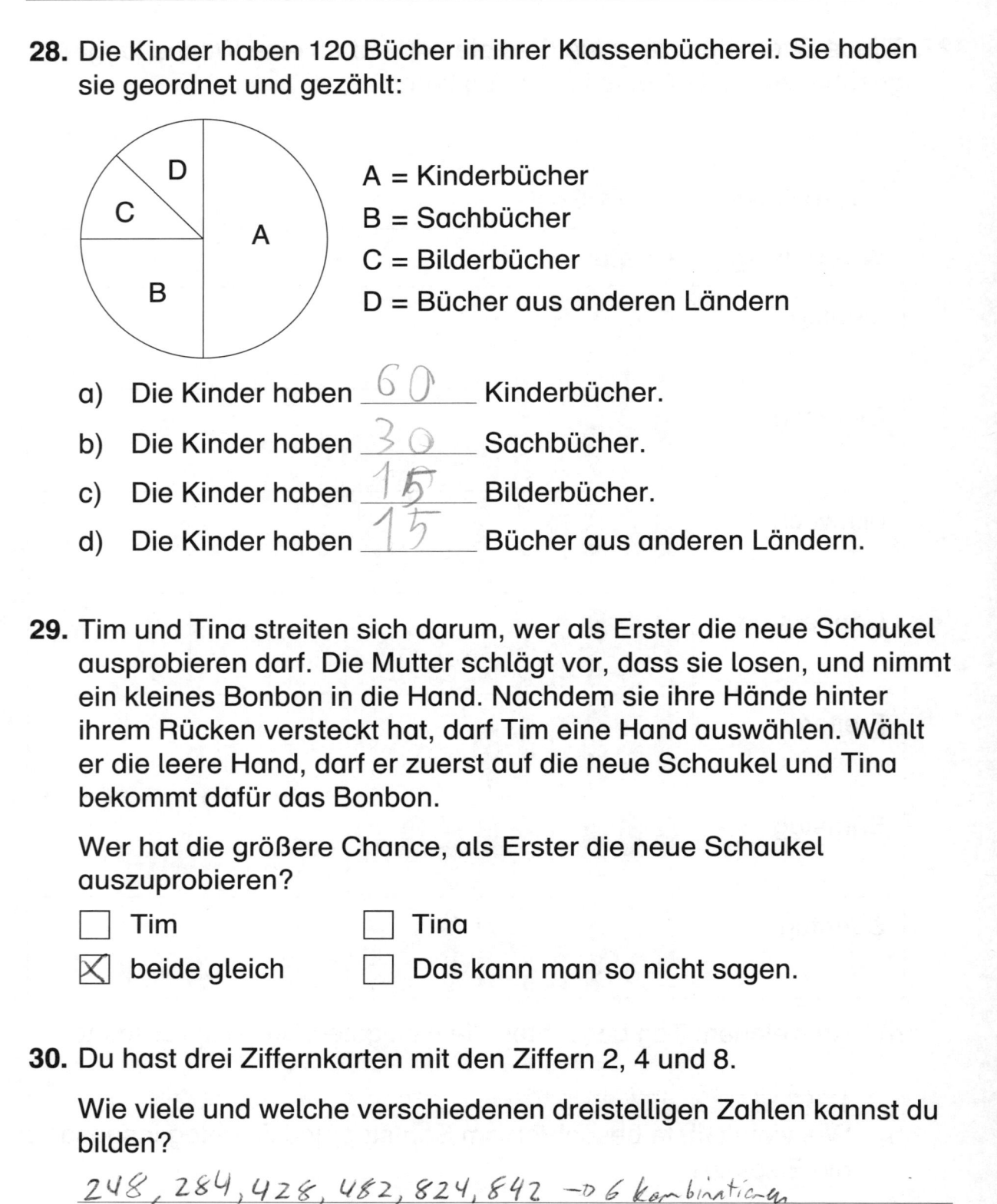

Fünfter Kompetenzbereich: Daten, Häufigkeiten und Wahrscheinlichkeiten

28. Die Kinder haben 120 Bücher in ihrer Klassenbücherei. Sie haben sie geordnet und gezählt:

A = Kinderbücher
B = Sachbücher
C = Bilderbücher
D = Bücher aus anderen Ländern

a) Die Kinder haben __60__ Kinderbücher.
b) Die Kinder haben __30__ Sachbücher.
c) Die Kinder haben __15__ Bilderbücher.
d) Die Kinder haben __15__ Bücher aus anderen Ländern.

29. Tim und Tina streiten sich darum, wer als Erster die neue Schaukel ausprobieren darf. Die Mutter schlägt vor, dass sie losen, und nimmt ein kleines Bonbon in die Hand. Nachdem sie ihre Hände hinter ihrem Rücken versteckt hat, darf Tim eine Hand auswählen. Wählt er die leere Hand, darf er zuerst auf die neue Schaukel und Tina bekommt dafür das Bonbon.

Wer hat die größere Chance, als Erster die neue Schaukel auszuprobieren?

☐ Tim ☐ Tina
☒ beide gleich ☐ Das kann man so nicht sagen.

30. Du hast drei Ziffernkarten mit den Ziffern 2, 4 und 8.

Wie viele und welche verschiedenen dreistelligen Zahlen kannst du bilden?

248, 284, 428, 482, 824, 842 → 6 Kombinationen

Lösungen

Erster Kompetenzbereich: Zahlen und Operationen

1. Berechne das Produkt der Zahlen 6 und 7.

   Hinweis: Hier ist es wichtig, dass du den Begriff „Produkt" kennst: Das Produkt ist das Ergebnis einer Malaufgabe.

   6 · 7 = 42

2. a) Ina legt in einer Stellenwerttafel die Zahl 256.

H	Z	E
● ●	● ● ● ● ●	● ● ● ● ● ●

   Jetzt legt sie ein Plättchen dazu. Welche der folgenden Zahlen kann Ina in der Stellenwerttafel legen? Kreuze alle möglichen Lösungen an.

   Hinweis: Du kannst das Plättchen an jede Stelle der Stellenwerttafel legen, also zu den Hundertern, zu den Zehnern und zu den Einern. Es entstehen dann drei unterschiedliche Zahlen.

   ☐ 258   ☒ 356
   ☐ 245   ☐ 255
   ☒ 266   ☒ 257

   b) Ina hat in der Stellenwerttafel zwei dreistellige Zahlen gelegt. Für die erste Zahl hat sie 4 Plättchen benutzt, für die zweite Zahl hat sie 3 Plättchen benutzt. Die zweite Zahl ist um genau 10 kleiner als die erste.

   Welche beiden Zahlen könnte Ina gelegt haben? Trage ein.

   Hinweis: Hier ist es wichtig, dass du die Aufgabe sehr genau liest. Du musst beachten, dass es sich um dreistellige Zahlen handelt. Die Hunderterstelle muss also immer mit mindestens einem Plättchen belegt werden. Da von der ersten zur zweiten Zahl ein Plättchen verschwindet und die Zahl um 10 kleiner wird, musst du an der Zehnerstelle ein Plättchen wegnehmen.

   Verschiedene Lösungsmöglichkeiten:
   211 und **201**   **121** und **111**   **112** und **102**

Lösungen – Erster Kompetenzbereich: Zahlen und Operationen

3. Du hast die Ziffernkarten 2, 5 und 9. Bilde aus den Ziffern verschiedene dreistellige Zahlen und subtrahiere jeweils zwei von ihnen. Die Differenz soll zwischen 600 und 700 liegen.

Hinweis: Hier musst du wieder ganz genau die Aufgabe lesen, damit du nicht zu viel machst. Zwei Begriffe musst du kennen: „subtrahieren" heißt „minus rechnen" und „Differenz" ist das Ergebnis einer Minusaufgabe. Jetzt kannst du systematisch alle Zahlen aus den Ziffernkarten bilden, die möglich sind. Mit einem System, das dir sicher aus dem Unterricht bekannt ist, geht das ganz schnell: 259 und 295, 529 und 592, 925 und 952.

Da das Ergebnis der Minusaufgabe, die du aufschreiben sollst, zwischen 600 und 700 liegen soll, weißt du, dass als erste Zahl der Aufgabe nur die Zahlen infrage kommen, bei denen die 9 an der Hunderterstelle steht, also 952 und 925. Durch einen Überschlag erkennst du, dass du die Zahlen mit der 5 an der Hunderterstelle nicht abziehen kannst, da das Ergebnis sonst zu klein wird. Es bleibt dir also nur noch die Möglichkeit, 259 und 295 abzuziehen und hier nach Ergebnissen zu suchen, die zwischen 600 und 700 liegen.

In diesem Fall kommen alle Kombinationen dieser Zahlen infrage, zwei Aufgaben reichen als Lösung jedoch aus.

```
  9 5 2        9 5 2        9 2 5        9 2 5
- 2 5 9      - 2 9 5      - 2 5 9      - 2 9 5
  6 9 3        6 5 7        6 6 6        6 3 0
```

4. Die Differenz zweier Zahlen ist 352, die kleinere Zahl ist 136. Wie heißt die größere Zahl?

Hinweis: Hier musst du den Begriff „Differenz" (Ergebnis einer Minusaufgabe) kennen. Der Hinweis mit der kleineren Zahl ist wichtig, damit du weißt, dass die erste Zahl einer Minusaufgabe gesucht ist, denn du ziehst ja immer die kleinere von der größeren Zahl ab. Jetzt „übersetzt" du den Text in eine Aufgabe:
___ *– 136 = 352.*
Zur Lösung musst du 352 und 136 addieren (+).

Die Zahl heißt: **488**

5. Die Aufgaben sind nach einer bestimmten Regel erstellt:

$100 - 9 - 7 - 5 - 5 - 3 - 1 = 100 - 3 \cdot 10$
$100 - 8 - 6 - 5 - 5 - 4 - 2 = 100 - 3 \cdot 10$
$100 - 18 - 16 - 14 - 6 - 4 - 2 = 100 - 3 \cdot 20$

Verwende diese Regel, um die folgenden Aufgaben zu vervollständigen:

Hinweis: Wenn du die Aufgaben genau anschaust, erkennst du, dass immer sechs Zahlen von 100 subtrahiert (–) werden. Dies ist in den folgenden Aufgaben

Lösungen – Erster Kompetenzbereich: Zahlen und Operationen

genauso. Jetzt musst du dir die sechs Zahlen genau anschauen. Dabei stellst du fest, dass immer zwei Zahlen zusammen 10 bzw. 20 ergeben (die erste und die letzte der sechs Zahlen, die zweite und die fünfte Zahl und die dritte und die vierte Zahl). Daher subtrahierst du 3 · 10 bzw. 3 · 20 von 100. Jetzt musst du schauen, ob du in den folgenden Aufgaben ein ähnliches Muster entdecken kannst. In der ersten Aufgabe ergeben immer zwei Zahlen zusammen 10, du musst also 3 · 10 subtrahieren. In der zweiten Aufgabe ergeben immer zwei Zahlen zusammen 5, du musst also 3 · 5 subtrahieren. In der dritten Aufgabe ergeben immer zwei Zahlen zusammen 20, du musst also 3 · 20 subtrahieren.

a) 100 – 9 – 8 – 7 – 3 – 2 – 1   = **100 – 3 · 10**

b) 100 – 1 – 2 – 3 – 2 – 3 – 4   = **100 – 3 · 5**

c) 100 – 12 – 11 – 10 – 10 – 9 – 8 = **100 – 3 · 20**

6. Schreibe die fehlenden Zahlen auf. Die Abstände auf dem Zahlenstrahl sind immer gleich.

   Hinweis: Hier hast du zwei Möglichkeiten, herauszubekommen, in welchem Abstand die Zahlen auf den Zahlenstrahl notiert sind. Vielleicht erkennst du, dass alle bereits angegebenen Zahlen zur 30er-Reihe gehören. Du kannst also die fehlenden Zahlen einfach entsprechend ergänzen.
   Als zweite Möglichkeit kannst du die Mitte zwischen 180 und 120 ausrechnen: 180 – 120 = 60; 60 : 2 = 30; 120 + 30 = 150. Die fehlende Zahl zwischen 120 und 180 ist also 150 und damit weißt du jetzt auch, dass die Zahlen immer im Abstand von 30 aufgeschrieben sind, und kannst die fehlenden Zahlen ergänzen.

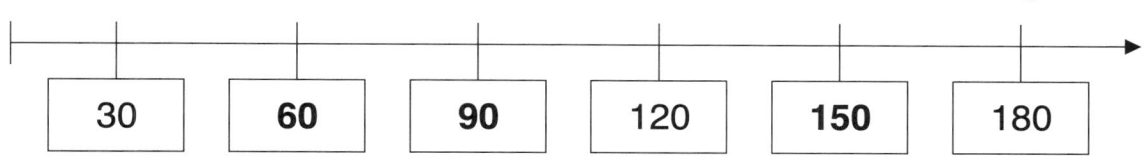

   | 30 | **60** | **90** | 120 | **150** | 180 |

7. Berechne.

   a)   6 · **5** = 30
   b) 60 · **5** = 300
   c)   6 · **50** = 300

Lösungen – Erster Kompetenzbereich: Zahlen und Operationen

8. Lisa wählt mit einer grauen Folie zwei Zahlen aus und berechnet ihre Summe. Lisa will die Folie so verschieben, dass sich die Summe der beiden Zahlen um 20 verringert.

Wie muss sie die Folie verschieben? Kreuze an.

1	2	3	4	5	6	7	8	9	10
11	12	13	14	15	16	17	18	10	20
21	22	23	24	25	26	27	28	29	30
31	32	33	34	35	36	37	38	39	40
41	42	43	44	45	46	47	48	49	50
51	52	53	54	55	56	57	58	59	60
61	62	63	64	65	**66**	**67**	68	69	70
71	72	73	74	75	76	77	78	79	80
81	82	83	84	85	86	87	88	89	90
91	92	93	94	95	96	97	98	99	100

Hinweis: Die Summe wird genau dann um 20 kleiner, wenn jede Zahl um 10 kleiner wird. Sie muss also die Folie um ein Feld nach oben verschieben.

[X] um ein Feld nach oben

[ ] um ein Feld nach rechts

[ ] um ein Feld nach unten

[ ] um ein Feld nach links

[ ] um zwei Felder nach oben

9. Rechne folgende Aufgaben.
Denke daran: Klammern werden zuerst ausgerechnet.
Punktrechnung (· und :) geht vor Strichrechnung (+ und −).

a) *Hinweis:* Hier musst du die Regel „Punkt- vor Strichrechnung" beachten. Du rechnest also erst $3 \cdot 3 = 9$ und dann $12 - 9 = 3$.

$12 - 3 \cdot 3 = \mathbf{3}$

b) *Hinweis:* Löse zuerst die Punktrechnung und rechne dann von links nach rechts. Zunächst also $4 \cdot 8 = 32$ und anschließend $30 + 32 - 42 = 20$.

$30 + 4 \cdot 8 - 42 = \mathbf{20}$

Lösungen – Erster Kompetenzbereich: Zahlen und Operationen

c) *Hinweis:* Hier musst du die Klammer zuerst ausrechnen und das Ergebnis dann mit 8 multiplizieren (·). Du rechnest also zunächst 2 + 7 = 9 und anschließend 8 · 9 = 72.

8 · (2 + 7) = **72**

d) *Hinweis:* Hier musst du wieder die Klammer zuerst ausrechnen und 56 dann durch das Ergebnis dividieren (:). Du rechnest also 13 – 6 = 7 und anschließend 56 : 7 = 8.

56 : (13 – 6) = **8**

10. Ich denke mir eine Zahl. Wenn ich diese durch 5 dividiere, erhalte ich das gleiche Ergebnis, wie wenn ich 32 subtrahiere.

Welche Zahl denke ich mir?

Hinweis: Die Aufgabe löst du am besten durch genaues Überlegen und systematisches Probieren. Du weißt, dass die gesuchte Zahl eine Zahl der 5er-Reihe sein muss, denn du kannst sie ja durch 5 dividieren (:). Sie muss auch größer sein als 32, denn diese Zahl sollst du subtrahieren (–). Die erste Zahl, die infrage kommt, ist 35. Wenn du 35 durch 5 dividierst, erhältst du 7. Wenn du aber von 35 32 subtrahierst, erhältst du 3. Das passt also nicht. Die nächste mögliche Zahl ist 40. 40 : 5 = 8 und 40 – 32 = 8. Dies ist also die gesuchte Zahl.

Meine Zahl ist: **40**

11. Finde heraus, welche Zahl in das letzte Dreieck gehört, und trage sie ein.

Hinweis: Du erkennst sicher schnell, dass die Zahl in der Mitte immer die Einmaleinsreihe angibt, aus der die außenstehenden Zahlen stammen. Oben steht immer das Produkt (Ergebnis der Malaufgabe) mit 5, links unten das Produkt mit 3 und rechts unten das Produkt mit 9. Um die Zahl im letzten Dreieck zu finden, überlegst du, zu welcher Einmaleinsreihe alle Zahlen gehören, oder du teilst eine außenstehende Zahl durch den passenden Teiler (5, 3 oder 9).

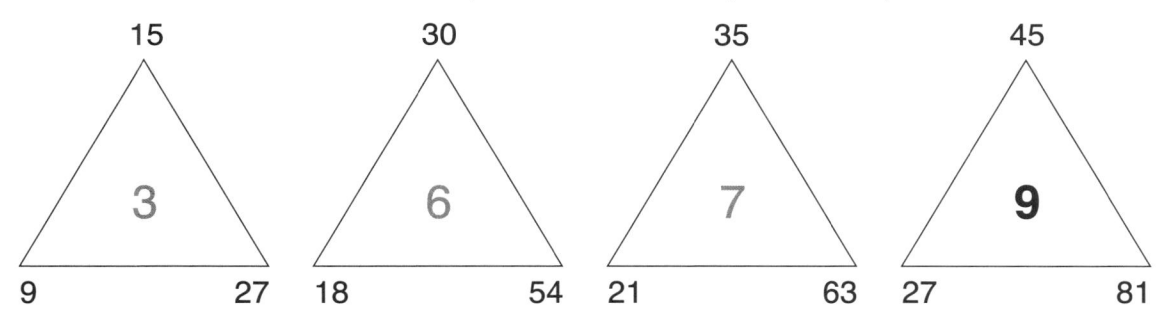

15	30	35	45
3	6	7	**9**
9 27	18 54	21 63	27 81

Lösungen – Erster Kompetenzbereich: Zahlen und Operationen

12. Fehlersuche: Tom soll die Zahlen 428 und 379 addieren.
Er hat einen Fehler gemacht.

Tom rechnet:
```
    4 2 8
  + 3 7 9
  ―――――――
    0 4 9
```

Hinweis: Beginne bei den Einern, gehe Stelle für Stelle durch und überlege, wie Tom auf sein Ergebnis gekommen ist. Dabei merkst du schnell, dass er minus und nicht plus gerechnet hat.

Das Ergebnis ist falsch, …

☐ weil 379 oben und 428 unten stehen muss.

☐ weil das richtige Ergebnis 159 sein muss.

☒ weil Tom minus und nicht plus gerechnet hat.

☐ weil Tom die Überträge vergessen hat.

13. Anne und ihre vier Freundinnen spielen Karten. Anne verteilt die Karten an sich selbst und an die anderen Mädchen. Alle erhalten gleich viele Karten. 4 Karten bleiben übrig. Waren es 26, 27, 28, 29 oder 30 Karten? Karoline sagt: „Es waren 29 Karten."

Begründe, warum sie recht hat.

*Hinweis: Anne verteilt ihre Karten an sich selbst und vier Freundinnen. Das bedeutet, dass sie die Anzahl ihrer Karten durch **5** dividiert (:), denn es sind insgesamt 5 Spielerinnen. Dividiert man 29 durch 5, erhält jede Spielerin 5 Karten und 4 Karten bleiben übrig. Die Antwort ist also richtig.*

Es waren 29 Karten, weil **29 die einzige Zahl ist, bei der beim Teilen durch 5 ein Rest von 4 bleibt.**

14. Welche Rechengeschichte passt zu (15 – 3) : 2?

Hinweis: „Übersetze" die Texte in Rechenaufgaben und vergleiche dann mit der vorgegebenen Aufgabe.
Erste Rechengeschichte: (15 – 3) · 2
Zweite Rechengeschichte: (15 – 3) : 2
Hier kannst du aufhören, denn du hast die passende Rechengeschichte bereits gefunden. Wenn du dir jedoch unsicher bist, solltest du dir auch zu der dritten und vierten Geschichte noch die Rechnung überlegen.
Dritte Rechengeschichte: (15 : 2) – 3
Vierte Rechengeschichte: 15 – 3

Lösungen – Erster Kompetenzbereich: Zahlen und Operationen

☐ 15 Personen sitzen schon im Bus. Dann steigen 3 Personen aus und an der nächsten Haltestelle steigen noch einmal genauso viele Personen in den Bus ein, wie schon darin sitzen. Wie viele Personen sitzen dann im Bus?

☒ Zwei Kinder bekommen für das Rasenmähen 15 € vom Nachbarn. Für 3 € kaufen sie sich Eis und den Rest teilen sie. Wie viel Geld bekommt jeder?

☐ Zwei Kinder bekommen für das Rasenmähen 15 € vom Nachbarn. Sie teilen das Geld und kaufen sich dann für 3 € Süßigkeiten. Wie viel Geld bekommt jeder?

☐ Zwei Kinder haben zusammen 15 € gespart. Dafür kaufen sie für 3 € ein Buch. Wie viel Geld haben sie am Ende zusammen?

☐ Keine der Rechengeschichten passt.

15. Die Zahlen auf den Karten sind nach einer Regel geordnet und werden immer kleiner.

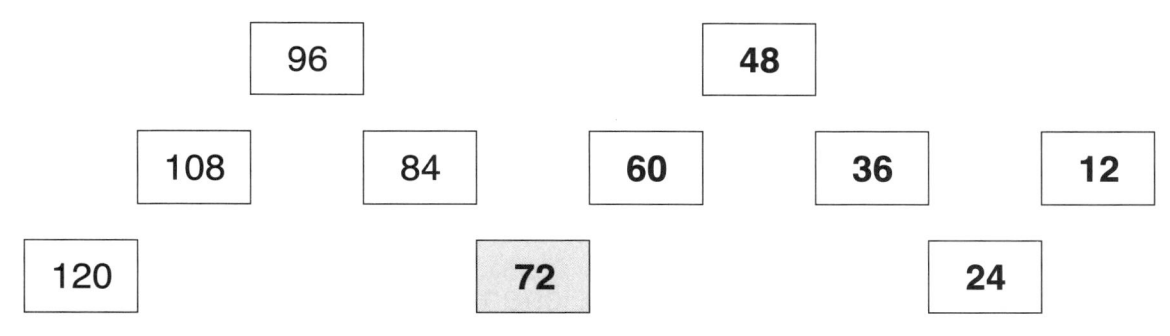

	96		48	
108	84	60	36	12
120		72		24

✏ *Hinweis: Alle Zahlen gehören zur 12er-Reihe. Die Zahl auf der markierten Karte ist also die 72. Kleiner als 50 werden die Zahlen ab der 7. Karte, denn hier steht die 48. Wenn es dir hilft, kannst du natürlich alle Zahlen in die Karten schreiben.*

a) Welche Zahl muss auf der markierten Karte stehen?
Die Zahl **72**.

b) Ab welcher Karte ist die Zahl kleiner als 50?
Ab der **7.** Karte ist die Zahl kleiner als 50.

Lösungen – Erster Kompetenzbereich: Zahlen und Operationen

16. Was ist richtig? Kreuze an.

Hinweis: Vergleiche hier genau die einzelnen Stellen (Hunderter-, Zehner- und Einerstelle) und die Richtung des Zeichens. Zur Erinnerung: Die Spitze zeigt immer auf die kleinere Zahl.

- ☐ 621 < 261
- ☒ 356 > 289
- ☒ 597 > 579
- ☐ 725 < 527

17. Ordne die Zahlen der Größe nach. Beginne mit der kleinsten Zahl.

Hinweis: Achte bei diesen Aufgaben darauf, dass du wirklich mit der kleinsten Zahl beginnst. Bei der Sortierung darfst du nicht vergessen, Hunderter, Zehner und Einer zu berücksichtigen.

a) 27   46   72   64
Antwort: **27, 46, 64, 72**

b) 527   279   297   572
Antwort: **279, 297, 527, 572**

c) 186   681   861   816   168   618
Antwort: **168, 186, 618, 681, 816, 861**

18. Setze die passenden Rechenzeichen (+, –, · oder :) ein.

Hinweis: Wenn du die Rechenzeichen setzt, denke daran: Wenn das Ergebnis größer ist, musst du addieren (+) oder multiplizieren (·). Wenn das Ergebnis kleiner ist, musst du subtrahieren (–) oder dividieren (:).

a) 160 **+** 40 = 200
b) 160 **:** 40 = 4
c) 64 **·** 2 = 128
d) 64 **–** 2 = 62

Lösungen – Erster Kompetenzbereich: Zahlen und Operationen

19. Trage die fehlende Zahl in das graue Kästchen ein.

Hinweis: Diese Hundertertafel kennst du aus dem Unterricht. Wenn du senkrecht nach oben gehst, verringern sich die Zehner, wenn du senkrecht nach unten gehst, vermehren sich die Zehner. Gehst du waagerecht nach links, werden die Einer kleiner, gehst du waagerecht nach rechts, werden die Einer größer. Der Hunderter (hier die 3) verändert sich nicht.

			314						
					365				
							389		

Lösungen – Erster Kompetenzbereich: Zahlen und Operationen

20. Auf dem Bild siehst du die kleinen Päckchen, von denen der Lehrer an seinem Geburtstag an jedes Kind in der Klasse eines verschenkt. In jedem Päckchen sind drei kleine Überraschungen.

Welche Rechnung zeigt, wie viele Überraschungen der Lehrer insgesamt braucht? Kreuze an.

Hinweis: Anhand der Anordnung siehst du, dass es 4 · 5 Geschenke (also 20) gibt. Da in jedem Geschenk drei kleine Überraschungen versteckt sind, musst du auch noch mit 3 multiplizieren (·).

☐ 4 + 5 + 3
☒ 4 · 5 · 3
☐ 4 · 5 + 3
☐ 4 + 5 · 3

21. Du hast diese drei Ziffernkarten:

6   8   4

a) Bilde aus den Ziffern die kleinste dreistellige Zahl. Benutze jede Ziffernkarte nur einmal.

Hinweis: Für die kleinste dreistellige Zahl ordnest du die Ziffern von links nach rechts von der kleinsten zur größten Ziffer.

468

Lösungen – Erster Kompetenzbereich: Zahlen und Operationen

b) Bilde aus den Ziffern die größte dreistellige Zahl.
Benutze jede Ziffernkarte nur einmal.

Hinweis: Für die größte dreistellige Zahl ordnest du die Ziffern von links nach rechts von der größten zur kleinsten Ziffer.

864

22. Kreuze an.

$5 \cdot 3 \cdot 10 \cdot 2 = ?$

Hinweis: Hier rechnest du einfach von links nach rechts.

- [ ] 15
- [ ] 6
- [x] 300
- [ ] 30

23. Berechne.

$63 : 7 =$ **9**

24. Die Lehrerin diktiert den Kindern Zahlen. Eine Zahl lautet „achthundertsechsundsiebzig".

Wie sieht die Zahl in Ziffern aus? Kreuze an.

- [ ] 80 076
- [ ] 80 067
- [ ] 8 670
- [x] 876

25. Timo kauft mit seiner Mutter Eier auf dem Markt. Er hört, wie die Verkäuferin zählt: 2, 4, 6, 8, 10. Im Kopf rechnet er: $2 + 2 + 2 + 2 + 2 = \blacklozenge$.

Schreibe die Rechnung als Multiplikationsaufgabe auf.

Hinweis: Anhand der Additionsaufgabe (+) weißt du, dass die Multiplikationsaufgabe 5 · 2 sein muss.

5 · 2 = 10

Lösungen – Erster Kompetenzbereich: Zahlen und Operationen

26. Frau Möller weiß, dass in ihre neue Klasse 26 Kinder gehen. Sie stellt Gruppentische auf. An jedem Gruppentisch sitzen vier Kinder. Die übrigen Kinder sitzen an Einzeltischen.

Wie viele Kinder müssen an Einzeltischen sitzen?

Hinweis: Wenn 26 Kinder in die Klasse gehen, ist die nächstkleinere Zahl, die ohne Rest durch 4 teilbar ist, die 24. Es können also 24 Kinder an Gruppentischen sitzen, 2 Kinder müssen an Einzeltischen sitzen.

Antwort: **2** Kinder sitzen an Einzeltischen.

27. Welche Zahl kann man hier einsetzen, damit das Ergebnis von 13 + _____ kleiner als 24 ist?

Kreuze an.

Hinweis: Wenn du hier die 11 einsetzt, ist das Ergebnis schon 24. Das heißt, dass die Zahl, die du einsetzen kannst, kleiner als 11 sein muss.

[X] 10
[ ] 11
[ ] 12
[ ] 13

28. Wie heißt die Zahl? Die Zahl ist ein Vielfaches von 7 und gerade und größer als 44 und kleiner als 70.

Hinweis: Hier gehst du am besten wieder systematisch vor. Die Zahl, die gesucht ist, ist eine Zahl aus der 7er-Reihe. Sie ist größer als 44 und kleiner als 70. Es kommen also 49, 56 und 63 infrage. Die einzige passende Zahl, die gerade ist, wie es die Aufgabe verlangt, ist jedoch die 56.

Antwort: **56**

Lösungen – Erster Kompetenzbereich: Zahlen und Operationen

29. ♥ steht für die Anzahl der Gäste auf Steffis Geburtstagsparty. Steffi wird 15 Waffeln an ihre Gäste verteilen. Jetzt möchte sie wissen, wie viele Waffeln jeder Gast bekommt.

Welche Rechnung ist richtig? Kreuze an.

Hinweis: Es werden 15 Waffeln an die Gäste verteilt. Wenn etwas verteilt wird, musst du immer dividieren (:).

[X] 15 : ♥
[ ] 15 · ♥
[ ] 15 + ♥
[ ] 15 − ♥

30. Zwei nebeneinanderliegende Mauersteine werden multipliziert. Das Ergebnis steht im Mauerstein darüber. Setze die fehlenden Zahlen in die rechte Mauer ein.

Hinweis: Hier setzt du am besten systematisch Zahlen in den unteren Mauerstein ein. Die Zahl 1 geht nicht, das siehst du ganz schnell. Versuche als Nächstes die Zahl 2. Das ist in diesem Fall schon die richtige Lösung. Rechne konzentriert, damit du keine Fehler machst.

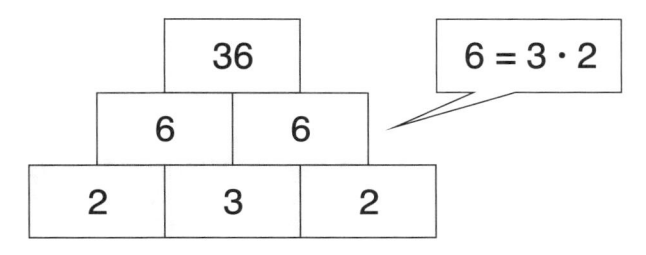

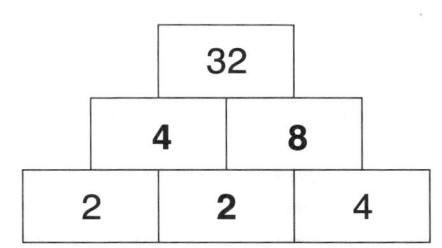

Linke Mauer:
- Oben: 36
- Mitte: 6 | 6
- Unten: 2 | 3 | 2

6 = 3 · 2

Rechte Mauer:
- Oben: 32
- Mitte: 4 | 8
- Unten: 2 | **2** | 4

Lösungen – Erster Kompetenzbereich: Zahlen und Operationen

31. a) Welche Zahl ist dreimal so groß wie die Summe der Zahlen 5 und 6? Kreuze an.

> *Hinweis:* „Summe" ist das Ergebnis einer Plusaufgabe. Du musst also 5 und 6 addieren (5 + 6), das ergibt 11. Die gesuchte Zahl ist dreimal so groß, daher musst du die 11 noch mit 3 multiplizieren (11 · 3).

- [ ] 15
- [ ] 30
- [X] 33
- [ ] 90

b) Welche Zahl ist um 12 kleiner als die Differenz aus 90 und 30? Kreuze an.

> *Hinweis:* „Differenz" ist das Ergebnis einer Minusaufgabe. Du musst also von 90 30 subtrahieren (90 – 30), das ergibt 60. Die gesuchte Zahl ist noch

- [ ] 42
- [X] 48
- [ ] 72
- [ ] 132

32. Welche Rechenzeichen fehlen? Kreuze an.

> *Hinweis:* Wenn du die Rechenzeichen setzt, denke daran: Wenn das Ergebnis größer ist, musst du addieren (+) oder multiplizieren (·). Wenn das Ergebnis kleiner ist, musst du subtrahieren (–) oder dividieren (:).

a) 8 __ 12 = 96

- [ ] +
- [X] ·
- [ ] –
- [ ] :

b) 78 __ 46 = 124

- [X] +
- [ ] ·
- [ ] –
- [ ] :

c) 84 __ 6 = 14

- [ ] +
- [ ] ·
- [ ] –
- [X] :

33. Trage die fehlenden Zahlen ein.

a) *Hinweis:* Hier musst du überlegen, wie viel du von 872 subtrahieren (–) musst, damit du 775 erhältst. Für die Lösung musst du 872 – 775 rechnen.

872 – **97** = 775

Lösungen – Erster Kompetenzbereich: Zahlen und Operationen

b) *Hinweis:* Hier musst du überlegen, wie viel du zu 775 addieren (+) musst, um 864 zu erhalten. Für die Lösung musst du 864 – 775 rechnen.

775 + **89** = 864

c) *Hinweis:* Hier musst du überlegen, wie viel du von 864 subtrahieren (–) musst, um 739 zu erhalten. Für die Lösung musst du 864 – 739 rechnen.

864 – **125** = 739

34. Setze die Rechenzeichen +, –, · oder : so ein, dass die Gleichung stimmt.

a) *Hinweis:* Hier siehst du, dass jeweils die kleinere Zahl vorne steht. – und : geht also nicht. Wenn 7 und 8 multipliziert (·) werden, wird das Ergebnis zu hoch. Es bleibt also 7 + 8 = 15, und wenn man jetzt noch 3 · 5 = 15 rechnet, hat man die richtige Lösung.

3 **·** 5 = 7 **+** 8

b) *Hinweis:* Da hier nur eine große Zahl (56) zu finden ist, wird wohl nicht multipliziert (·) oder addiert (+), und auch wenn du subtrahierst (–), ist das Ergebnis noch zu groß. Es bleibt also 56 : 7 = 8 und dann kommt nur noch die Lösung 2 · 4 infrage.

56 **:** 7 = 2 **·** 4

c) *Hinweis:* Hier ist es wie in Aufgabe b. Nur durch das Dividieren (:) wird die große Zahl (64) deutlich kleiner. Wenn du dann noch 9 – 1 rechnest, kommst du auf das richtige Ergebnis.

64 **:** 8 = 9 **–** 1

d) *Hinweis:* Hier steht in beiden Rechnungen die Null auf der rechten Seite, dividieren (:) geht also nicht. Beim Addieren (+) und Subtrahieren (–) würde die Gleichung nicht stimmen. Wenn du aber multiplizierst (·), ergeben beide Rechnungen null, und die Gleichung stimmt.

75 **·** 0 = 5 **·** 0

Zweiter Kompetenzbereich: Raum und Form

1. Spiegle die Zeichnungen an der Spiegelachse.

   Hinweis: Achte darauf, dass die vorgegebene Zeichnung und die gespiegelte Zeichnung gleich weit von der Spiegelachse entfernt sind. Du kannst auch zuerst die Eckpunkte der Zeichnung spiegeln und diese dann verbinden.

   a)   b)

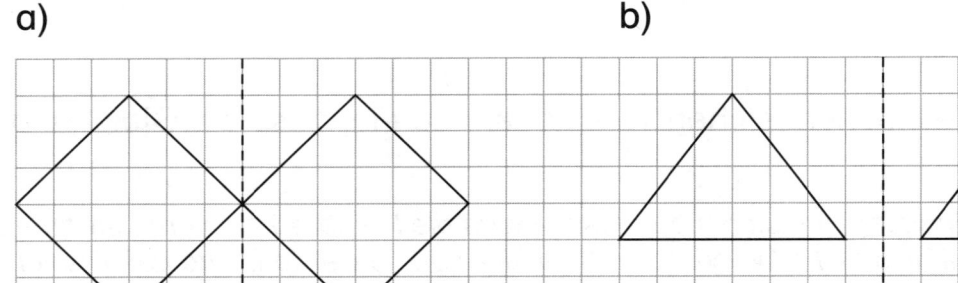

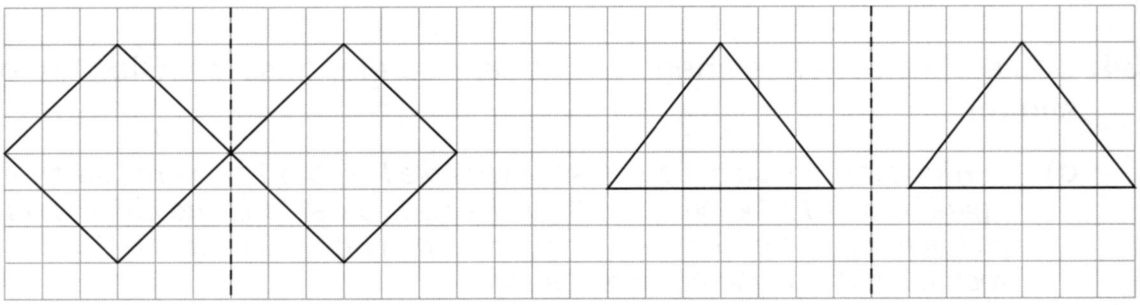

2. Zeichne bei den folgenden Figuren alle Spiegelachsen ein.
   Eine Figur kann keine, eine oder mehrere Spiegelachsen haben.

   Hinweis: Stell dir vor, du faltest eine Figur so, dass die beiden Hälften genau übereinanderliegen. Die Faltkante ist die Spiegelachse. Achte auch auf Kleinigkeiten, wie die geknickte Ecke in Figur e, und zeichne genau und mit Lineal.

   a)   b)

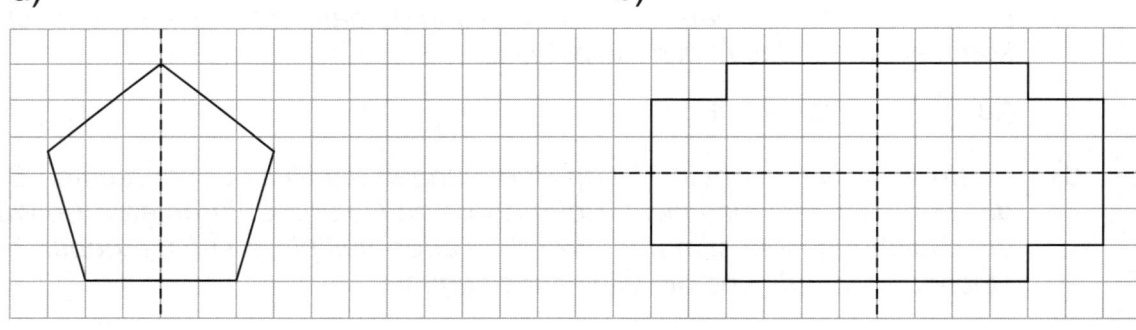

   c)   d)

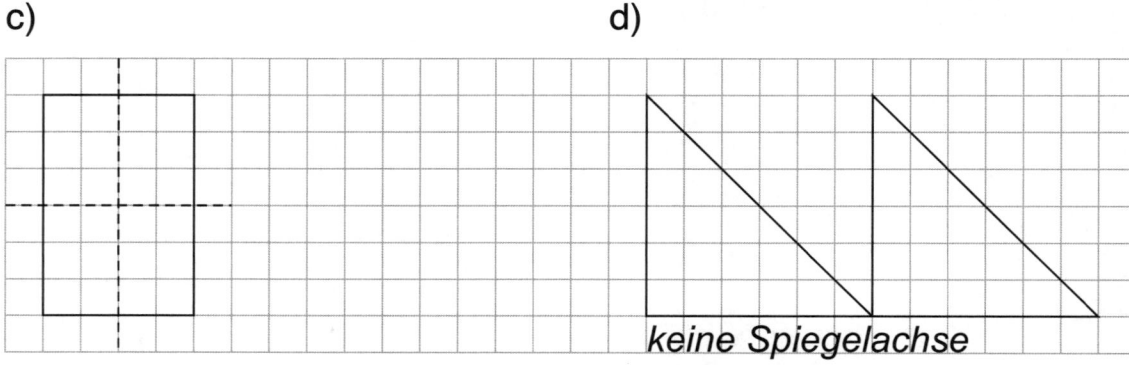

   keine Spiegelachse

Lösungen – Zweiter Kompetenzbereich: Raum und Form

e) keine Spiegelachse

f)

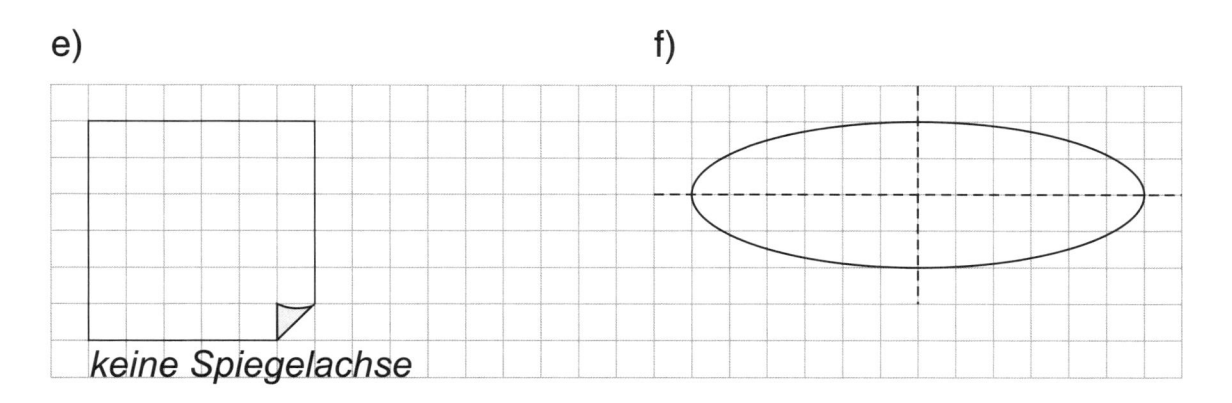

3. Welcher Bauplan gehört zu diesem Würfelgebäude? Kreuze an.

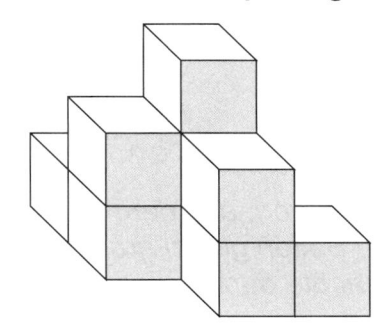

Hinweis: Von oben entsprechen alle Baupläne im Grundriss dem gezeigten Würfelgebäude. Du musst also genau darauf achten, wie viele Würfel an welcher Stelle im Bauplan aufeinanderliegen.

1		
2	3	
	2	1

[X]

2		
2	1	
	2	2

[ ]

3		
2	1	
	2	3

[ ]

1		
2	2	
	2	1

[ ]

Lösungen – Zweiter Kompetenzbereich: Raum und Form

4. Wie musst du diesen Würfel kippen, damit die 1 unten liegt?

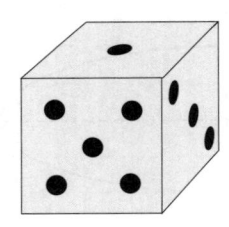

Hinweis: Damit die 1 unten liegt, musst du den Würfel zweimal in die gleiche Richtung (nach vorne, hinten, links oder rechts) kippen. Es gibt also mehrere Möglichkeiten.

Ich muss den Würfel zweimal in die gleiche Richtung (zweimal nach links, rechts, hinten oder vorne) kippen, damit die 1 unten liegt.

5. Aus welchem Netz kann kein Würfel entstehen? Kreuze an.

Hinweis: Lies genau: Du sollst das Würfelnetz ankreuzen, aus dem kein Würfel entstehen kann. In einem Würfelnetz sind alle Seiten gleich groß. Wenn du in Gedanken die Würfelnetze zusammenklappst, achte darauf, dass sich keine Seiten überlappen.

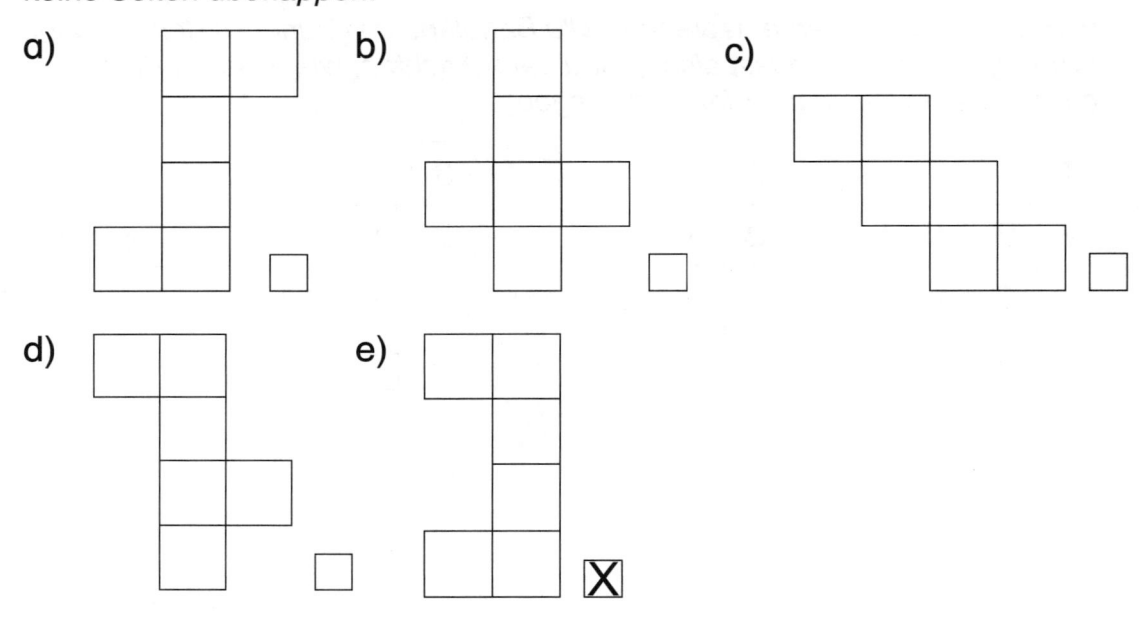

a) b) c)

d) e) [X]

6. Wie sieht dieses Bauwerk aus Bausteinen von oben aus?

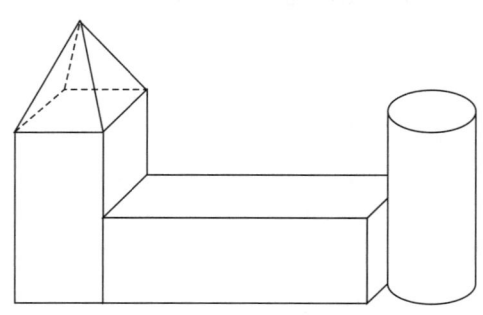

Lösungen – Zweiter Kompetenzbereich: Raum und Form

Hinweis: Das Bauwerk hat links oben eine Pyramide, von oben muss man also eine Spitze sehen. Daher kommen nur die zweite und dritte Zeichnung infrage. Bei der dritten Zeichnung sieht man auch im Rechteck ein Kreuz, das heißt, hier ist ebenfalls eine Spitze eingezeichnet. Die ist bei dem Bauwerk nicht vorhanden, richtig ist also die Zeichnung oben rechts.

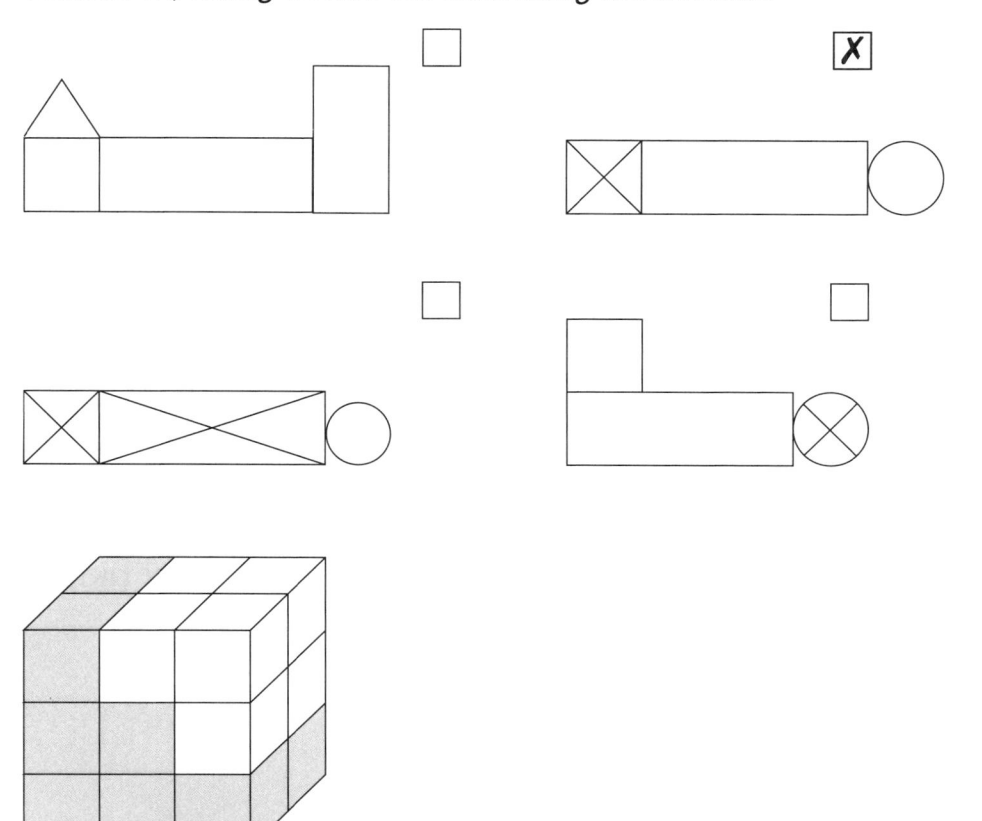

7.

Das weiße Teil oben im Quader besteht aus sieben kleinen Würfeln. Wie sieht es aus?

Hinweis: An der Form der angebotenen Lösungen erkennst du schon, dass nur die zweite und die vierte Möglichkeit in Betracht kommen. Richtig ist aber nur die zweite Lösung, denn nur hier kann man den geforderten siebten Würfel erkennen. Diesen kann man im Quader nicht sehen, aber er wird in der Aufgabenstellung erwähnt.

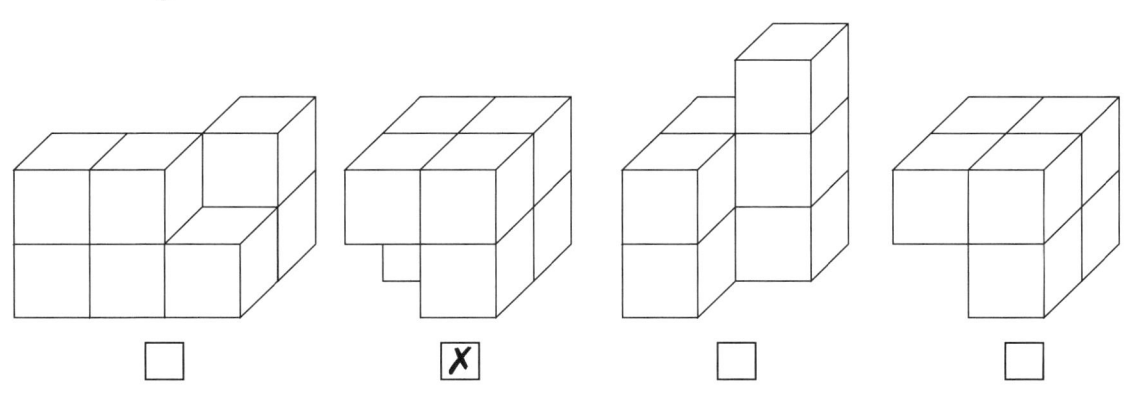

Lösungen – Zweiter Kompetenzbereich: Raum und Form

8. Vera legt Figuren.

Welche der folgenden Figuren braucht sie, um ein Fünfeck zu legen? Kreuze an.

Hinweis: Ein Fünfeck besteht immer aus fünf Ecken. Ein Fünfeck kann nur mit dem Dreieck und dem Quadrat entstehen, da aus dem Kreis kein Fünfeck werden kann und beim Sechseck keine Ecke verschwinden kann. Lege das Dreieck in Gedanken an das Quadrat, dann kannst du dir das Fünfeck sicher gut vorstellen.

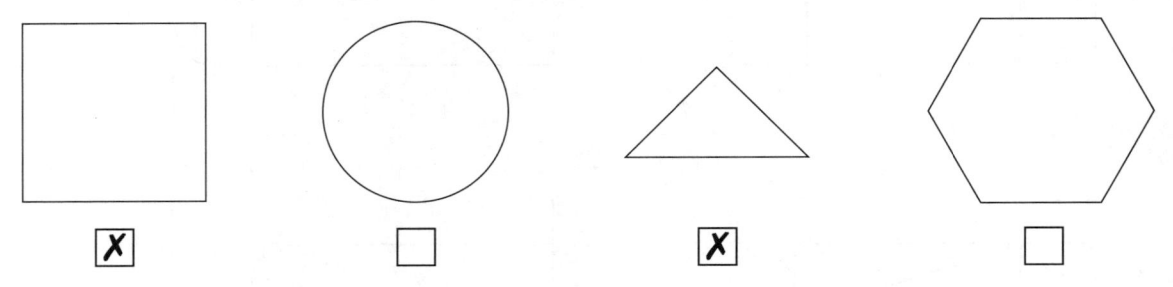

☒ ☐ ☒ ☐

9. Tom hat in einem Hunderterfeld auf alle äußeren Felder rote Plättchen gelegt. Jetzt will er noch auf alle inneren Felder blaue Plättchen legen.

Wie viele blaue Plättchen braucht Tom?

1	2	3	4	5	6	7	8	9	10
11	12	13	14	15	16	17	18	19	20
21	22	23	24	25	26	27	28	29	30
31	32	33	34	35	36	37	38	39	40
41	42	43	44	45	46	47	48	49	50
51	52	53	54	55	56	57	58	59	60
61	62	63	64	65	66	67	68	69	70
71	72	73	74	75	76	77	78	79	80
81	82	83	84	85	86	87	88	89	90
91	92	93	94	95	96	97	98	99	100

Hinweis: In der Zeichnung erkennst du, dass noch 8 · 8 = 64 Felder für die blauen Plättchen übrig bleiben.

Tom braucht **64** Plättchen.

Lösungen – Zweiter Kompetenzbereich: Raum und Form

10. Hier siehst du einen Fliesenboden mit einem Teppich darauf.

Wie viele Fliesen sind es insgesamt?

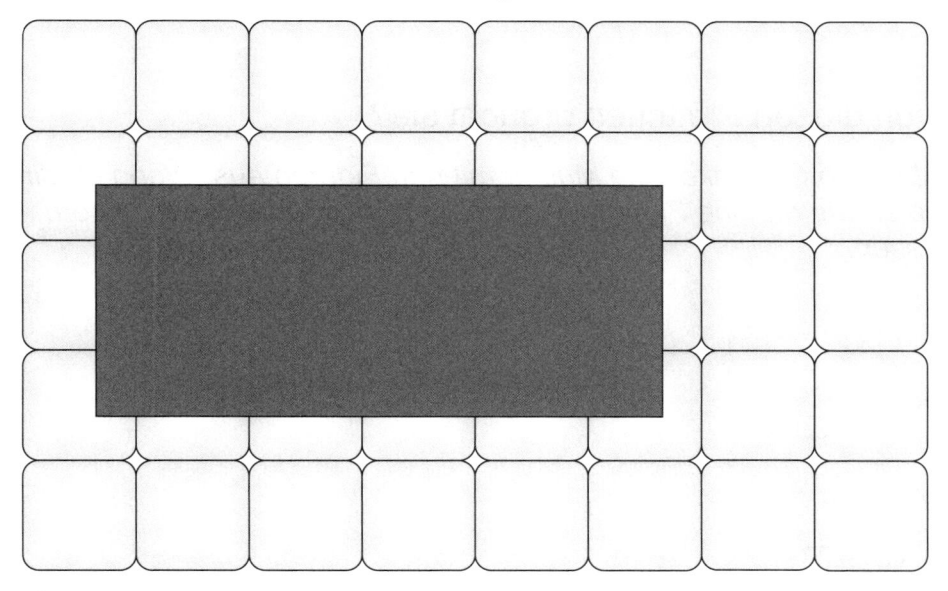

Hinweis: Du siehst, dass alle Fliesen gleich groß sind, das wird also auch unter dem Teppich so sein. Da der Fliesenboden rechteckig ist, zählst du am besten ab, wie viele Fliesen in einer Reihe liegen: Es sind 8. Insgesamt sind es 5 Reihen. Du rechnest also 8 · 5 = 40.

Es sind **40** Fliesen.

Lösungen – Zweiter Kompetenzbereich: Raum und Form

11. Sina legt mit den folgenden Plättchen Muster aus.

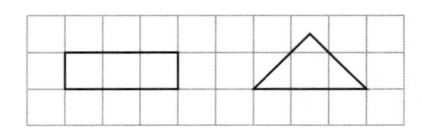

Wie viele von diesen Plättchen braucht sie?

Hinweis: Lege in Gedanken die Muster mit den Figuren aus. Wenn du dir nicht sicher bist, wie oft eine Figur hineinpasst, kannst du auch mit deinem Lineal abmessen.

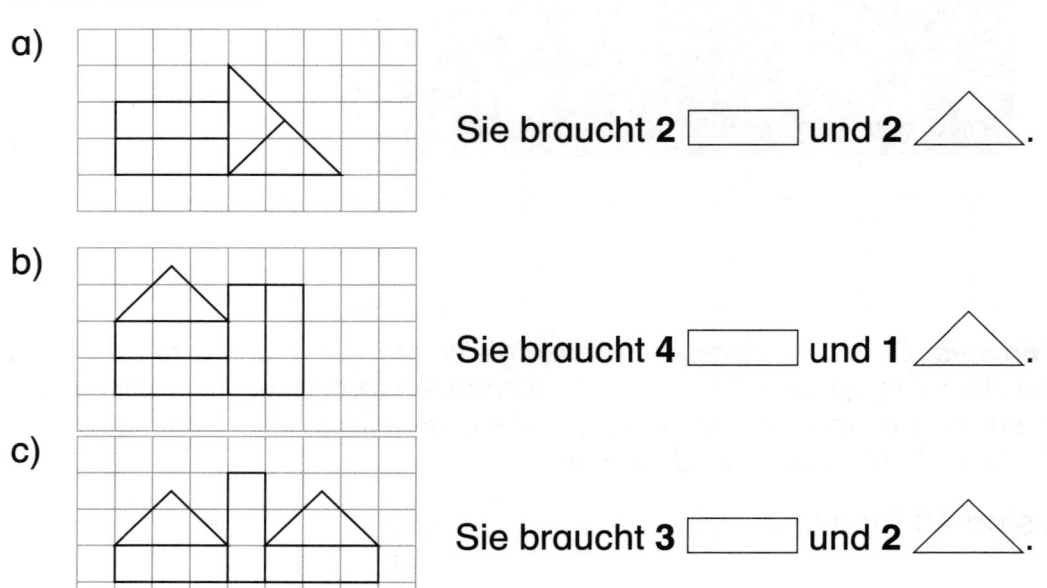

a) Sie braucht 2 ▭ und 2 △.

b) Sie braucht 4 ▭ und 1 △.

c) Sie braucht 3 ▭ und 2 △.

12. Spiegle die Zeichnungen an der Spiegelachse.

Hinweis: Achte darauf, dass die vorgegebene Zeichnung und die gespiegelte Zeichnung gleich weit von der Spiegelachse entfernt sind. Du kannst auch zuerst die Eckpunkte der Zeichnung spiegeln und diese dann verbinden.

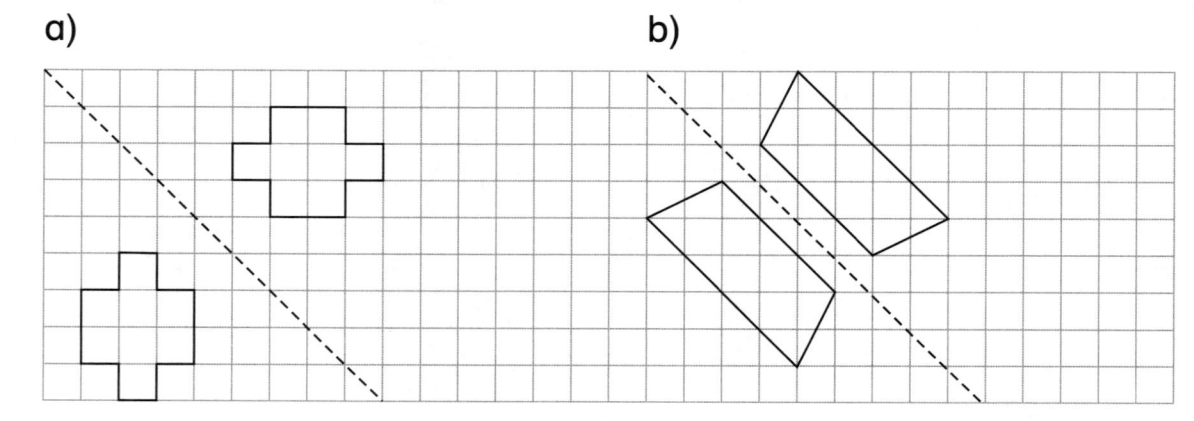

a)   b)

Lösungen – Zweiter Kompetenzbereich: Raum und Form

13. a) Linda hat diese Formen vor sich liegen.
Sie braucht zum Basteln aber nur Rechtecke.

Welche Formen kann sie benutzen? Kreuze an.

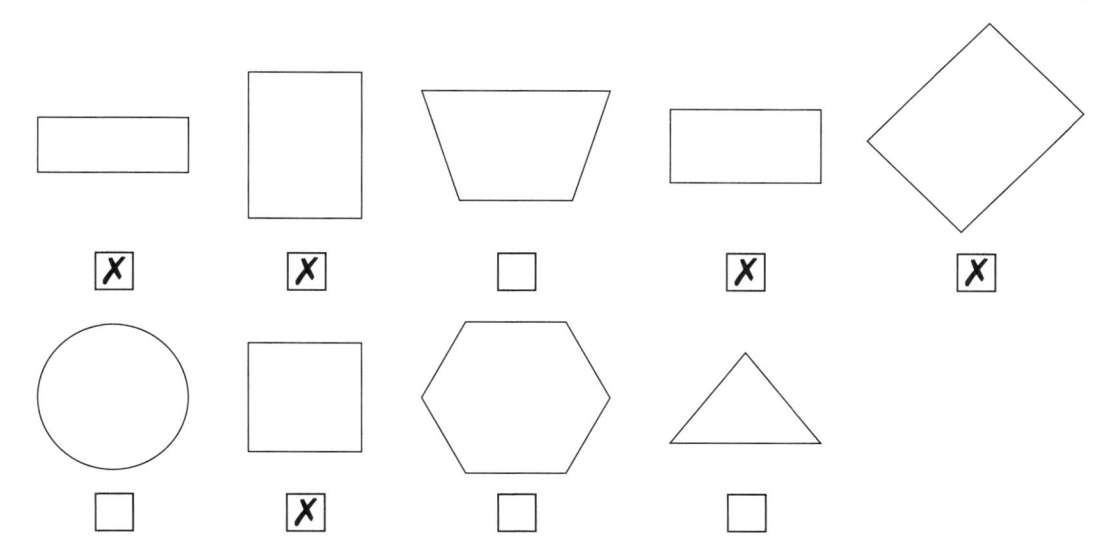

Hinweis: Denke daran, dass in einem Rechteck immer zwei Seiten gleich lang sind. Diese liegen sich gegenüber. (Auch ein Quadrat ist eine besondere Form des Rechtecks. Vergiss daher nicht, auch dieses anzukreuzen.)

b) Für die nächste Bastelarbeit braucht Linda alle Fünfecke.
Kreuze an.

Hinweis: Fünfecke haben keine besondere Form. Sie müssen nur fünf Ecken haben.

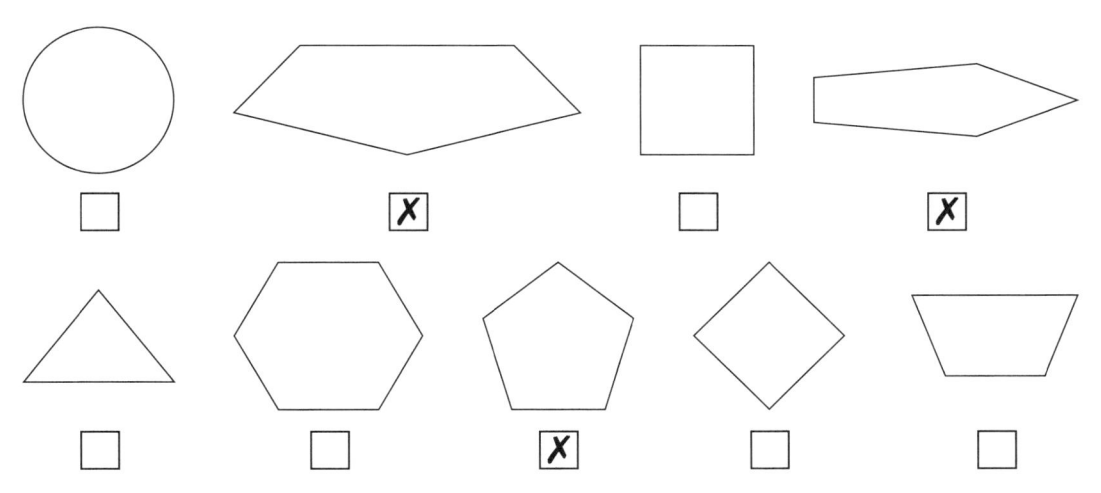

c) Wie heißt diese Figur?

Hinweis: Hier siehst du, dass alle Seiten gleich lang sind und die Winkel 90 Grad betragen.

Diese Figur heißt **Quadrat**.

14. a) Zeichne zwei gerade Linien so, dass ein Dreieck und ein Fünfeck entstehen.

Hinweis: Dreiecke und Fünfecke haben keine festgelegte Form, sondern haben einfach drei oder fünf Ecken. Wenn es dir schwerfällt, für diese und die nächsten beiden Aufgaben Lösungen zu finden, zeichne auf einen Zettel Rechtecke und probiere einfach aus. Hier siehst du jeweils einen Lösungsvorschlag, es gibt aber mehrere richtige Lösungen. Wenn du dir nicht sicher bist, ob deine Lösung auch richtig ist, frage deine Eltern oder deinen Lehrer/deine Lehrerin.

Lösungsvorschlag:

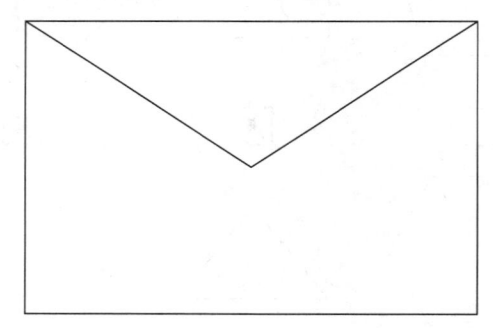

b) Zeichne zwei gerade Linien so, dass drei Quadrate entstehen.

Hinweis: Bei Quadraten müssen alle Seiten gleich lang sein.

Lösungsvorschlag:

Lösungen – Zweiter Kompetenzbereich: Raum und Form

c) Zeichne eine gerade Linie so, dass zwei Rechtecke entstehen.

Hinweis: Bei einem Rechteck sind sich gegenüberliegende Seiten gleich lang.

Lösungsvorschlag:

15. Theresa baut einen großen Würfel aus kleinen Würfeln. Für die mittleren Würfel an den Kanten wählt sie jeweils kleine schwarze Würfel.

Wie viele kleine schwarze Würfel hat sie für ihren großen Würfel benutzt?

Hinweis: Anhand der Färbung des Würfels in der Zeichnung kannst du dir vorstellen, wie der Würfel aussieht. Die schwarzen Würfel kannst du an den sichtbaren Seiten gut abzählen. Anschließend musst du dir überlegen, wie viele schwarze Würfel du nicht sehen kannst. Diese musst du auch noch addieren (+).

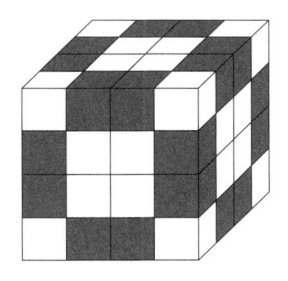

Sie hat **24** kleine schwarze Würfel benutzt.

16. Welche zwei Teile lassen sich zu einem Kegel zusammensetzen? Kreuze an.

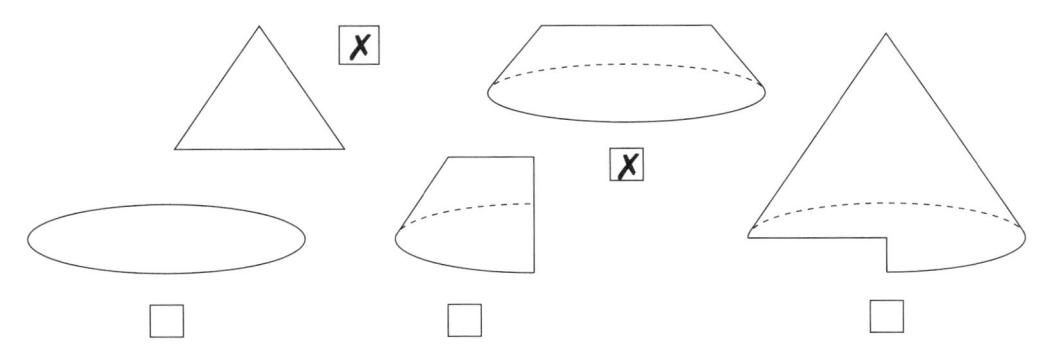

Lösungen – Zweiter Kompetenzbereich: Raum und Form

17. Kreuze alle Bezeichnungen für Flächen an.

Hinweis: Eine Fläche ist flach. (Einen Körper kannst du umfassen.)

☐ Quader
☐ Pyramide
☒ Quadrat
☐ Würfel
☒ Kreis
☐ Kugel

18. Zeichne die Figur noch einmal.

Hinweis: Achte darauf, dass du die Linien und Abstände genauso lang zeichnest wie in der Vorgabe. Zeichne mit dem Lineal.

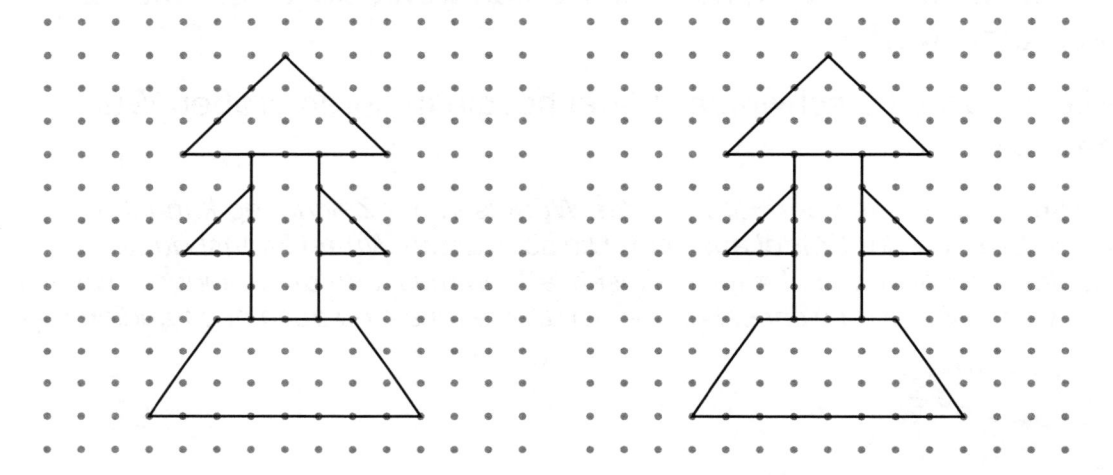

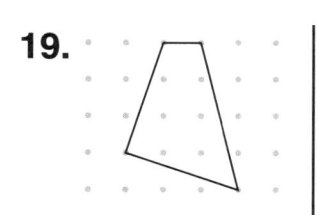

Lösungen – Zweiter Kompetenzbereich: Raum und Form

19. Welches Spiegelbild gehört dazu? Kreuze an.

Hinweis: Denke daran: Bei einem Spiegelbild müssen alle Eckpunkte der Figur den gleichen Abstand zur Spiegelachse haben.

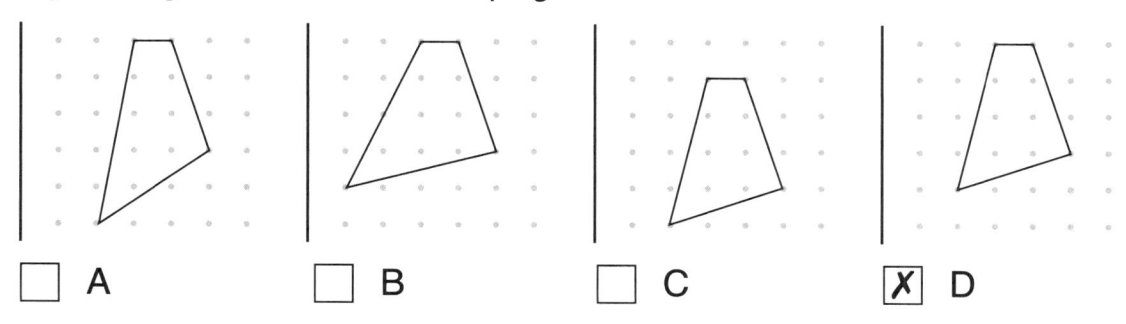

☐ A ☐ B ☐ C ☒ D

20. Kennzeichne im Würfelnetz mit einem Kreuz die Seite, die der gefärbten Seite gegenüberliegt.

Hinweis: Setze die Würfelnetze im Kopf zu Würfeln zusammen. Es ist nicht möglich, dass die gegenüberliegende Seite direkt neben der gefärbten Seite liegt.

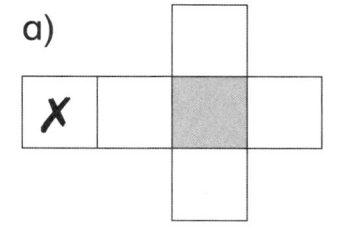

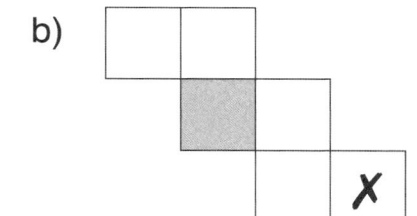

a) X

b) X

Lösungen – Zweiter Kompetenzbereich: Raum und Form

21. Du hast genau diese geometrischen Formen:

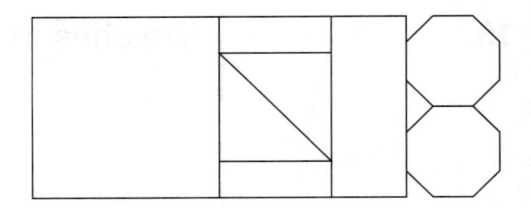

Welche der unteren Bilder kannst du aus den Teilen legen? Kreuze an.

Hinweis: Zähle am besten zuerst die verschiedenen Formen, die du zur Verfügung hast, und vergleiche dann mit den angegebenen Figuren. Du siehst bei der ersten Figur vier kleine Dreiecke. Diese Figur kannst du also nicht legen, weil du nur zwei Dreiecke zur Verfügung hast.

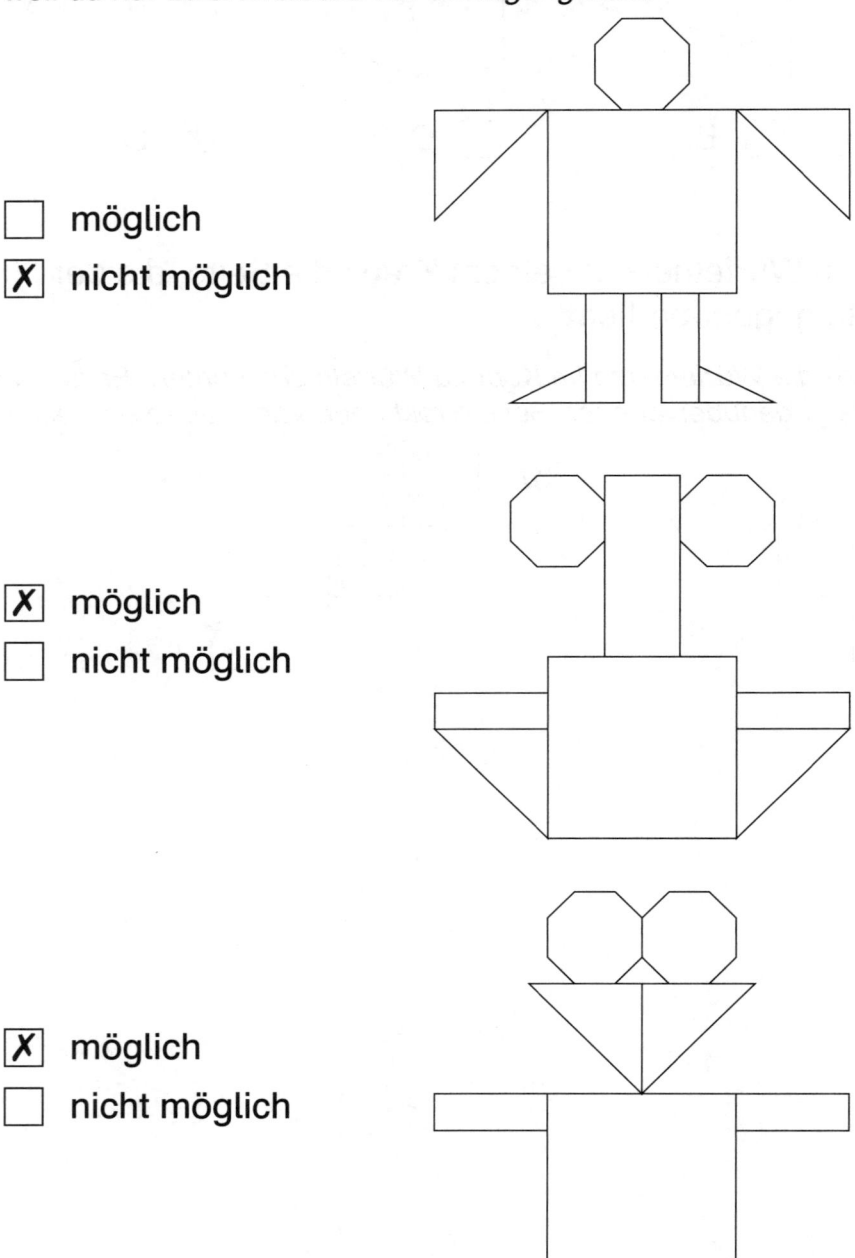

☐ möglich
☒ nicht möglich

☒ möglich
☐ nicht möglich

☒ möglich
☐ nicht möglich

Lösungen – Zweiter Kompetenzbereich: Raum und Form

22. Ela möchte alle Seiten des Würfels mit gleich großen Quadraten bekleben.

Wie viele Quadrate benötigt sie dazu insgesamt?

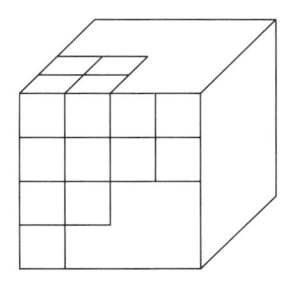

Hinweis: Auf der Vorderseite des Würfels kannst du sehen, dass 4 · 4 = 16 Quadrate darauf passen. Insgesamt hat ein Würfel 6 Seiten.
Um alle Quadrate zu berechnen, die auf den Würfel passen, musst du also 16 + 16 + 16 + 16 + 16 + 16 = 96 rechnen.

Ela benötigt insgesamt **96** Quadrate.

23. Teile das Trapez mit zwei geraden Linien in ...

Hinweis: Wenn es dir schwerfällt, Lösungen zu finden, zeichne am besten auf einen Zettel Trapeze und probiere einfach aus. Denke daran, dass ein Viereck (im Gegensatz zum Rechteck) an den Ecken keine rechten Winkel haben muss. Es gibt für diese Aufgabe jeweils mehrere Lösungen, es reicht jedoch, wenn du eine Lösung angibst.

Lösungsvorschläge:

a) ein Dreieck und zwei Vierecke.

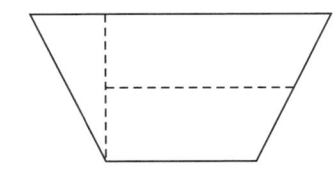

b) drei Dreiecke.

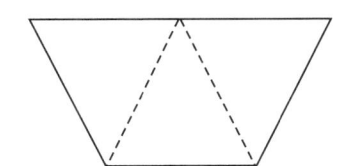

Lösungen – Zweiter Kompetenzbereich: Raum und Form

24. Wie viele kleine Würfel brauchst du mindestens noch, um aus dem Körper einen großen Würfel zu machen?

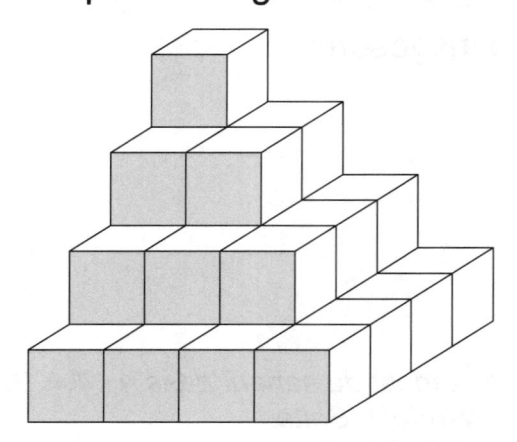

Hinweis: Die erste Etage ganz unten ist schon komplett. Um die zweite Etage zu vervollständigen, brauchst du noch sieben Würfel. Diese sieben Würfel brauchst du auch in der dritten Etage und zusätzlich noch weitere fünf Würfel, also 7 + 5 = 12. Diese zwölf Würfel brauchst du dann auch in der dritten Etage und noch drei weitere Würfel, also 12 + 3 = 15. Insgesamt brauchst du also noch mindestens 7 + 12 + 15 = 34 kleine Würfel, damit ein großer Würfel entsteht.

Ich brauche noch mindestens **34** Würfel.

25. Aus drei Dreiecken und einem Quadrat kann man ein Dreieck legen.

Welche Dreiecke musst du umlegen?

a) *Hinweis:* Es gibt für diese Aufgabe mehrere Lösungen, es reicht jedoch, wenn du eine Lösung angibst. Lösungsvorschlag: Die Dreiecke B und D sind gleich groß und müssen deshalb an die Seiten des Quadrats gelegt werden. Wenn du dann das Dreieck C oben auf das Quadrat legst, entsteht ein großes Dreieck.
Wenn du dir nicht sicher bist, ob deine Lösung auch richtig ist, frage deine Eltern oder deinen Lehrer/deine Lehrerin.

Lösungsvorschlag:

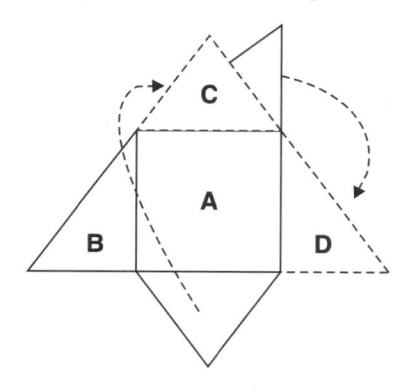

Ich muss **C und D** umlegen.

Lösungen – Zweiter Kompetenzbereich: Raum und Form

b) *Hinweis:* Es gibt für diese Aufgabe mehrere Lösungen, es reicht jedoch, wenn du eine Lösung angibst. Lösungsvorschlag: Die Dreiecke B und D sind gleich groß. Du schiebst also das Dreieck B links neben das Quadrat und drehst das Dreieck D um. Das Dreieck C schiebst du dann oben auf das Quadrat. Wenn du dir nicht sicher bist, ob deine Lösung auch richtig ist, frage deine Eltern oder deinen Lehrer/deine Lehrerin.

Lösungsvorschlag:

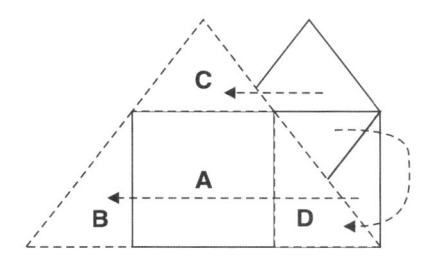

Ich muss **B, C und D** umlegen.

26. Du hast 16 Streichhölzer und sollst aus ihnen ein Trapez legen. Zur Erinnerung: So sieht ein Trapez aus:

Gib eine Möglichkeit an, wie viele Streichhölzer du an jede Seite legen musst.

Hinweis: Wie ein Trapez aussieht, kannst du an der Zeichnung erkennen. Die beiden schrägen Seiten sind gleich lang und bei den waagrechten Seiten ist eine Seite kürzer als die andere. Als Hilfe hast du keine Streichhölzer, aber du kannst dir natürlich Zeichnungen zum Ausprobieren machen. Achte darauf, dass du auch wirklich genau 16 Streichhölzer benutzt.
Wenn du ein Streichholz an die untere Seite legst, musst du mindestens drei Streichhölzer an die obere Seite legen. Achte darauf, dass du für die untere und obere Seite zusammen immer eine gerade Anzahl von Streichhölzern nimmst. Denn damit die beiden anderen Seiten gleich lang sind, musst du die übrigen Streichhölzer durch 2 teilen können. In unserem Fall hast du noch 12 Streichhölzer für die beiden schrägen Seiten übrig, also 6 für jede Seite.
Natürlich gibt es für diese Aufgabe noch viele weitere Lösungen. Es reicht aber, wenn du eine Lösung angibst. Wenn du dir nicht sicher bist, ob deine Lösung auch richtig ist, frage deine Eltern oder deinen Lehrer/deine Lehrerin.

Lösungsvorschlag:

Seite 1: **1 Streichholz**   Seite 2: **6 Streichhölzer**

Seite 3: **3 Streichhölzer**   Seite 4: **6 Streichhölzer**

Lösungen – Zweiter Kompetenzbereich: Raum und Form

27. Ergänze zu einem Quadrat. Verwende ein Lineal.

Hinweis: Denke daran, dass ein Quadrat vier gleich lange Seiten und vier rechte Winkel hat.

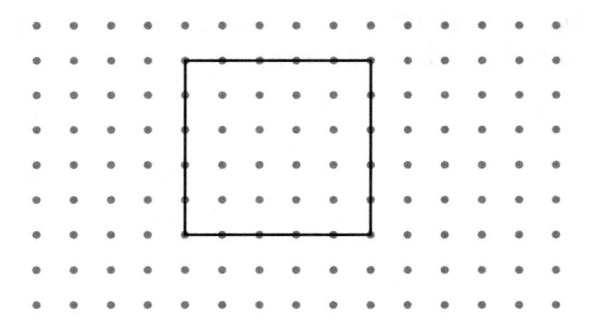

28. Zeichne in das Quadrat alle Spiegelachsen ein.

Hinweis: Denke daran, die waagrechte und die senkrechte Spiegelachse wirklich genau in die Mitte zu zeichnen. Vergiss nicht die diagonalen Spiegelachsen, sie führen genau durch die Ecken. Benutze ein Lineal.

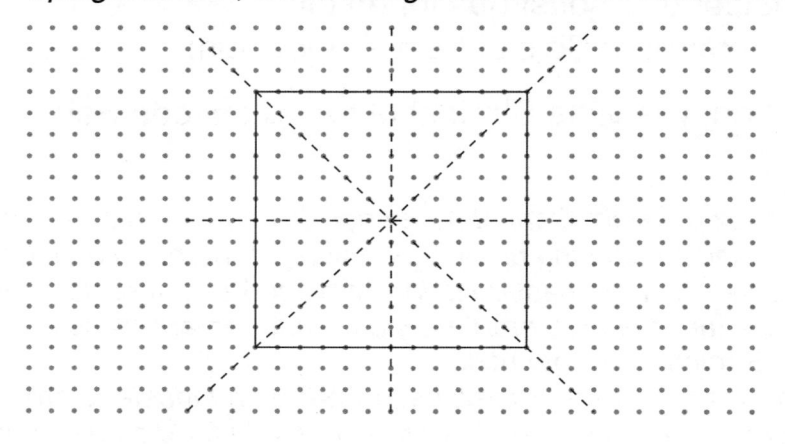

Lösungen – Zweiter Kompetenzbereich: Raum und Form

29. Hier siehst du ein kleines Gebäude aus Bausteinen.

Was siehst du von hinten? Kreuze an.

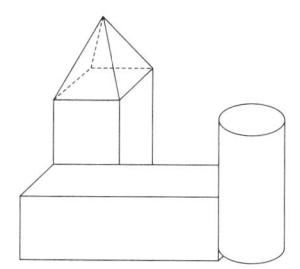

Hinweis: Bei der Abbildung dieses Gebäudes von hinten siehst du den Turm mit der Spitze, einen kleineren und kürzeren Abschnitt des liegenden Quaders, und der Zylinder sieht aus wie ein Rechteck.

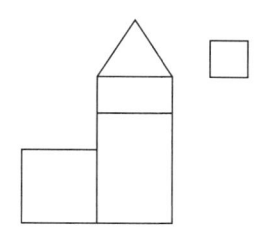

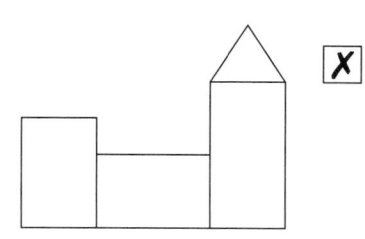

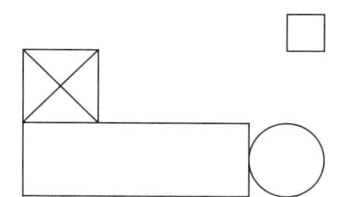

Die zweite Abbildung ist angekreuzt [X].

Dritter Kompetenzbereich: Muster und Strukturen

1. Vervollständige die Reihen.

    Hinweis: Bei diesen Aufgaben musst du genau überlegen, wie du von der ersten zur zweiten Zahl kommst. Werden die Zahlen größer, wurde addiert (+) oder multipliziert (·); werden die Zahlen kleiner, wurde subtrahiert (−) oder dividiert (:). Wenn du weißt, wie du von der ersten zur zweiten Zahl kommst, musst du überprüfen, ob du auf die gleiche Art und Weise auch zu den weiteren Zahlen gelangst.
    Es ist auch möglich, dass sich die Art und Weise, wie du zur nächsten Zahl gelangst, systematisch verändert – wie in Aufgabe b.

    a) *Hinweis:* Hier erkennst du die 30er-Reihe (also immer +30). Vielleicht erkennst du aber auch die 3er-Reihe, an deren Zahlen immer eine 0 angehängt wurde.

    30; 60; 90; 120; **150**; **180**; **210**; 240

    b) *Hinweis:* Hier erkennst du, dass immer 10 mehr subtrahiert werden (−10, −20, −30).

    400; 390; 370; 340; **300**; **250**; **190**; 120

2. Rechne die Aufgaben und setze die Aufgabenmuster um zwei Aufgaben fort.

    Hinweis: Schau dir die einzelnen Zahlen untereinander genau an. Hier erkennst du die Regel für das Aufgabenmuster. Schon die einzelnen Ziffern der Zahlen geben einen guten Hinweis, wie die weiteren Aufgaben aussehen müssen. Oft erkennst du auch schnell in den Ergebnissen eine Regel. Wenn du merkst, dass eine deiner Zahlen nicht in das Muster passt, schau sie dir noch einmal genau an oder rechne die Aufgabe noch einmal.

    a) 11 + 22 = **33**
    22 + 44 = **66**
    33 + 66 = **99**
    44 + 88 = **132**
    55 + 110 = **165**

    b) 123 − 31 = **92**
    234 − 42 = **192**
    345 − 53 = **292**
    456 − 64 = **392**
    567 − 75 = **492**

    c) 1 · 48 = **48**
    2 · 24 = **48**
    4 · 12 = **48**
    8 · 6 = **48**
    16 · 3 = **48**

3. Wie viele Punkte hat die siebte Figur?

Lösungen – Dritter Kompetenzbereich: Muster und Strukturen

Hinweis: In dem Punktmuster erkennst du jeweils die aufeinanderfolgenden Quadratzahlen: 1. Figur: 1 · 1 = 1; 2. Figur: 2 · 2 = 4; 3. Figur: 3 · 3 = 9. Die Rangfolge der Figur zeigt dir also, welche Zahl du mit sich selbst multiplizieren (·) musst. Das bedeutet für die 7. Figur: 7 · 7 = 49. Natürlich kannst du dir die Figuren auch als Hilfe aufzeichnen.

Antwort: **Die siebte Figur hat 49 Punkte.**

4. Beschreibe das Muster und setze jeweils um zwei Zahlen fort.

   Beispiel: 9; 18; 27; 36   immer +9

   Hinweis: Bei diesen Aufgaben musst du genau überlegen, wie du von der ersten zur zweiten Zahl kommst. Werden die Zahlen größer, wurde addiert (+) oder multipliziert (·); werden die Zahlen kleiner, wurde subtrahiert (–) oder dividiert (:). Wenn du weißt, wie du von der ersten zur zweiten Zahl kommst, musst du überprüfen, ob du auf die gleiche Art und Weise auch zu den weiteren Zahlen gelangst.
   Es ist auch möglich, dass sich die Art und Weise, wie du zur nächsten Zahl gelangst, nach einem bestimmten Muster verändert (z. B. +5, +10, +15, …). Schreibe die Regel auf und ergänze zwei weitere Zahlen.

   a)   10; 22; 34; 46; **58**; **70**   immer **+12**

   b)   81; 64; 49; 36; **25**; **16**   immer **die Quadratzahl der nächstkleineren Zahl**

5. Eine Zahl passt nicht. Streiche sie durch.

   Hinweis: Diese Aufgabe ist nicht einfach. Du kennst die Aufgaben, bei denen du das Muster, nach dem die Zahlen gebildet werden, suchen musst. Jetzt musst du das Muster bis zur letzten Zahl durchrechnen und die Zahl finden, die nicht passt. Schwierig ist die Aufgabe deshalb, weil du genau aufpassen musst, ob du die falsche Zahl gefunden hast oder vielleicht das falsche Muster vermutest.

   a) *Hinweis:* Hier kommst du am besten zum Muster, wenn du dir die Ziffern der einzelnen Stellenwerte anschaust. Sie werden alle um 1 kleiner. Das bedeutet, dass die ganze Zahl um 111 kleiner wird.

   978; 867; ~~765~~; 645; 534; 423

   b) *Hinweis:* Hier siehst du, dass die Einerziffern jeder zweiten Zahl gleich sind, so erkennst du leicht die falsche Zahl. Die Regel lautet: immer +15.

   14; 29; 44; 59; ~~73~~; 89

   c) *Hinweis:* Hier lautet die Regel: immer –4, +1.

   88; 84; 85; ~~82~~; 82; 78

Lösungen – Dritter Kompetenzbereich: Muster und Strukturen

6. Schau dir das Parkettmuster genau an. Zeichne es bis zum Ende der Kästchenreihe weiter wie in der Vorgabe.

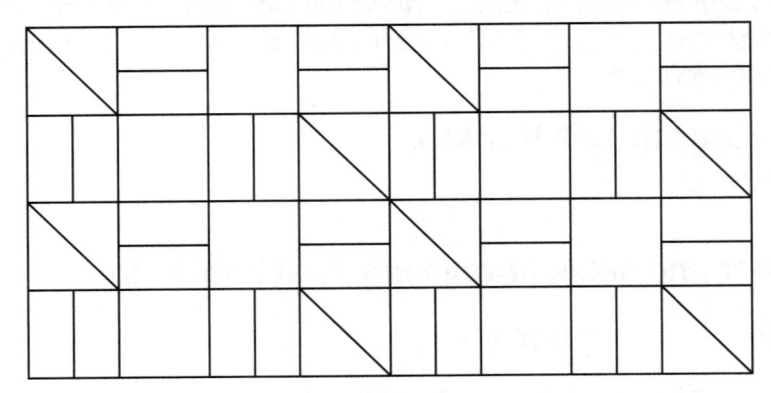

7. Zeichne die nächsten beiden Muster der Folge.

🖊 *Hinweis:* Die Formen „drehen" sich gegen den Uhrzeigersinn. Die Form, die rechts oben in der Ecke war, wandert nach links oben und so weiter.

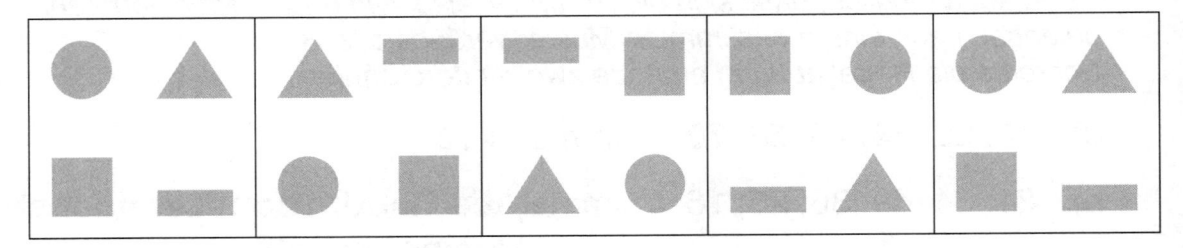

8. Welche Zahlenfolge passt zu welchem Muster? Verbinde.

🖊 *Hinweis:* Hier steht immer das gleiche Symbol oder der gleiche Buchstabe in einer Reihe für die gleiche Ziffer. Bei „Pippi" beispielsweise steht das P für die 3 und das i steht für die 9. In der Zahl sind dann die Ziffern genauso angeordnet wie die Symbole oder Buchstaben – in diesem Fall also 39339.

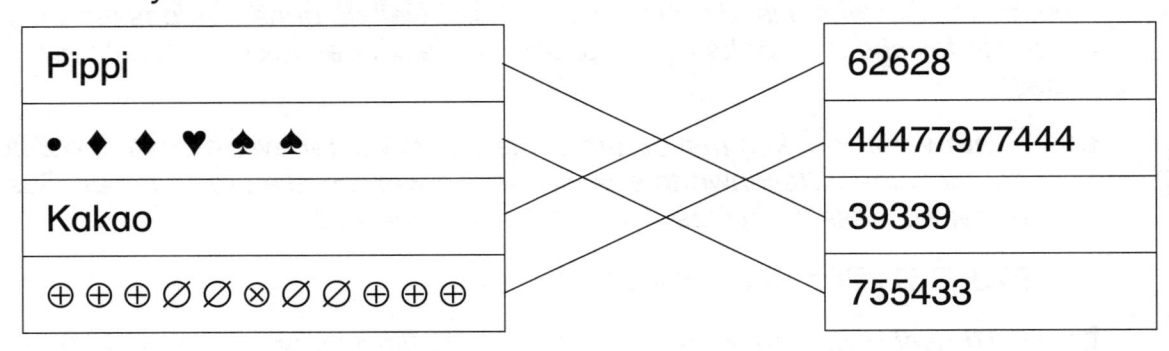

Pippi		62628
• ♦ ♦ ♥ ♠ ♠		44477977444
Kakao		39339
⊕ ⊕ ⊕ ⌀ ⌀ ⊗ ⌀ ⌀ ⊕ ⊕ ⊕		755433

Lösungen – Dritter Kompetenzbereich: Muster und Strukturen

9. Rechne die Aufgaben und setze die Aufgabenmuster um zwei Aufgaben fort.

   Hinweis: Schau dir die einzelnen Zahlen untereinander genau an. Hier erkennst du die Regel für das Aufgabenmuster. Schon die einzelnen Ziffern der Zahlen geben einen guten Hinweis, wie die weiteren Aufgaben aussehen müssen. Oft erkennst du auch schnell in den Ergebnissen eine Regel. Wenn du merkst, dass eine deiner Zahlen nicht in das Muster passt, schau sie dir noch einmal genau an oder rechne die Aufgabe noch einmal.

   a) 62 + 21 = **83**
       57 + 25 = **82**
       52 + 29 = **81**
       47 + 33 = 80
       42 + 37 = 79

   b) 18 : 3 = **6**
       28 : 4 = **7**
       40 : 5 = **8**
       54 : 6 = 9
       70 : 7 = 10

   c) 120 − 21 = **99**
       115 − 27 = **88**
       110 − 33 = **77**
       105 − 39 = 66
       100 − 45 = 55

10. Vervollständige die Reihen.

    Hinweis: Bei diesen Aufgaben musst du genau überlegen, wie du von der ersten zur zweiten Zahl kommst. Werden die Zahlen größer, wurde addiert (+) oder multipliziert (·); werden die Zahlen kleiner, wurde subtrahiert (−) oder dividiert (:). Wenn du weißt, wie du von der ersten zur zweiten Zahl kommst, musst du überprüfen, ob du auf die gleiche Art und Weise auch zu den weiteren Zahlen gelangst.
    Es ist auch möglich, dass sich die Art und Weise, wie du zur nächsten Zahl gelangst, systematisch verändert.

    a) *Hinweis: Hier addierst du immer die beiden vorhergehenden Zahlen, um die folgende zu erhalten.*

    10; 10; 20; 30; 50; **80**; **130**; **210**; 340

    b) *Hinweis: Hier subtrahierst du immer 22.*

    159; 137; 115; **93**; **71**; **49**; 27

Lösungen – Dritter Kompetenzbereich: Muster und Strukturen

11. Laras Großeltern haben ein Sparbuch für Lara eingerichtet, als sie geboren wurde. Sie zahlen für jeden Lebensmonat von Lara 2 Euro dort ein. Jetzt wird Lara zehn Jahre alt und möchte wissen, wie viel Geld auf dem Sparbuch ist. Dafür legt sie sich folgende Tabelle an.

Vervollständige die Tabelle und berechne, wie viel Geld Lara an ihrem zehnten Geburtstag auf ihrem Sparbuch hat.

Hinweis: Aus der Aufgabe weißt du, dass Laras Großeltern jeden Monat 2 Euro für Lara anlegen. Du erkennst aber auch, dass in der Tabelle nur Jahre angegeben sind. Es wäre auch eine sehr lange Tabelle, wenn man hier für 10 Lebensjahre jeden Monat auflisten würde. Daher musst du als Erstes ausrechnen, wie viel Geld die Großeltern jedes Jahr (also in 12 Monaten) insgesamt anlegen: 12 · 2 = 24 Euro. Da sie jedes Jahr gleich viel Geld anlegen, brauchst du in der zweiten Zeile nur immer 24 Euro ergänzen und diese zu dem Betrag der vorhergehenden Spalte addieren (+).

Jahr	1	2	3	4	5	6	7	8	9	10
eingezahlt	24	24	24	24	24	24	24	24	24	24
Kontostand	24	48	72	96	120	144	168	192	216	240

An Laras zehntem Geburtstag sind **240** Euro auf ihrem Konto.

12. Schau dir das Parkettmuster genau an. Zeichne es bis zum Ende der Kästchenreihe weiter und färbe es wie in der Vorgabe.

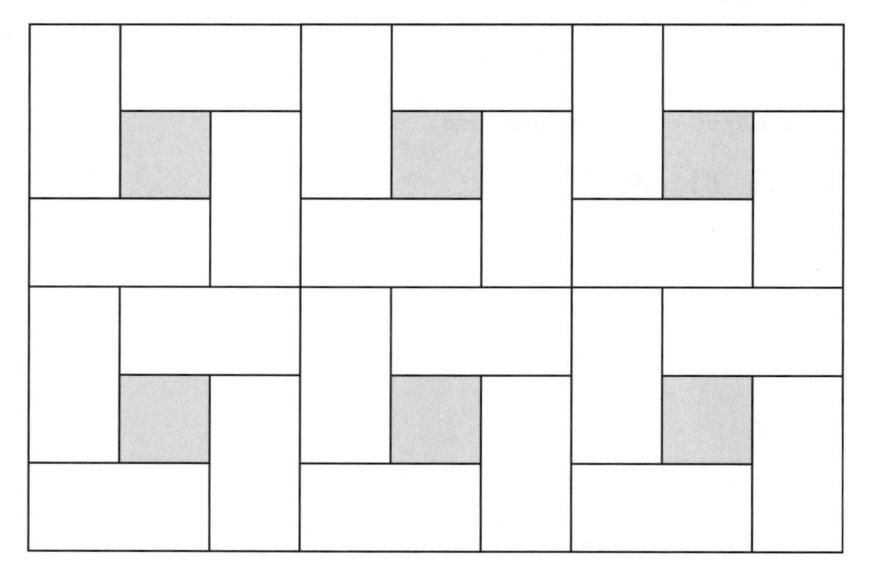

Lösungen – Dritter Kompetenzbereich: Muster und Strukturen

13. Zeichne die nächsten beiden Figuren der Folge.

Hinweis: Versuche, die entstehenden Muster durch Drehungen zu erklären. Stell dir vor, die Pfeile wären Uhrzeiger, die immer im gleichen Abstand zueinander bleiben und sich dann gegen den Uhrzeigersinn drehen – und zwar immer um eine Vierteldrehung.

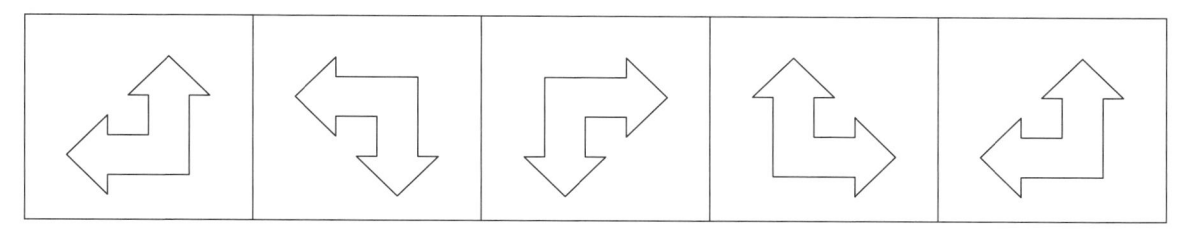

14. Beschreibe das Muster und setze jeweils um zwei Zahlen fort.

Beispiel: 40; 52; 64; 86   immer +12

Hinweis: Bei diesen Aufgaben musst du genau überlegen, wie du von der ersten zur zweiten Zahl kommst. Werden die Zahlen größer, wurde addiert (+) oder multipliziert (·); werden die Zahlen kleiner, wurde subtrahiert (–) oder dividiert (:). Wenn du weißt, wie du von der ersten zur zweiten Zahl kommst, musst du überprüfen, ob du auf die gleiche Art und Weise auch zu den weiteren Zahlen gelangst.
Es ist auch möglich, dass sich die Art und Weise, wie du zur nächsten Zahl gelangst, nach einem bestimmten Muster verändert (z. B. +5, +10, +15, ...). Hast du die Regel gefunden, schreibst du sie auf und ergänzt in der Reihe zwei weitere Zahlen.

a)   11; 16; 22; 26; 33; **36**; **44**   immer **jede 2. Zahl +11, die anderen +10**

b)   704; 352; 176; 88; 44; **22**; **11**   immer **:2**

15. Wie viele Dreiecke hat die neunte Figur?

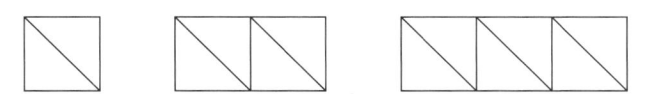

Hinweis: Das Muster lässt sich so erklären: Von Figur zu Figur werden es immer zwei Dreiecke mehr: 1. Figur = 2 Dreiecke; 2. Figur = 4 Dreiecke; 3. Figur = 6 Dreiecke. Du hast also immer doppelt so viele Dreiecke, wie die Rangfolge der Figur dir sagt, das bedeutet: 9. Figur = 18 Dreiecke.

Antwort: **Die neunte Figur hat 18 Dreiecke.**

Lösungen – Dritter Kompetenzbereich: Muster und Strukturen

16.

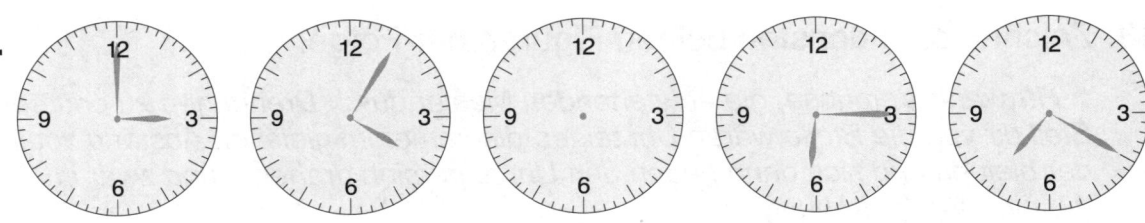

Welche der folgenden Uhren gehört an die dritte Stelle? Kreuze an.

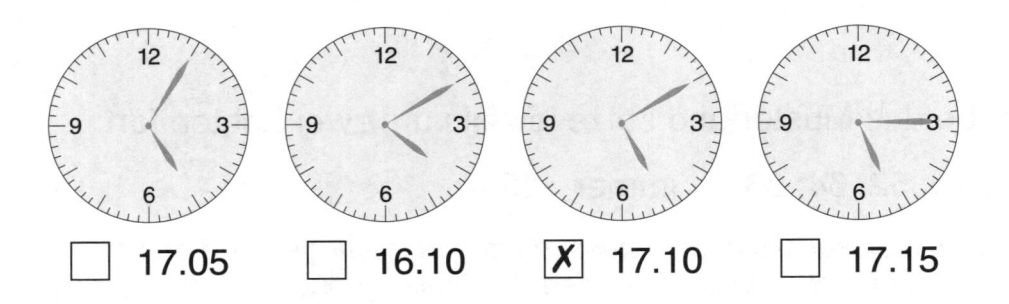

Hinweis: Der Stundenzeiger wandert immer um eine Stunde weiter und der Minutenzeiger um 5 Minuten. Insgesamt wird die Uhr also immer um 1 Stunde und 5 Minuten vorgestellt. Bei der dritten Uhr muss es daher 17.10 Uhr sein.

☐ 17.05   ☐ 16.10   ☒ 17.10   ☐ 17.15

17. Marie und Emma bereiten für ein Schulfest eine Quarkspeise zu. Für eine Riesenschüssel benötigen sie folgende Nahrungsmittel: 2 kg Obst, 500 g Zucker, 4 ℓ Milch, 6 Packungen Quark.

Damit sie wissen, wie viel sie für 5 Schüsseln und für 8 Schüsseln brauchen, haben sie sich eine Tabelle gemacht.
Ergänze die fehlenden Angaben in der Tabelle.

Hinweis: Je nach Anzahl der Schüsseln musst du die entsprechende Menge vervielfachen. Die Menge für eine Schüssel kannst du der Aufgabe entnehmen.

	1 Schüssel	5 Schüsseln	8 Schüsseln
Obst	2 kg	**10** kg	**16** kg
Zucker	**500** g	2 500 g	**4 000** g
Milch	**4** ℓ	**20** ℓ	32 ℓ
Quark	6 Pck.	**30 Pck.**	**48 Pck.**

Lösungen – Dritter Kompetenzbereich: Muster und Strukturen

18. Ein Zahlenpaar ist falsch.
Streiche es durch und begründe deine Entscheidung.

56 / 40   ~~29 / 17~~   **28 / 12**   35 / 19   23 / 7   40 / 24

Hinweis: Wenn du dir die Zahlenpaare genau anschaust, fällt dir auf, dass die Differenz eines Zahlenpaares (das Ergebnis der Minusaufgabe) immer 16 ist. Nur bei dem Zahlenpaar 29 und 17 ist das nicht so.

Wenn man bei den Zahlenpaaren die kleinere von der größeren Zahl abzieht, kommt überall 16 heraus, nur bei den Zahlen des Zahlenpaares 29 und 17 ist das Ergebnis 12.

19. Familie Meier braucht 12 Joghurts.
Ein Joghurt kostet 0,60 €.

Wie viel muss Familie Meier dank des Angebots der Woche bezahlen?

ANGEBOT
4 Joghurts zum Preis von 3 Joghurts
der Woche

Hinweis: Wenn Familie Meier 12 Joghurts braucht, muss sie nur 9 bezahlen (denn pro 4 Joghurts kannst du einen Joghurt abziehen und 12 – 3 = 9). Jetzt musst du noch den Preis für 9 Becher berechnen (9 · 0,60 € = 5,40 €).

Antwort: Familie Meier muss **5,40 €** bezahlen.

Lösungen – Dritter Kompetenzbereich: Muster und Strukturen

20. Lisa hat aus Pappdeckeln Kartenhäuser gebaut.
Schau sie dir genau an.
Zu jedem Muster hat sie eine Aufgabe geschrieben, mit der sie ausgerechnet hat, wie viele Pappdeckel sie benötigt.

a) Zeichne das dritte Muster ein.

b) Schreibe zum vierten Muster die passende Aufgabe.

c) Zeichne das fünfte Muster und schreibe die passende Aufgabe.

Hinweis: Für das Muster ist Folgendes wichtig: Die Figur wird immer von unten um eine Reihe ergänzt. Wichtig ist, dass bei der ersten Figur in der unteren Reihe schon zwei Kartenpaare zusammengesetzt wurden. Das heißt, bei der zweiten Figur sind es unten schon drei Kartenpaare. Achte darauf, dass du so zeichnest, dass man es eindeutig erkennen kann.
Bei der Rechnung wird erst die Anzahl der Kartenpaare mit 2 multipliziert (·), denn es sind ja immer zwei Karten, und dann werden die waagrecht liegenden Karten dazuaddiert (+).

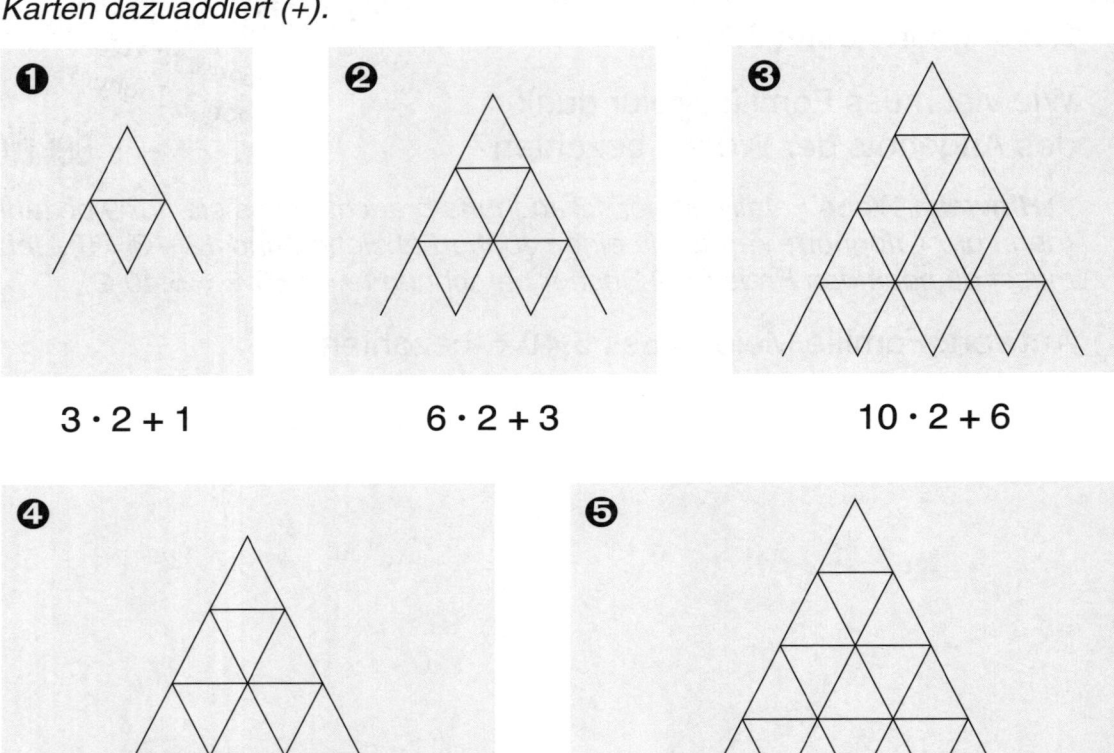

❶ 3 · 2 + 1

❷ 6 · 2 + 3

❸ 10 · 2 + 6

❹ 15 · 2 + 10

❺ 21 · 2 + 15

Lösungen – Dritter Kompetenzbereich: Muster und Strukturen

21. Vervollständige die Reihen.

Hinweis: Schau dir die Reihen genau an. Werden die Zahlen größer, wurde addiert (+) oder multipliziert (·); werden die Zahlen kleiner, wurde subtrahiert (–) oder dividiert (:). Wenn du dann genau überlegst, wie man von der ersten zur zweiten Zahl kommt und von der zweiten zur dritten Zahl, erhältst du schnell die Rechenregel und kannst die fehlenden Zahlen berechnen.

a) *Hinweis:* Die Zahl, die addiert wird, wird immer um 5 größer:
+5, +10, +15, +20, +25, +30, +35

10; 15; 25; 40; **60**; **85**; **115**; 150

b) *Hinweis:* immer –14

124; 110; 96; 82; **68**; **54**; **40**; 26

22. Zeichne jeweils die beiden nächsten Figuren der Folge.

a) *Hinweis:* Wenn du dir die Bilder jeweils der Reihe nach von links nach rechts ansiehst, erkennst du, dass in den ersten beiden Reihen die Anzahl der Eier/Punkte immer erst um eins und dann um zwei größer wird. Vielleicht hast du auch erkannt, dass die Anzahl von oben nach unten immer um eins größer wird, also 3 Eier, 4 Punkte, 5 Sternchen; in der zweiten Spalte 4 Eier, 5 Punkte und in der dritten Spalte 6 Eier und 7 Punkte. Du musst also eine zweite Lampe mit 6 Sternchen und eine dritte Lampe mit 8 Sternchen zeichnen. Zeichne so, dass die Anzahl deutlich erkennbar ist.

b) *Hinweis:* Du siehst, dass die Grundfigur (das Sechseck) immer gleich ist, also ist dies auch die Grundfigur für die vierte und fünfte Figur. Der Punkt wandert immer gegen den Uhrzeigersinn von einer Ecke zur nächsten. In Figur fünf und sechs muss er also zuerst links unten und dann rechts unten sein.

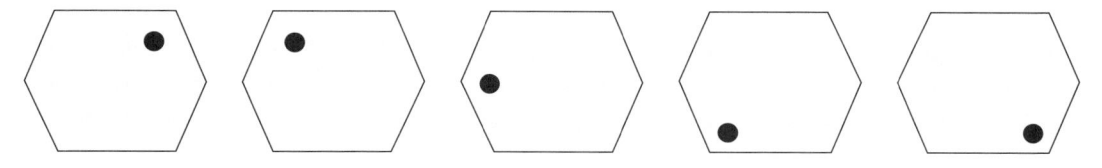

Lösungen – Dritter Kompetenzbereich: Muster und Strukturen

23. Rechne die Aufgaben und setze die Aufgabenmuster um je zwei Aufgaben fort.

Hinweis: Am besten gehst du die untereinanderstehenden Zahlen einzeln durch: Zuerst siehst du dir jeweils die erste Zahl der Aufgabe an: In Aufgabe a verdoppelt sie sich, in Aufgabe b wird bei ihr die Hunderter- und Einerstelle immer um eins kleiner und die Zehnerstelle um eins größer und in Aufgabe c findest du immer die nächstkleinere Quadratzahl. Dann siehst du dir die zweite Zahl der Aufgabe an: In Aufgabe a halbiert sie sich, in Aufgabe b wird sie immer um 30 größer und in Aufgabe c wird sie immer um 1 kleiner.

a)	4 + 240 = **244**	b)	919 − 30 = **889**	c)	81 : 9 = **9**
	8 + 120 = **128**		828 − 60 = **768**		64 : 8 = **8**
	16 + 60 = **76**		737 − 90 = **647**		49 : 7 = **7**
	32 + 30 = 79		646 − 120 = 526		**36** : 6 = 6
			555 − 150 = 405		25 : 5 = 5

24. Wie viele Kreuze hat die siebte Figur?

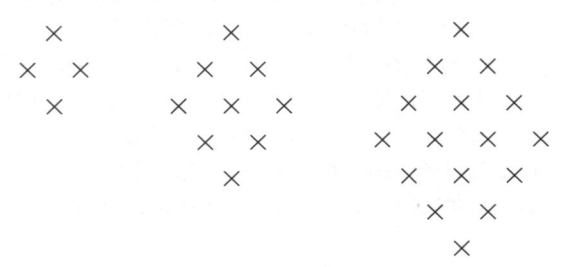

Hinweis: Wenn du dir die Figuren genau ansiehst, erkennst du, dass sie in der Mitte immer um ein Kreuz breiter werden. Da die erste Figur in der Mitte schon zwei Kreuze hat, muss die siebte Figur 8 Kreuze in der Mitte haben. Zu diesen 8 Kreuzen addierst du dann noch die Kreuze, die jeweils ober- und unterhalb der Mitte sind: 8 + 2 · 7 + 2 · 6 + 2 · 5 + 2 · 4 + 2 · 3 + 2 · 2 + 2 · 1 = 8 + 14 + 12 + 10 + 8 + 6 + 4 + 2 = 64
Wenn du die Zahl der Kreuze einer Figur berechnest, fällt dir vielleicht auch auf, dass die Anzahl immer der Quadratzahl der Anzahl der Kreuze in der Mitte entspricht: 1. Figur: 2 · 2 = 4; 2. Figur: 3 · 3 = 9; 3. Figur: 4 · 4 = 16; … Das heißt, die siebte Figur hat 8 · 8 = 64 Kreuze.

Antwort: **Die siebte Figur hat 64 Kreuze.**

25. Hier siehst du eine Zahlenfolge.

1 − 2 − 3 − 5 − 8 − **13** − 21

a) Setze die fehlende Zahl ein.

b) Schreibe die Rechenregel auf.

Lösungen – Dritter Kompetenzbereich: Muster und Strukturen

Hinweis: Werden die Zahlen einer Zahlenfolge größer, wurde addiert (+) oder multipliziert (·); werden die Zahlen kleiner, wurde subtrahiert (–) oder dividiert (:). Wenn du dann genau überlegst, wie man von der ersten zur zweiten Zahl kommt und von der zweiten zur dritten Zahl, erhältst du schnell die Rechenregel und kannst die fehlende Zahl berechnen.
Bei dieser Zahlenfolge musst du sehr genau hinsehen, da die beiden ersten Zahlen addiert werden müssen, um die dritte zu erhalten (1 + 2 = 3). Dies setzt sich dann fort, indem man immer die beiden vorhergehenden Zahlen addiert, um die nächste Zahl zu erhalten (2 + 3 = 5; 3 + 5 = 8 usw.).

Ich addiere immer die beiden vorhergehenden Zahlen, um die nächste Zahl der Zahlenfolge zu erhalten.

26. Setze das Aufgabenmuster um eine Aufgabe fort.

Hinweis: Vielleicht ist dir aufgefallen, dass die untereinanderstehenden Zahlen immer um eins größer werden. So kannst du die fehlende Aufgabe finden.
Du erkennst in den Aufgaben aber auch, dass die zweite Zahl der Multiplikationsaufgaben (Malaufgaben) in jeder Reihe gleich ist (erst 6, dann 7, in der dritten Reihe muss also eine 8 folgen). Die erste Zahl der Multiplikationsaufgaben wird links neben dem = immer um eins größer (erst 4, dann 5; in der zweiten Zeile 5 und 6; in der dritten Zeile müssen also eine 6 und eine 7 folgen).
Im Ergebnis werden vor dem Malnehmen die beiden unterschiedlichen Zahlen von vor dem = miteinander addiert (in der ersten Reihe also 4 + 5, dann 5 + 6 und schließlich 6 + 7).

4 · 6 + 5 · 6 = (4 + 5) · 6
5 · 7 + 6 · 7 = (5 + 6) · 7
6 · 8 + 7 · 8 = (6 + 7) · 8

27. Schau dir das Parkettmuster genau an. Ergänze das Muster bis zum Ende der Kästchenreihe und färbe es wie in der Vorgabe.

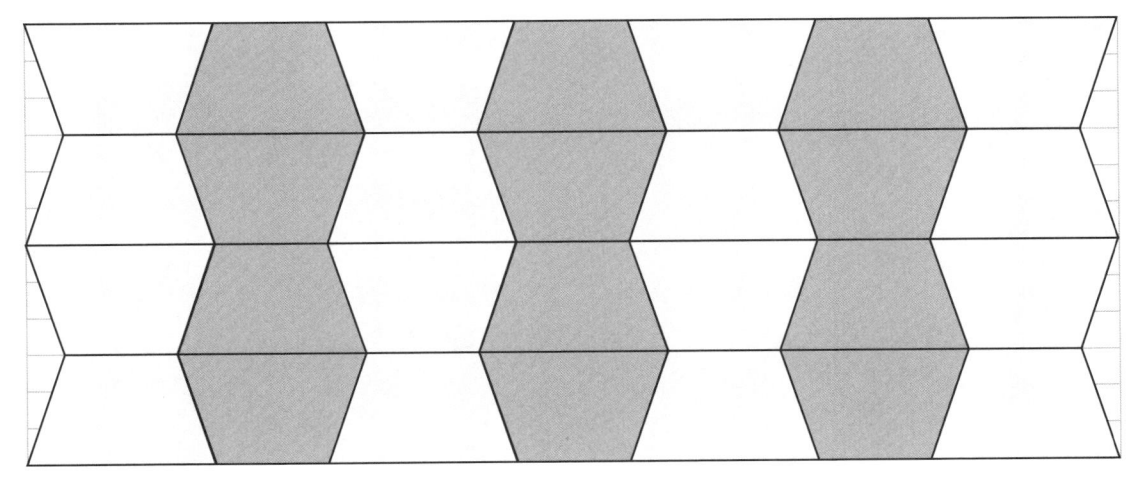

Lösungen – Dritter Kompetenzbereich: Muster und Strukturen

28. Hier siehst du Zugwaggons.
Die Waggons sind logisch durchnummeriert.
Welche Nummer hat der letzte Waggon?

| 5 | 10 | 16 | 23 | 31 | 40 | ___ |

Hinweis: Werden die Zahlen einer Zahlenfolge größer, wurde addiert (+) oder multipliziert (·); werden die Zahlen kleiner, wurde subtrahiert (–) oder dividiert (:). Wenn du dann genau überlegst, wie man von der ersten zur zweiten Zahl kommt und von der zweiten zur dritten Zahl, erhältst du schnell die Rechenregel und kannst die fehlende Zahl berechnen. Hier erkennst du, dass du immer die nächste um eins größere Zahl addieren musst (+5, +6, +7, +8, +9, +10).

☐ 49
☒ 50
☐ 45
☐ 51

Vierter Kompetenzbereich: Größen und Messen

1. Die Kinder der 3a haben aufgeschrieben, wie lang ihr Schulweg ist.

Alex:	Timo:	Lukas:	Lea:
2 km 350 m	1 km 800 m	1 km 400 m	2 km 100 m

   a) Wer hat den längsten Schulweg?

   Hinweis: Schau dir die Angaben genau an. Vergleiche zuerst die Kilometer- und dann die Meterangaben.

   Alex hat den längsten Schulweg.

   b) Rebekkas Schulweg ist 200 m kürzer als Leas Schulweg.

   Hinweis: Leas Schulweg ist 2 km und 100 m lang. Das sind 2100 m. Wenn du davon 200 m abziehst (Rebekkas Weg ist ja 200 m kürzer), erhältst du 1900 m = 1 km und 900 m.

   Rebekkas Schulweg ist **1 km 900 m** lang.

2. Linus findet auf dem Boden vor dem Supermarkt vier Münzen. Zwei davon haben den gleichen Wert, die anderen beiden sind unterschiedlich.

   Welchen Betrag kann er nicht gefunden haben? Kreuze an.

   *Hinweis: Lies genau, denn du sollst den Betrag ankreuzen, der **nicht** infrage kommt. Als Lösung kommt nur 6,00 € infrage, denn dieser Betrag ist so hoch, dass er sich bei vier Münzen nur aus zwei 2-€-Münzen und zwei 1-€-Münzen zusammensetzen kann. Dafür müsste Linus zweimal zwei gleiche Münzen gefunden haben und das stimmt laut Aufgabe nicht. Diesen Betrag kann er also nicht gefunden haben.*

   ☐ 2,30 €
   ☐ 2,70 €
   ☐ 1,15 €
   ☐ 0,40 €
   ☒ 6,00 €

Lösungen – Vierter Kompetenzbereich: Größen und Messen

3. Frau Schatz braucht 3 m Stoff.
   3 m Stoff kosten im Kaufhaus 18,00 €.
   Am Samstag auf dem Markt bekommt sie 4,50 m Stoff für 18,00 €.

   Wie viel Stoff bekommt sie mehr, wenn sie den Stoff auf dem Markt kauft?

   Hinweis: Hier musst du nur die Differenz (den Unterschied) der beiden Stofflängen berechnen, indem du die kleinere von der größeren Zahl subtrahierst:
   4,50 m – 3,00 m = 1,50 m

   Frau Schatz bekommt **1,50** m mehr Stoff.

4. Moritz ist 35,5 kg schwer. Er ist 1,5 kg leichter als Leo.
   Leo ist 500 g schwerer als Nico.

   a) Wie schwer ist Leo?

   Hinweis: Wichtig ist, dass du die Aufgabe genau liest und überlegst, welche Informationen zur Lösung wichtig sind: Moritz ist 1,5 kg leichter als Leo, das heißt, Leo ist 1,5 kg schwerer. 35,5 kg + 1,5 kg = 37 kg

   Leo ist **37** kg schwer.

   b) Wie schwer ist Nico?

   Hinweis: Leo ist 500 g, also 0,5 kg schwerer als Nico, das heißt umgekehrt: Nico ist 0,5 kg leichter. 37,0 kg – 0,5 kg = 36,5 kg

   Nico ist **36,5** kg schwer.

5. Verbinde mit der richtigen Maßeinheit.

   Hinweis: Überlege zuerst, ob du eine Längeneinheit oder eine Zeiteinheit brauchst. Nutze dann die Vergleichsgrößen, über die ihr im Unterricht sicher gesprochen habt und die du auch vorne im Buch findest. Wenn du dir unsicher bist, verbinde erst die Aussagen, die du sicher weißt, dann bleiben sicher nur noch wenige Angaben übrig.

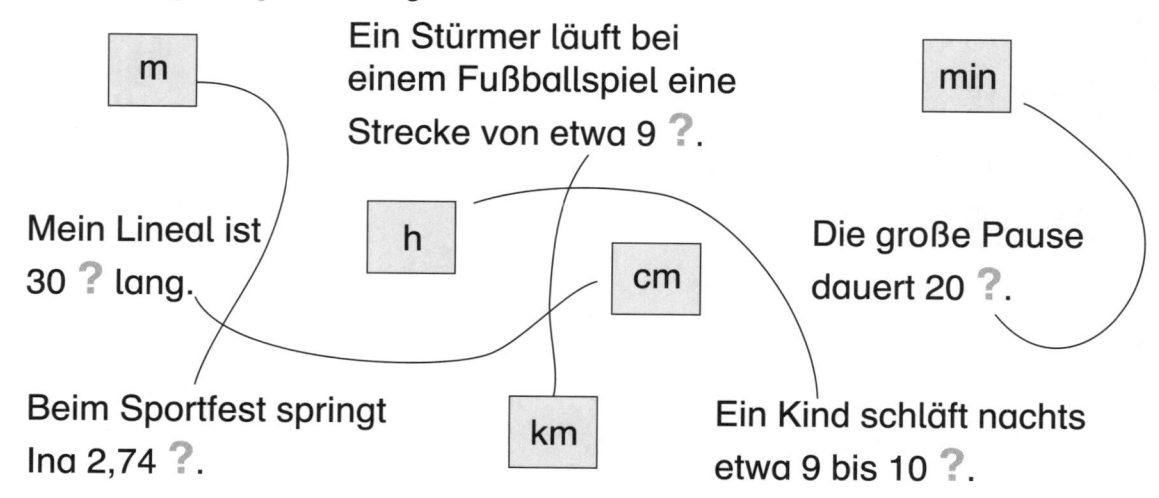

   Ein Stürmer läuft bei einem Fußballspiel eine Strecke von etwa 9 ?. — **km**

   Mein Lineal ist 30 ? lang. — **cm**

   Die große Pause dauert 20 ?. — **min**

   Beim Sportfest springt Ina 2,74 ?. — **m**

   Ein Kind schläft nachts etwa 9 bis 10 ?. — **h**

Lösungen – Vierter Kompetenzbereich: Größen und Messen

6. Anne hilft ihrem Vater. Er braucht für die Umrandung seines Blumenbeets 30 kg Steine. In einen Eimer passen 5 kg Steine.

   Wie oft muss Anne ihrem Vater einen Eimer voller Steine bringen?

   Hinweis: Hier musst du überlegen, wie oft 5 kg in 30 kg passen. Du rechnest also 30 kg : 5 kg = 6.

   Anne muss ihrem Vater **6** Eimer voller Steine bringen.

7. Julius hat in seiner Spardose zwei 10-€-Scheine, einen 20-€-Schein und drei 5-€-Scheine. Er möchte sich ein Spiel für 44,90 € kaufen.

   Reicht das Geld aus der Spardose? Kreuze an.

   [X] ja   [ ] nein

   Hinweis: Hier musst du ausrechnen, wie viel Geld Julius schon gespart hat: 10 € + 10 € + 20 € + 5 € + 5 € + 5 € = 55 €. Julius kann also das Spiel für 44,90 € kaufen und hat immer noch 55 € – 44,90 € = 10,10 € übrig.

   Begründe deine Meinung:
   Julius hat insgesamt 20 € + 20 € + 15 € = 55 € gespart. Das ist deutlich mehr Geld, als er für das Spiel für 44,90 € benötigt.

8. Verbinde jeden Wecker mit der richtigen Uhrzeit.

   Hinweis: Schau genau hin und achte darauf, dass du Stunden- und Minutenzeiger nicht verwechselst.

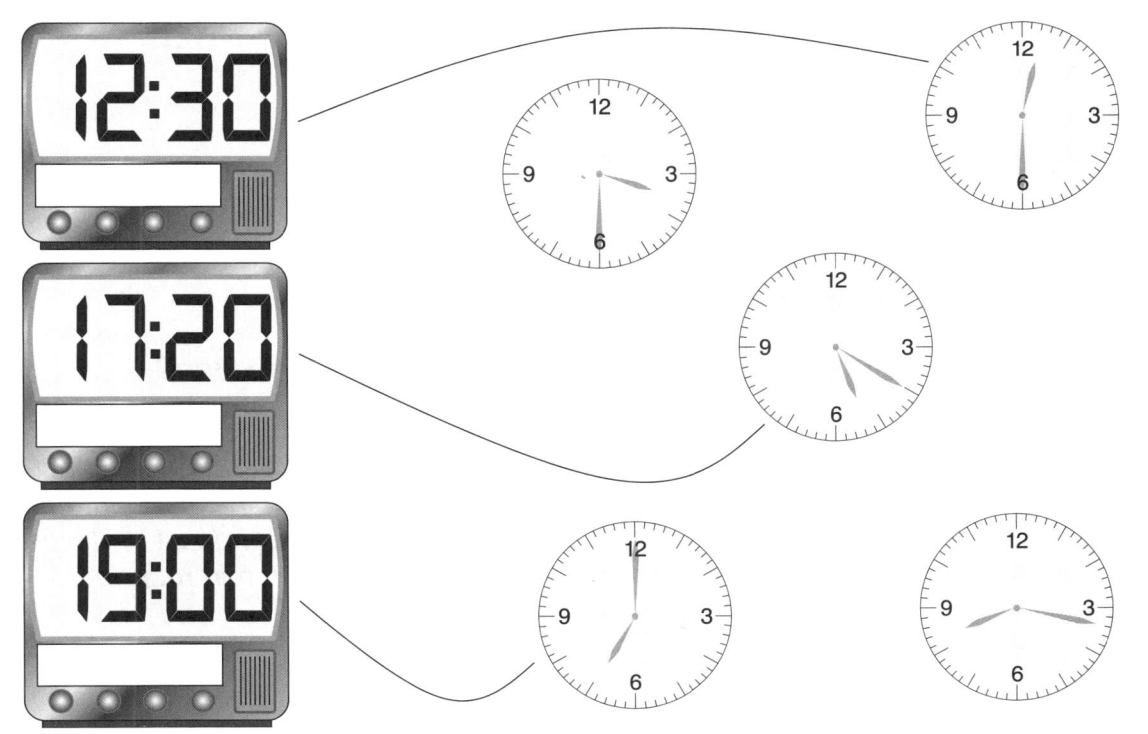

Lösungen – Vierter Kompetenzbereich: Größen und Messen

9. In der Bäckerei kostet Brot vom Vortag nur die Hälfte.

> Heute frisch gebacken!
>
> Bauernbrot: 3,60 Euro
>
> Vollkornbrot: 4,10 Euro
>
> Nussecken: 1,20 Euro

Wie viel kosten die Brote am nächsten Tag?

Hinweis: Etwas verwirrend ist die Angabe „am nächsten Tag", aber in der Aufgabe siehst du, was die Brote normalerweise kosten. Am nächsten Tag ist dieses Brot dann das Brot vom Vortag und kostet nur die Hälfte. Teile erst die ganzen Eurobeträge und dann die Centbeträge durch 2. Diese addierst (+) du dann.
Bauernbrot: 3 € : 2 = 1,50 €; 0,60 € : 2 = 0,30 €; 1,50 € + 0,30 € = 1,80 €
Vollkornbrot: 4 € : 2 = 2 €; 0,10 € : 2 = 0,05 €; 2 € + 0,05 € = 2,05 €

Bauernbrot: **1,80 €**
Vollkornbrot: **2,05 €**

10. Schreibe mit Komma.

Hinweis: Denke daran, dass das Komma immer zwei Einheiten voneinander trennt. Achte bei der zweiten Angabe darauf, an die Zehnerstelle des Centbetrags eine 0 zu setzen, sonst sind es 5 € und 50 Cent.

a) 1 m 50 cm = **1,50** m

b) 5 € 5 Cent = **5,05** €

11. Klara steht jeden Morgen um 6.40 Uhr auf.
Sie geht um 7.35 Uhr in die Schule.

Wie viele Minuten hat Klara Zeit, bis sie losgehen muss?

Hinweis: Rechne zuerst bis zur vollen Stunde und addiere (+) dann die Minutenangaben. Bis 7.00 Uhr hat Klara 20 Minuten Zeit. Dann hat sie noch 35 Minuten, bis sie losgehen muss: 20 min + 35 min = 55 min. Vielleicht fällt dir auch auf, dass es von 6.40 Uhr bis 7.40 Uhr genau eine Stunde ist und hier nur 5 Minuten fehlen. Du kannst also auch 60 min − 5 min = 55 min rechnen.

Klara hat **55** Minuten Zeit, bis sie losgehen muss.

Lösungen – Vierter Kompetenzbereich: Größen und Messen

12. Die Kinder wollen wissen, wie schnell sich kleine Tiere im Wald bewegen. Sie messen, wie weit die Tiere in einer Minute kommen.

Wie lange brauchen die Tiere für 1 Meter?

Hinweis: Hier ist wichtig, dass du weißt, dass 1 Meter 100 cm sind. Überlege, wie oft die angegebenen Zentimeterangaben in 100 cm passen. Dies ist dann die Zeit, die die Tiere für 1 Meter brauchen. Vergiss nicht, die Zeitangabe („min" oder „Minute") aufzuschreiben.

Strecke nach 1 Minute	Laufkäfer: 100 cm	Spinne: 50 cm	Marienkäfer: 20 cm	Schnecke: 10 cm
Zeit für 1 Meter	**1 min**	**2 min**	**5 min**	**10 min**

13. Hier siehst du den Fahrplan für die Haltestelle am Schwimmbad.

Haltestellen	Abfahrtszeiten			
Schwimmbad	16.45	17.20	18.00	18.50
Stadtpark	16.54	17.29	18.09	18.59
Grundschule	17.12	17.47	18.27	19.17
Wiesenweg	17.23	17.58	18.38	19.28

Lea kommt um 17.05 Uhr aus dem Schwimmbad.

a) Wie lange muss Lea auf den nächsten Bus warten?

Hinweis: Schau dir genau die Zeile mit den Abfahrtszeiten beim Schwimmbad an. Da Lea um 17.05 Uhr aus dem Schwimmbad kommt, fährt der nächste Bus um 17.20 Uhr. Von 17.05 Uhr bis 17.20 Uhr sind es 15 Minuten.

Sie muss **15** Minuten warten.

b) Lea muss an der Grundschule aussteigen.
Wie lange dauert die Fahrt?

Hinweis: Der Bus fährt um 17.20 Uhr los und kommt um 17.47 Uhr an der Grundschule an. Dazwischen liegen 27 Minuten.

Die Fahrt dauert **27** Minuten.

Lösungen – Vierter Kompetenzbereich: Größen und Messen

14. Simon hat gerechnet: In 3 Monaten und 1 Woche ist Heiligabend.

An welchem Tag sagt Simon das? Kreuze an.

Hinweis: Rechne vom 24. Dezember drei Monate zurück. Das ist der 24. September. Eine Woche hat 7 Tage, sodass du von 24 noch 7 abziehen musst.

☐ 24. September
☒ 17. September
☐ 24. Oktober
☐ 17. Dezember

15. Paula und Karolin spielen ein Sportlerquartett.
Karolin sagt: „Mein Sportler läuft auf 100 Meter 2 Sekunden schneller als deiner, er springt 40 Zentimeter weiter, aber nur halb so hoch."

Trage die Werte von Karolins Sportler mit den richtigen Maßeinheiten in die Tabelle ein.

Hinweis: Achte genau darauf, über welche Disziplin geschrieben wird, ob jemand schneller oder langsamer, weniger oder mehr gesprungen ist und welche Maßeinheit (m, cm, sec) angegeben ist. Denke auch daran, dass du, wenn beim 100-m-Lauf jemand schneller ist, Sekunden abziehen musst.

	Weitsprung	100-m-Lauf	Hochsprung
Paulas Sportler	6,20 m	13,5 sec	1,80 m
Karolins Sportler	**6,60 m**	**11,5 sec**	**0,90 m/90 cm**

16. Die Kinder wiegen in der Schule ihre Ranzen.

Welche Aussage kann nicht stimmen? Kreuze an.

☐ Max: 3 kg 150 g
☐ Dana: 3 kg 600 g
☐ Daniel: 4 kg 200 g
☒ Kevin: 15 kg 450 g
☐ Lisa: 2 kg 900 g

Warum kann das nicht stimmen? Begründe deine Entscheidung.

Hinweis: Ein Ranzen wiegt zwischen 2 kg und 5 kg. 15 kg ist viel zu schwer.

Ein Ranzen kann nicht 15 kg wiegen, das ist viel zu schwer. Diese Angabe ist auch die einzige Angabe, die sich stark von den anderen unterscheidet.

17. Nele backt mit ihrer Mutter Brot. Sie benötigen 1 kg Mehl und haben schon $\frac{1}{2}$ kg Mehl in die Schüssel gegeben.
Wie viel Gramm Mehl fehlen noch?

    Hinweis: Bei dieser Aufgabe ist es wichtig, dass du weißt, dass 1 kg 1 000 g sind und $\frac{1}{2}$ kg somit 500 g. Sicher weißt du auch, dass $\frac{1}{2}$ kg und $\frac{1}{2}$ kg zusammen 1 kg ergeben. Wenn es dir schwerfällt, dir das zu merken, denkst du am besten an Pizza, denn $\frac{1}{2}$ Pizza und noch $\frac{1}{2}$ Pizza sind eine ganze Pizza. Wenn Lina also schon $\frac{1}{2}$ kg Mehl in der Schüssel hat, fehlt noch $\frac{1}{2}$ kg Mehl, also 500 g.

    Antwort: Es fehlen noch **500** g Mehl.

18. Wie lang sind alle Linien zusammen? Schreibe als Kommazahl.

    | 1 cm 5 mm | 3 cm 5 mm | 2 cm |
    | 4 cm 5 mm | | 6 cm |
    | | 8 cm | |

    Hinweis: Du weißt sicher, dass 1 cm 10 mm sind und dass das Komma immer zwei Einheiten (hier cm und mm) trennt. Wenn du dir einmal nicht sicher bist, wie viele Millimeter ein Zentimeter sind, schau einfach auf deinem Lineal nach. Für diese Aufgabe rechnest du am besten alle Angaben in Millimeter um und addierst sie dann (15 mm + 45 mm + 35 mm + 80 mm + 60 mm + 20 mm = 255 mm). Jetzt musst du nur noch überlegen, wie viele ganze Zentimeter in 255 mm stecken und dies als Kommazahl schreiben (255 mm = 25 cm 5 mm = 25,5 cm).

    15 mm + 45 mm + 35 mm + 80 mm + 60 mm + 20 mm = 255 mm

    Antwort: Es sind **25,5** cm.

Lösungen – Vierter Kompetenzbereich: Größen und Messen

19. Ergänze die richtige Einheit.

Hinweis: Hier ist es zuerst einmal wichtig, dass du dir überlegst, um welche Größen (Länge, Gewicht, Geld, Zeit) es in der Aufgabe geht. Oft findest du Wörter, die dir dabei helfen (kosten = Geld; wiegen = Gewicht; lang = Länge). Dann musst du noch die richtige Einheit wählen. Wenn du keine Vorstellung davon hast, was zutreffen kann, erinnere dich an die Vergleichsgrößen, über die ihr im Unterricht sicher gesprochen habt und die du auch vorne im Buch findest. (1 g entspricht etwa einer Büroklammer, 100 g entsprechen einer Tafel Schokolade, 1 kg entspricht einer Tüte Mehl ...)

Ein Bleistift kostet etwa 1 **€**.
Eine Packung Butter wiegt 250 **g**.
Ein Klassenraum ist etwa 9 **m** lang.
Eine Geburtstagsfeier dauert oft etwa 3 **h**.
Ein Hund ist etwa 80 **cm** lang.

20. Maries kleiner Bruder ist jetzt 150 Stunden alt.
Wie viele Tage und Stunden ist er alt? Kreuze an.

Hinweis: Hier musst du wissen, dass 1 Tag 24 Stunden hat. Überlege, wie oft die 24 in die 150 passt und wie viele Stunden dann noch übrig bleiben.

☐ 6 Tage und 0 Stunden
☐ 5 Tage und 23 Stunden
☒ 6 Tage und 6 Stunden
☐ 7 Tage und 2 Stunden

21. Die Kinder der Klasse 3c besuchen gemeinsam das Freibad. Der Eintritt kostet pro Kind 2,50 €. Drei Kinder haben keine Schwimmkleidung dabei und können nicht mitschwimmen. Die Klassenlehrerin bezahlt an der Kasse 50 € für alle Kinder, die mitschwimmen können.

a) Wie viele Kinder gehen in die Klasse 3c?

Hinweis: Überlege, für wie viele Kinder die Lehrerin an der Klasse 50 € bezahlt, wenn ihr jeder 2,50 € gegeben hat (pro Kind 2,50 € bedeutet 25 € für 10 Kinder und 50 € für 20 Kinder). Dazu kommen noch die drei Kinder ohne Schwimmkleidung, die nicht mitschwimmen können: 20 + 3 = 23.

23 Kinder gehen in die Klasse 3c.

b) Schreibe auf, wie du zu der Lösung gekommen bist.

Wenn jedes Kind 2,50 € Eintritt bezahlt, bezahlen 10 Kinder 25 € und 20 Kinder 50 €. Dazu kommen noch die drei Kinder ohne Schwimmkleidung, sodass 23 Kinder in die Klasse 3c gehen müssen.

22. Hier siehst du zwei Waagen.

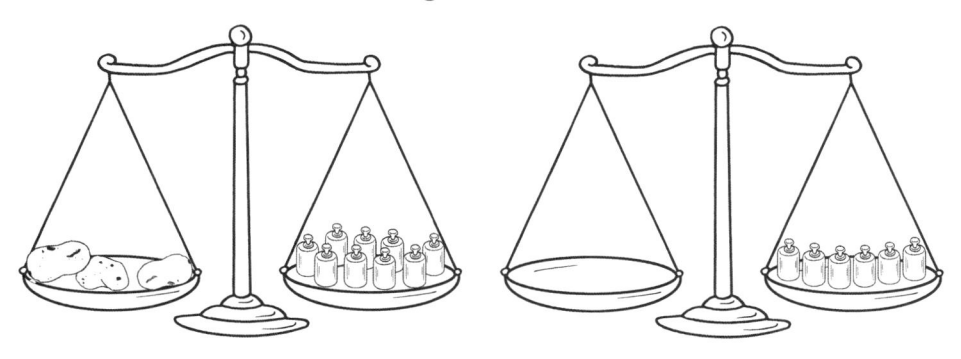

Wie viele gleich schwere Kartoffeln musst du auf die zweite Waage legen, damit sie im Gleichgewicht ist?

Hinweis: Berechne zuerst die Anzahl der Gewichte für eine Kartoffel: Wenn man für 3 Kartoffeln 9 Gewichte braucht (siehe linke Waage), braucht man für eine Kartoffel 9 : 3 = 3 Gewichte. Auf der zweiten Waage liegen 6 Gewichte und pro 3 Gewichte musst du eine Kartoffel auf die Waage legen, also 2 Stück (denn 6 : 3 = 2).

Antwort: Ich muss **2** Kartoffeln auf die zweite Waage legen.

23. Die Kinder wiegen gemeinsam in der Klasse ihre Lieblingsbücher.
Lukas' Lieblingsbuch ist schwerer als Leas Lieblingsbuch.
Mias Lieblingsbuch ist leichter als Leas Lieblingsbuch.

Wessen Lieblingsbuch ist am schwersten?

Hinweis: Vergleiche die drei Bücher der Reihe nach miteinander. Wenn es dir hilft, zeichne drei Bücher und mache dir Notizen oder kleine Zeichnungen dazu.

☐ Mias
☐ Leas
☒ Lukas'
☐ alle gleich
☐ Das kann man nicht sagen.

Lösungen – Vierter Kompetenzbereich: Größen und Messen

24. Wandle um.

Hinweis: Überlege dir, wie viel Gramm ein Kilogramm, wie viele Meter ein Kilometer, wie viele Millimeter ein Zentimeter und wie viele Sekunden eine Minute hat. Achte bei den Zeiten darauf, dass du hier nicht mit 10, 100 oder 1 000, sondern mit 60 rechnest. Wenn du dich unsicher fühlst, kannst du die Umrechnungen der Einheiten auf einen Notizzettel schreiben.

1 kg 500 g = **1 500** g
3 450 m   = 3 km **450** m
52 mm   = 5 cm **2** mm
5 min   = **300** sec

25. Was ist schwerer? Kreuze in jeder Zeile an.

Hinweis: Versuche, dir die genannten Gegenstände oder Tiere genau vorzustellen. Oft ist ein größerer Gegenstand schwerer als ein kleiner, manchmal hast du die genannten Gegenstände selbst schon in der Hand gehabt.

[X] Auto   [ ] Motorrad
[ ] Amsel   [X] Katze
[X] Schulranzen   [ ] Mathebuch
[ ] Büroklammer   [X] Radiergummi
[ ] Teller   [X] Packung Zucker

26. An einem Stand auf einem Kinderflohmarkt hängt folgendes Schild.

Nils hat 5 € dabei. Reicht das Geld …

Hinweis: Addiere (+) jeweils die Preise der genannten Gegenstände. Der Gesamtbetrag darf dann nicht größer als 5 € sein. Manchmal reicht auch schon ein Überschlag. Achte auf die Einheiten (1 € = 100 ct) und denke daran, dass du bei einigen Aufgaben auch den Preis für mehrere gleiche Gegenstände berechnen musst.

für 3 Bücher und 2 Autos?	[X] ja	[ ] nein
für 1 Spiel und 3 CDs?	[ ] ja	[X] nein
für 1 Puppe, 1 Buch und 1 Auto?	[X] ja	[ ] nein
für 2 Spiele?	[ ] ja	[X] nein
für 4 Autos, 2 CDs und 1 Buch?	[X] ja	[ ] nein

1 Buch   1,20 €
1 CD   80 ct
1 Spiel 3 €
1 Auto   0,50 €
1 Puppe 2 € 50 ct

27. Eva braucht neue Bleistifte. Sie vergleicht die Preise im Supermarkt, im Schreibwarenladen und im Drogeriemarkt.

Welches Angebot ist am preiswertesten?

Supermarkt	Drogeriemarkt	Schreibwarenladen
5 Bleistifte nur 2,99 €	10 Bleistifte nur 5,45 €	2 Bleistifte nur 0,99 €

Hinweis: Diese Aufgabe kannst du auf zwei unterschiedlichen Wegen lösen:
1. Weg: Berechne, wie viel jeweils 1 Bleistift kostet, und vergleiche die Preise.
Supermarkt: 2,99 € sind etwa 3,00 € also 300 ct. 300 ct : 5 = 60 ct. Im Supermarkt kostet also 1 Bleistift etwa 60 ct. Drogeriemarkt: 5,45 € sind 545 ct.
545 ct : 10 = 54,5 ct. Im Drogeriemarkt kostet also 1 Bleistift etwa 55 ct.
Schreibwarenladen: 99 ct sind etwa 1 € also 100 ct. 100 ct : 2 = 50 ct.
Im Schreibwarenladen kostet also 1 Bleistift etwa 50 ct.
Die Bleistifte im Schreibwarenladen sind also am preiswertesten.
2. Weg: Wenn du im Supermarkt 10 Bleistifte kaufst, kosten sie etwa 6 €. Das ist schon mehr als im Drogeriemarkt. Das heißt, du musst nur noch die Preise des Drogeriemarktes und des Schreibwarenladens vergleichen. Für 10 Bleistifte musst du im Schreibwarenladen 5 Packungen mit je 2 Bleistiften kaufen. Eine Packung kostet etwa 1 €, sodass du etwa 5 €, und damit weniger als im Drogeriemarkt, bezahlen musst. Damit kommst du zum gleichen Ergebnis: Die Bleistifte im Schreibwarenladen sind am preiswertesten.

Antwort:
Das Angebot aus dem **Schreibwarenladen** ist am preiswertesten.

Lösungen – Vierter Kompetenzbereich: Größen und Messen

28. Marion feiert mit ihren 4 Freundinnen ihren Geburtstag am Mittwoch im Zoo. Marions Mama ist natürlich auch dabei.
Wie viel kostet der Eintritt für alle zusammen?

Karlstädter Zoo

Eintrittspreise

Erwachsener .... 7,50 €
Kind .... 3,00 €

Mittwoch ist Zootag!

Erwachsener .... 5,00 €
Kind .... 2,00 €

Gruppeneintrittspreise (für Gruppen ab 5 Personen)

Immer 5 Kinder zusammen .... 10,00 €
Jedes weitere Kind .... 1,50 €
Pro 5 Kinder ein Erwachsener frei.
Jeder weitere Erwachsene .... 4,00 €

Hinweis: Du siehst auf dem Plakat, dass der Eintritt am Zootag und für Gruppen ab 5 Personen besonders günstig ist. Da Marions Geburtstag an einem Mittwoch gefeiert wird und sie auch mehr als 5 Personen sind, musst du den Eintritt für beide Angebote berechnen und die Preise vergleichen.
5 Kinder zahlen am Zootag insgesamt 10 € Eintritt. Dazu kommt noch der Eintritt für die Mutter von 5 €, zusammen also 15 €.
Als Gruppe zahlen sie nur den Eintritt für die 5 Kinder (10 €). Damit braucht die Mutter keinen Eintritt zu bezahlen (denn pro 5 Kinder erhält ein Erwachsener freien Eintritt) und dies ist das günstigere Angebot. Der Eintritt kostet also 10 €.

Antwort: Der Eintritt kostet für alle zusammen **10** Euro.

29. Lena und ihre Klasse nehmen an den Bundesjugendspielen teil. Sie fahren um 8.10 Uhr mit dem Bus gemeinsam zum Sportplatz. Die Fahrt dauert 15 Minuten. Dann können sich die Kinder aufwärmen und um 9.00 Uhr machen sie Weitsprung. Um 10.00 Uhr beginnt der 50-m-Lauf und 35 Minuten später das Werfen. Um 11.00 Uhr sind damit alle Klassen fertig.
Vor der Siegerehrung um 12.10 Uhr finden noch Staffelläufe statt.

Hinweis: Lies die Aufgabe ganz genau und am besten auch noch ein zweites Mal, um wirklich alle Informationen zu verstehen.

a) Wie viel Zeit haben die Kinder, um sich aufzuwärmen?

Hinweis: Am Anfang der Aufgabe findest du die Informationen, dass Lenas Klasse mit dem Bus um 8.10 Uhr losfährt und die Fahrt 15 Minuten dauert. Du weißt also, dass sie um 8.25 Uhr am Sportplatz ankommen. Um

9.00 Uhr beginnt dann der Weitsprung. Sie haben also 35 Minuten Zeit, um sich aufzuwärmen.

Die Kinder haben **35** Minuten Zeit, um sich aufzuwärmen.

b) Wann beginnt Lenas Klasse mit dem Werfen?

Hinweis: In der Aufgabe liest du, dass die Klasse um 10.00 Uhr den 50-m-Lauf beginnt und 35 Minuten später mit dem Werfen anfängt – also um 10.35 Uhr.

Lenas Klasse beginnt um **10.35** Uhr mit dem Werfen.

c) Wie viel Zeit bleibt den Kindern für die Staffelläufe?

Hinweis: In der Aufgabe kannst du lesen, dass alle Klassen um 11.00 Uhr mit dem Werfen fertig sind und die Siegerehrung um 12.10 Uhr stattfindet. In der Zeit dazwischen finden die Staffelläufe statt. Von 11.00 Uhr bis 12.00 Uhr sind es 60 Minuten und von 12.00 Uhr bis 12.10 Uhr noch einmal 10 Minuten, insgesamt also 70 Minuten.

Die Kinder haben **70** Minuten Zeit für die Staffelläufe.

Fünfter Kompetenzbereich:
Daten, Häufigkeiten und Wahrscheinlichkeiten

1. Pia, Lea und Caro stellen ihre Fahrräder nebeneinander in den Fahrradständer.

   Welche der folgenden Aussagen stimmt? Kreuze an.

   Hinweis: Da du aus der Aufgabe nicht weißt, in welcher Reihenfolge die Mädchen ihre Räder aufstellen, können die ersten drei Aussagen nicht stimmen, denn absolute Aussagen (etwas ist sicher oder unmöglich) können nicht gemacht werden.

   ☐ Es ist sicher, dass Pias und Leas Fahrräder nebeneinanderstehen.

   ☐ Es ist unmöglich, dass Pias und Caros Fahrräder nebeneinanderstehen.

   ☐ Es ist sicher, dass Leas und Caros Fahrräder nicht nebeneinanderstehen.

   ☒ Es ist möglich, aber nicht sicher, dass Pias und Leas Fahrräder nebeneinanderstehen.

2. Die Kinder der dritten Klassen haben eine Umfrage gemacht: „Was ist dein Lieblingsessen?"

   Dies ist das Ergebnis:

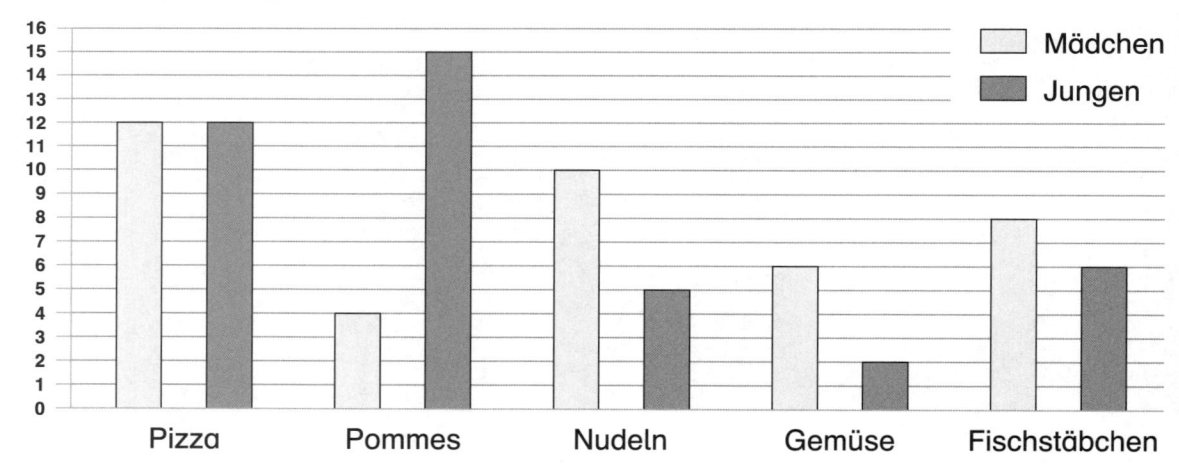

Lieblingsessen	Mädchen	Jungen
Pizza	12	12
Pommes	4	15
Nudeln	10	5
Gemüse	6	2
Fischstäbchen	8	6

Lösungen – Fünfter Kompetenzbereich: Daten, Häufigkeiten und Wahrscheinlichkeiten

a) Was essen die Jungen am liebsten?

Hinweis: Schau dir das Diagramm und vor allem die Einteilung am linken Rand genau an. Was die Jungen am liebsten essen, erkennst du an der höchsten dunkelgrauen Säule.

Jungen essen **Pommes** am liebsten.

b) Wie viele Kinder essen am liebsten Gemüse?

Hinweis: Du kannst ablesen, dass zwei Jungen und sechs Mädchen am liebsten Gemüse essen, das sind zusammen 8 Kinder.

8 Kinder essen am liebsten Gemüse.

c) 14 weitere Kinder haben das gleiche Lieblingsessen wie Nils.

Hinweis: Zusammen mit Nils haben also 15 Kinder das gleiche Lieblingsessen. Jetzt musst du schauen, welche zwei Säulen (Mädchen und Jungen) zusammen 15 Kinder anzeigen. Hier kommen nur Nudeln infrage.

Nils isst am liebsten **Nudeln**.

3. Die Kinder der Klasse 3b verkaufen beim Schulfest Lose. In einem Säckchen sollen 100 Lose sein, aufgeteilt in Gewinne und Nieten. Die Kinder sollen die gleichen Chancen haben, einen Gewinn oder eine Niete zu ziehen.

Wie müssen die Kinder das Säckchen füllen?

Hinweis: Wenn die Chancen auf einen Gewinn und die Chancen auf eine Niete gleich sein sollen, müssen genau gleich viele Gewinne und Nieten in dem Säckchen sein. Da es insgesamt 100 Lose sind, muss es 50 Gewinne und 50 Nieten geben.

Sie müssen das Säckchen mit **50** Gewinnen und **50** Nieten füllen.

Lösungen – Fünfter Kompetenzbereich: Daten, Häufigkeiten und Wahrscheinlichkeiten

4. Die Kinder zählen eine Woche lang, wie viele Kinder jeden Tag zwischen 15.00 Uhr und 17.00 Uhr auf dem Spielplatz spielen.

Die Ergebnisse siehst du in dem Diagramm.

Anzahl der Kinder

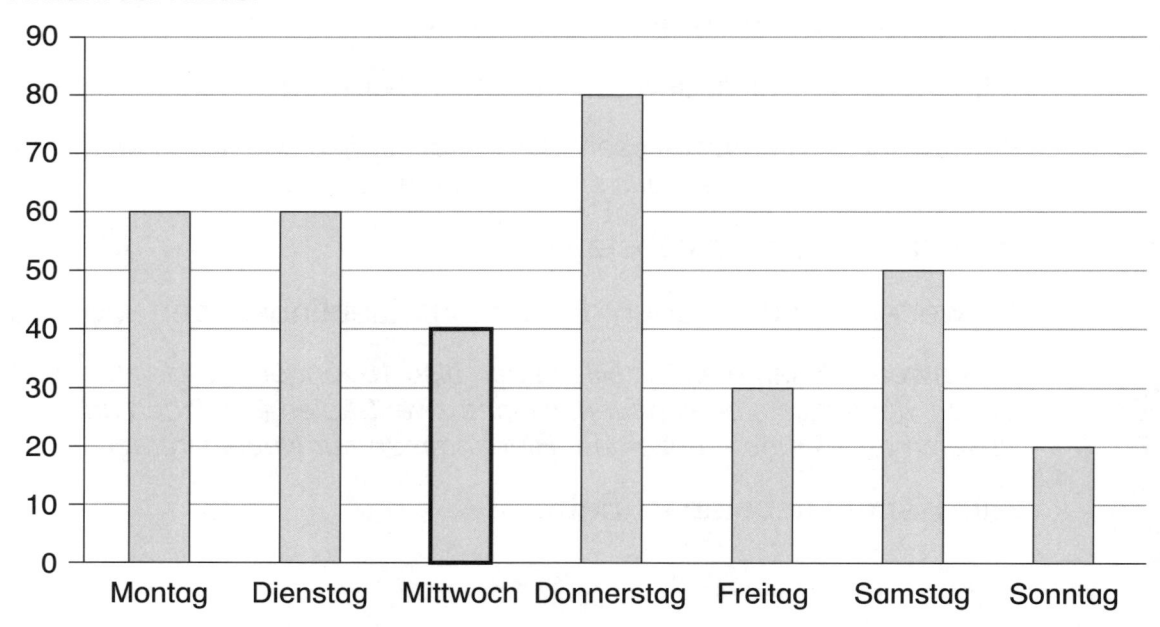

a) Am Mittwoch kommen doppelt so viele Kinder wie am Sonntag. Zeichne die Anzahl der Kinder in das Diagramm ein.

Hinweis: Lies die Anzahl der Kinder auf dem Spielplatz am Sonntag ab: 20 Kinder. Am Mittwoch sind es doppelt so viele, also 40 Kinder. Diese Säule zeichnest du an die Stelle für den Mittwoch.

b) An welchem Tag kamen die wenigsten Kinder auf den Spielplatz?

Hinweis: Diesen Tag erkennst du an der kleinsten Säule.

Die wenigsten Kinder kamen am Sonntag.

c) Wie viele Kinder kamen am Donnerstag und Freitag insgesamt auf den Spielplatz?

Hinweis: Lies die Anzahl der Kinder auf dem Spielplatz für Donnerstag (80 Kinder) und für Freitag (30 Kinder) ab und rechne sie zusammen: 110 Kinder.

Insgesamt kamen am Donnerstag und Freitag 110 Kinder.

Lösungen – Fünfter Kompetenzbereich: Daten, Häufigkeiten und Wahrscheinlichkeiten

5. Kreuze jeweils an.

Hinweis: Lies die Aussagen konzentriert und überlege genau, ob sie sicher, möglich, aber nicht sicher oder unmöglich sind.

	sicher	möglich, aber nicht sicher	unmöglich
Dieses Jahr wird es im Sommer jeden Tag über 25 Grad haben.		X	
Dieses Jahr beginnt der Winter im Juli.			X
Wenn ich nach der vierten Klasse die Grundschule verlasse, komme ich in den Kindergarten.			X
Nach April kommt Mai.	X		

6. Klara hängt Luftballons für ihr Geburtstagsfest auf. Sie hat zwei gelbe (G), einen roten (R) und einen blauen (B) Luftballon. Die beiden gelben Luftballons hängen nicht nebeneinander.

Notiere alle Möglichkeiten.

Hinweis: Hier gehst du am besten systematisch vor: Da die erste Möglichkeit schon vorgegeben ist, überlegst du am besten, welche weiteren Möglichkeiten es gibt, wenn die gelben Ballons außen hängen. Du tauschst also den blauen und den roten Ballon. Dann können die gelben Ballons einmal an der ersten und dritten Position und dann noch mal an der zweiten und vierten Position hängen. Den blauen und den roten Ballon musst du dann jeweils tauschen.

G, R, B, G   G, B, R, G   G, R, G, B   G, B, G, R   R, G, B, G
B, G, R, G

Lösungen – Fünfter Kompetenzbereich: Daten, Häufigkeiten und Wahrscheinlichkeiten

7. Leons Onkel und Tante fahren mit einem Kreuzfahrtschiff auf dem Main. In den Ferien darf Leon fünf Tage mit ihnen fahren. Auf einer Karte steckt er kleine Fähnchen auf die Orte, an denen sie haltmachen.

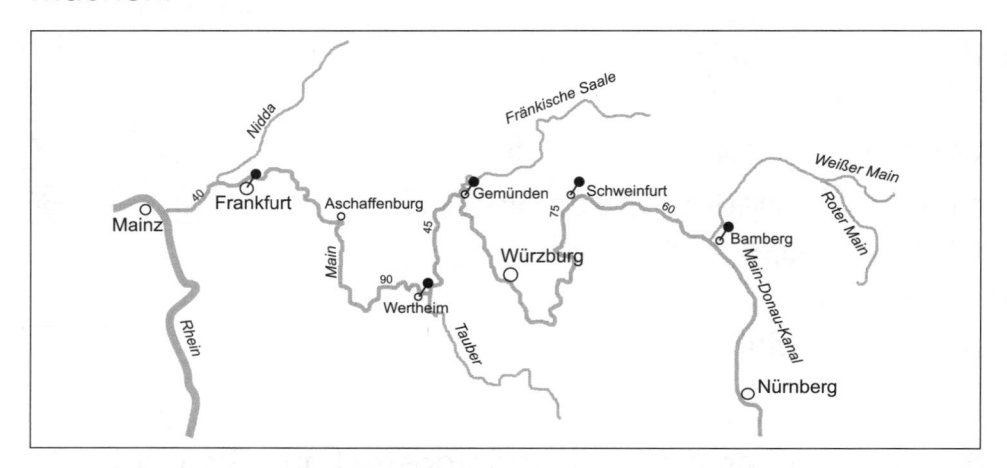

Leon beginnt, eine Übersicht zu den einzelnen Tagen zu erstellen. Vervollständige seine Tabelle.

Hinweis: Sieh dir zuerst die Karte genau an und schau nach, wo der Main zu finden ist. Für den ersten Tag findest du schon die Lösung in der Tabelle. Suche die Orte Mainz und Frankfurt auf der Karte und schau, wo du den Hinweis auf die 40 km findest. Jeweils zwischen den einzelnen Teilstrecken findest du eine kleine Zahl (die Kilometerangabe) entlang des Mains. Diese überträgst du in die Tabelle.

	von	nach	Kilometer
1. Tag	Mainz	Frankfurt	40
2. Tag	**Frankfurt**	**Wertheim**	**90**
3. Tag	**Wertheim**	**Gemünden**	**45**
4. Tag	**Gemünden**	**Schweinfurt**	**75**
5. Tag	**Schweinfurt**	**Bamberg**	**60**

8. Stefan, Kai und Bastian schlafen auf der Klassenfahrt in einem Zimmer in den Betten 1, 2 und 3.

Wie viele Möglichkeiten gibt es für die drei Jungen, sich die Betten aufzuteilen?

Hinweis: Auch hier gehst du am besten wieder systematisch vor: Wenn Stefan in Bett 1 schläft, gibt es für Kai und Bastian 2 Möglichkeiten, ihre Betten

Lösungen – Fünfter Kompetenzbereich: Daten, Häufigkeiten und Wahrscheinlichkeiten

zu wählen. Es gibt auch dann jeweils 2 Möglichkeiten für Kai und Bastian, wenn Stefan in Bett 2 oder in Bett 3 schläft. Damit hast du dann alle Möglichkeiten gefunden, wie sich die Jungen die Betten aufteilen können.
Du kannst dir auch alle Möglichkeiten aufschreiben:
St, K, B   St, B, K   K, St, B   B, St, K   K, B, St   B, K, St

Es gibt **6** Möglichkeiten.

9. Begründe, bei welchem Spiel du die größeren Gewinnchancen hast.

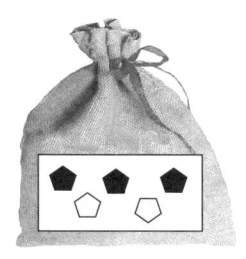

Du ziehst ein Plättchen und gewinnst, wenn du ein dunkles Plättchen ziehst.

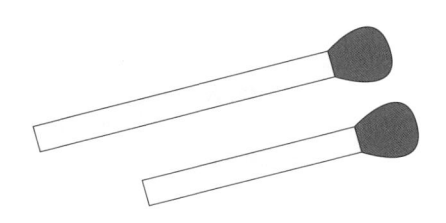

Du ziehst ein Streichholz aus der Hand und gewinnst, wenn du das lange Streichholz ziehst.

Hinweis: Wenn du die Streichhölzer wählst, hast du die gleiche Chance, einen Gewinn oder eine Niete zu ziehen. Da in dem Säckchen mehr dunkle als helle Plättchen sind, sind die Chancen hier größer, ein dunkles Plättchen zu ziehen.

Ich habe bei dem Säckchen die größeren Gewinnchancen, da es hier mehr dunkle als helle Plättchen gibt. Bei den Streichhölzern sind die Gewinnchancen gleich.

Lösungen – Fünfter Kompetenzbereich: Daten, Häufigkeiten und Wahrscheinlichkeiten

10. Melanie zieht mit verbundenen Augen eine Zahlenkarte.

1   2   3   4   5   6   7   8

Kreuze die richtige Aussage an.

Hinweis: Lies die Aussagen konzentriert durch. Beim Ziehen der Karten ist die Wahl zufällig. Die hier aufgeführten absoluten Aussagen (es ist sicher/unmöglich) sind also falsch.

☐ Es ist sicher, dass Melanie eine Zahl zwischen 1 und 6 zieht.

☐ Es ist unmöglich, dass Melanie eine Zahl größer als 5 zieht.

☐ Es ist sicher, dass Melanie die Zahl 4 zieht.

☒ Es ist möglich, aber nicht sicher, dass Melanies Zahl kleiner als 5 ist.

11. Klara (K), Lena (L), Mia (M) und Nina (N) machen einen Wettlauf. Klara kommt nach Mia ins Ziel.

Schreibe alle Möglichkeiten auf, wie die Kinder ins Ziel kommen können.

Hinweis: Hier gehst du wieder systematisch vor: Wichtig ist, dass du immer darauf achtest, dass Klara wirklich nach Mia ins Ziel kommt.
Beginne mit der Möglichkeit, dass Mia als Erste ins Ziel kommt. Die Reihenfolge, in der die anderen Mädchen das Ziel erreichen, änderst du. Gehe auch hierbei wieder systematisch vor: Klara kommt als Zweite ins Ziel und die Reihenfolge von Lena und Nina wird einmal getauscht. Dann kommt Klara als Dritte ins Ziel und wieder wird die Reihenfolge der anderen beiden Mädchen einmal getauscht. Kommt Klara als Vierte ins Ziel, gibt es wieder zwei Möglichkeiten, wie dann Nina und Lena ins Ziel kommen können.
Danach suchst du die Möglichkeiten, wenn Mia als Zweite das Ziel erreicht, und dann, wenn Mia als Dritte ins Ziel kommt. Als Vierte kann Mia nicht ins Ziel kommen, denn sie kommt ja vor Klara ins Ziel.

M, K, L, N   M, K, N, L   M, L, K, N   M, N, K, L   M, L, N, K
M, N, L, K   L, M, K, N   N, M, K, L   L, M, N, K   N, M, L, K
L, N, M, K   N, L, M, K

Lösungen – Fünfter Kompetenzbereich: Daten, Häufigkeiten und Wahrscheinlichkeiten

12. Anna versteckt an Ostern zwei gleiche Ostereier. Sie hat drei Verstecke zur Wahl.

Wie viele verschiedene Möglichkeiten gibt es, die beiden Ostereier zu verstecken?

Hinweis: Dies ist wieder eine Aufgabe, die du am besten systematisch löst: Da es drei Verstecke gibt, in die Anna die Eier legen kann, gibt es auch drei Möglichkeiten, wenn beide Ostereier an derselben Stelle versteckt werden. Dann gibt es noch weitere Möglichkeiten, wenn die Eier an verschiedenen Stellen versteckt werden: Wenn ein Osterei ins erste Versteck kommt, kann das zweite Ei ins zweite oder dritte Versteck kommen; das sind also wieder zwei Möglichkeiten.
Wenn dann ein Ei im zweiten Versteck versteckt wird, gibt es noch die Möglichkeit, dass das andere Ei im dritten Versteck versteckt wird; das ist also noch eine Möglichkeit. Dann hast du alle Möglichkeiten gefunden und musst sie nur noch zusammenrechnen: 3 + 2 + 1 = 6.

Es gibt **6** Möglichkeiten.

13. Du würfelst einmal mit drei normalen Spielwürfeln und addierst die Augenzahlen.

Welches Ergebnis ist unmöglich? Kreuze an.

Hinweis: Wenn du mit drei Würfeln würfelst und die Augenzahlen addierst (+), ergibt sich die kleinste Summe (Ergebnis einer Plusaufgabe), wenn du mit allen Würfeln eine 1 würfelst (1 + 1 + 1 = 3). Die größte Summe ergibt sich, wenn du mit allen Würfeln eine 6 würfelst (6 + 6 + 6 = 18). Bei drei Würfeln muss die Summe der Augenzahlen also zwischen 3 und 18 liegen. Die 20 kommt daher nicht infrage.

- ☐ 13
- ☐ 5
- ☒ 20
- ☐ 9

Lösungen – Fünfter Kompetenzbereich: Daten, Häufigkeiten und Wahrscheinlichkeiten

14. In einem Beutel sind drei dunkle und ein helles Bonbon. Marie greift hinein und nimmt drei Bonbons.

Wie können die Bonbons aussehen? Kreuze jeweils an.

Hinweis: Hier musst du genau lesen und konzentriert nachdenken: Es ist dem Zufall überlassen, welche Bonbons Marie zieht. Es kann also sein, dass alle drei Bonbons dunkel sind, aber es kann auch das helle Bonbon dabei sein.
Die beiden ersten Aussagen sind also möglich, aber nicht sicher. Da es nur ein helles Bonbon gibt, kann sie nicht drei oder zwei helle Bonbons ziehen. Die beiden letzten Aussagen sind also unmöglich.

	sicher	möglich, aber nicht sicher	unmöglich
Alle Bonbons sind dunkel.	☐	☒	☐
Ein Bonbon ist hell, zwei sind dunkel.	☐	☒	☐
Alle drei Bonbons sind hell.	☐	☐	☒
Ein Bonbon ist dunkel, zwei sind hell.	☐	☐	☒

15. Susi nimmt zwei Karten und legt damit eine zweistellige Zahl.

3   5   7   9

Kreuze jeweils an.

Hinweis: Wenn Susi zwei Karten zieht, ist die kleinstmögliche Zahl 35 und die größtmögliche Zahl 97. Die erste Aussage trifft also sicher zu. Da alle Zahlen ungerade sind, kann die entstehende Zahl nicht gerade – also ohne Rest durch 2 teilbar – sein. Die Zahl kann größer, aber auch kleiner als 57 sein; diese Aussage ist also möglich, aber nicht sicher. Da Susi zwei verschiedene Ziffern zieht, kann keine Zahl mit zwei gleichen Ziffern entstehen.

	sicher	möglich, aber nicht sicher	unmöglich
Die Zahl ist größer als 33 und kleiner als 99.	☒	☐	☐
Die Zahl ist ohne Rest durch 2 teilbar.	☐	☐	☒
Die Zahl ist größer als 57.	☐	☒	☐
Die Ziffern der Zahl sind gleich.	☐	☐	☒

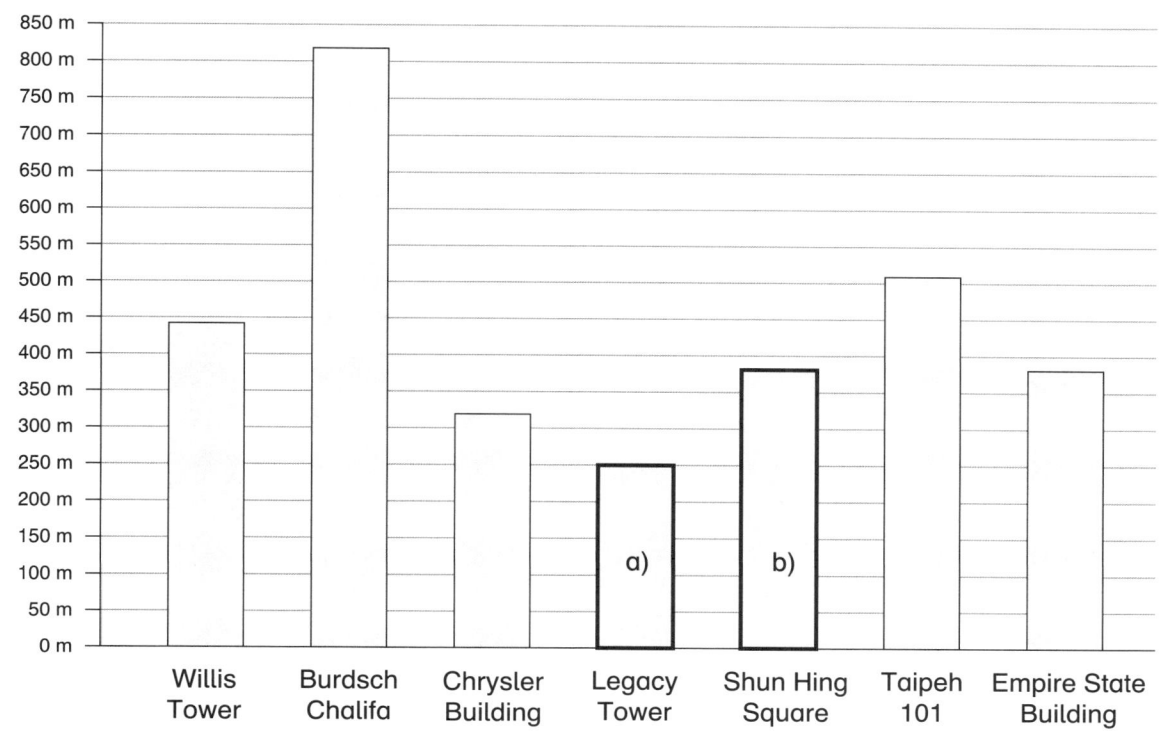

Lösungen – Fünfter Kompetenzbereich: Daten, Häufigkeiten und Wahrscheinlichkeiten

16. Hier siehst du ein Diagramm mit den höchsten Gebäuden der Welt:

a) Der Legacy Tower ist 250 m hoch.
Zeichne die entsprechende Säule in das Diagramm.

Hinweis: Zeichne eine Säule bis zur 250-m-Linie an die Stelle des Legacy Tower.

b) Der Shun Hing Square ist genauso hoch wie das Empire State Building. Zeichne die entsprechende Säule in das Diagramm.

Hinweis: Das Empire State Building ist 380 Meter hoch. Für den Shun Hing Square zeichnest du einfach eine waagerechte Linie in der gleichen Höhe wie die Säule für das Empire State Building und vervollständigst die Markierung zur Säule.

c) Schreibe die Gebäude auf, die größer als 300 m und kleiner als 400 m sind.

Hinweis: Schau genau, welche Säulen zwischen den Markierungen 300 m und 400 m enden.

Chrysler Building, Shun Hing Square, Empire State Building

Lösungen – Fünfter Kompetenzbereich: Daten, Häufigkeiten und Wahrscheinlichkeiten

17. Hier siehst du die Anzahl der Zoobesucher im letzten Jahr:

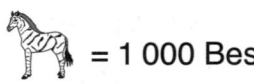

Januar	🦓 🐴 🐴
Februar	🦓 🐴
März	🦓 🦓 🦓 🦓 🦓 🦓 🦓 🦓 🦓 🦓
April	🦓 🦓 🦓 🦓 🦓 🦓 🦓 🦓 🦓 🦓 🦓
Mai	🦓 🦓 🦓 🦓 🦓 🦓 🦓 🦓 🦓 🦓 🦓 🐴
Juni	🦓 🦓 🦓 🦓 🦓 🦓 🦓 🦓 🐴 🐴 🐴
Juli	🦓 🦓 🦓 🦓 🦓 🦓 🐴
August	🦓 🦓 🦓 🦓 🦓 🦓 🦓 🦓
September	🦓 🦓 🦓 🦓 🦓 🦓 🦓 🦓 🐴
Oktober	🦓 🦓 🦓 🦓 🐴 🐴 🐴
November	🦓 🦓 🐴 🐴 🐴
Dezember	🦓 🦓 🦓 🦓 🦓 🦓 🦓

🦓 = 1 000 Besucher   🐴 = 100 Besucher

Hinweis: Bei dieser Aufgabe ist es wichtig, dass du dir die Legende (welches Zeichen steht für welche Zahl) genau anschaust und überlegst, wann es besonders viele und wann es besonders wenige Besucher gibt, damit du schon mal einen Überblick gewinnst.

a) In welchem Monat hatte der Zoo die meisten Besucher?

Hinweis: Wenn du nach den meisten Besuchern suchst, ist es wichtig, dass du zuerst schaust, in welchem Monat du die meisten großen Zebras findest. Die kleinen Zebras stehen für viel weniger Besucher und sind nur dann wichtig, wenn du in zwei Monaten gleich viele große Zebras findest.

Im **Mai**.

b) Wie viele Besucher waren es im Juni?

Hinweis: Zähle zuerst die großen Zebras und überlege, wie viele Besucher das sind. Dann zählst du die kleinen Zebras und überlegst auch hier, wie viele Besucher das sind. Anschließend addierst (+) du beide Zahlen.

8 400 Besucher.

c) In welchem Monat kamen die wenigsten Besucher?

Hinweis: Wenn du nach den wenigsten Besuchern suchst, ist es wichtig, dass du zuerst schaust, in welchem Monat du die wenigsten großen Zebras findest. Die kleinen Zebras stehen für viel weniger Besucher und sind nur dann wichtig, wenn du in zwei Monaten gleich viele große Zebras findest.

Im **Februar**.

18. Die Kinder der Klasse 3a haben gezählt, wie viele Kinder in welcher Jahreszeit Geburtstag haben. Hierzu haben sie ein Kreisdiagramm gezeichnet. Ordne die Jahreszeiten zu.

Hinweis: Lies die Hinweise sehr genau und trage dann nach und nach die richtigen Jahreszeiten ein.
Wenn die meisten Kinder im Frühling Geburtstag haben, muss das auch das größte Stück im Kreis sein. Da das größte Stück die Hälfte des Kreises einnimmt, muss die Hälfte davon ein Viertel sein und hier musst du den Sommer eintragen. Im letzten Satz erfährst du, dass das größere der übrig gebliebenen Stücke für den Winter steht, denn im Winter haben mehr Kinder Geburtstag als im Herbst. Für den Herbst bleibt dann noch das kleinste Stück.

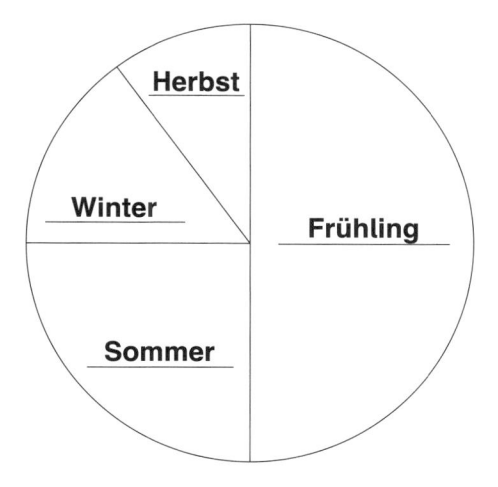

Die meisten Kinder haben im Frühling Geburtstag.

Im Sommer haben halb so viele Kinder Geburtstag wie im Frühling.

Im Winter haben mehr Kinder Geburtstag als im Herbst.

Lösungen – Fünfter Kompetenzbereich: Daten, Häufigkeiten und Wahrscheinlichkeiten

19. Im Urlaub wollen Linda und ihre Familie Fahrräder leihen. Linda möchte gern ein Fahrrad mit einem Fahrradcomputer haben, aber ihr Vater sagt, bei den Fahrradhändlern muss man nehmen, was man bekommt.
Bei welchem Fahrradhändler ist die Wahrscheinlichkeit am größten, ein Fahrrad mit einem Fahrradcomputer zu bekommen?

Fahrradhändler	Fahrräder mit Fahrradcomputer	Fahrräder insgesamt
Händler A	30	70
Händler B	40	70
Händler C	40	60

Hinweis: Hier vergleichst du die einzelnen Händler miteinander. Die Händler A und B haben beide 70 Fahrräder, aber Händler B hat mehr Fahrräder mit einem Fahrradcomputer. Hier ist also die Wahrscheinlichkeit größer, dass Linda ein Fahrrad mit einem Fahrradcomputer bekommt.
Die Händler B und C haben beide 40 Fahrräder mit einem Fahrradcomputer, aber Händler C hat insgesamt weniger Fahrräder. Also ist die Wahrscheinlichkeit bei Händler C am größten, dass Linda ein Fahrrad mit einem Fahrradcomputer bekommt.

Die Wahrscheinlichkeit, ein Fahrrad mit einem Fahrradcomputer zu bekommen, ist bei Händler **C** am größten.

20. Alle Drittklässler einer Grundschule wurden danach gefragt, wie lange sie etwa jeden Tag fernsehen.

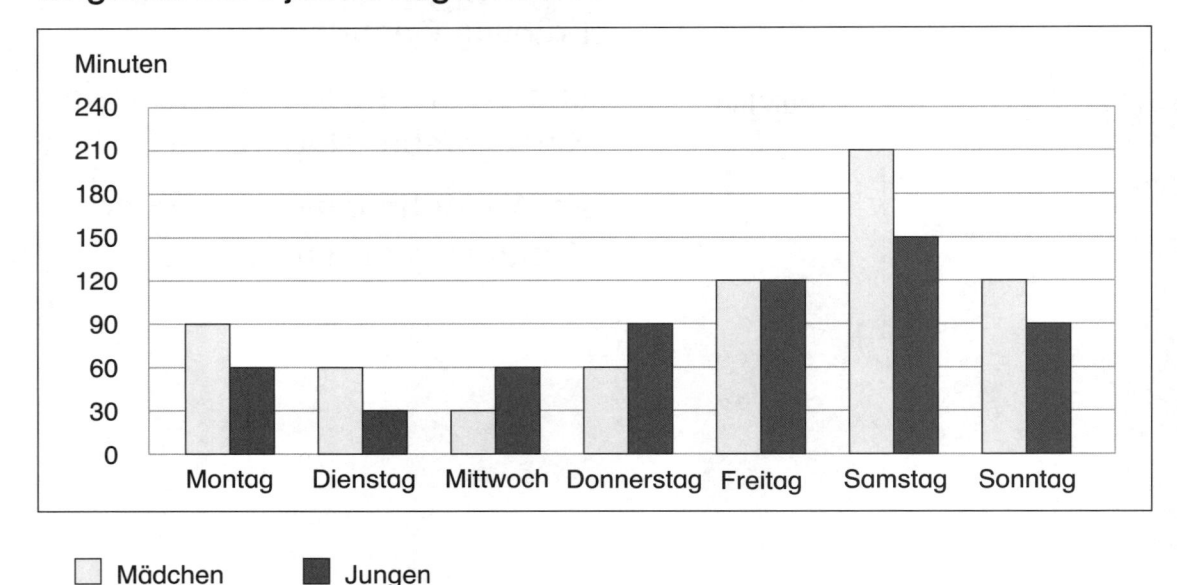

Lösungen – Fünfter Kompetenzbereich: Daten, Häufigkeiten und Wahrscheinlichkeiten

Hinweis: Schau dir das Diagramm zuerst einmal genau an. Wo stehen die Wochentage? Wo findest du, wie lange die Kinder ferngesehen haben? Wie unterscheidet man Mädchen und Jungen? Zum Ablesen, wie lange die Kinder am Tag fernsehen, musst du schauen, wie hoch die Säulen sind.

a) An welchem Wochentag sehen die Schüler zusammen am längsten fern?

Hinweis: Wenn die Säulen besonders hoch sind, sehen die Kinder besonders lange fern. Sowohl bei den Mädchen als auch bei den Jungen sind die Säulen am Samstag am höchsten.

Am Samstag sehen die Schüler am längsten fern.

b) An welchen Wochentagen sehen die Schüler zusammen am wenigsten fern?

Hinweis: Hier musst du genauer hinschauen, aber du erkennst, dass die Säulen am Dienstag und Mittwoch sehr niedrig sind. Am besten du rechnest die Zeiten für beide Tage aus und vergleichst sie.
Da hier die Zeiten gleich lang sind, schreibst du beide Wochentage auf.

Am Dienstag und Mittwoch sehen die Schüler am wenigsten fern.

c) Wie lange sehen die Schüler in der Woche insgesamt fern?

Hinweis: Hier musst du alle Zeiten aufschreiben und addieren (+).

21 Stunden und 30 Minuten (1 290 Minuten).

d) An welchen Wochentagen sehen die Mädchen mehr fern als die Jungen?

Hinweis: Hier musst du schauen, wann die grauen Säulen höher sind als die schwarzen, und dann die entsprechenden Wochentage aufschreiben.

Am Montag, Dienstag, Samstag und Sonntag.

Lösungen – Fünfter Kompetenzbereich: Daten, Häufigkeiten und Wahrscheinlichkeiten

21. Bei einer Tombola mit 13 Losen gibt es genau einen 1. Preis, zwei 2. Preise, einen 3. Preis, einen Sonderpreis und acht Trostpreise.

a) Wie hoch sind die Chancen, einen der ersten drei Preise oder den Sonderpreis zu bekommen? Kreuze an.

Hinweis: Hier musst du überlegen, wie viele Preise und Trostpreise es insgesamt gibt. Fünf Preise und acht Trostpreise werden verliehen. Damit sind es mehr Trostpreise als Preise und die Chance, einen der ersten drei Preise oder den Sonderpreis zu bekommen, ist niedriger, als einen Trostpreis zu bekommen.

☐ Höher, als einen Trostpreis zu bekommen.
☐ Genauso hoch, wie einen Trostpreis zu bekommen.
☒ Niedriger, als einen Trostpreis zu ziehen.
☐ Das kann man nicht feststellen.

b) Wie viele Lose musst du ziehen, um **sicher** einen der ersten Preise zu bekommen?

Hinweis: Wichtig: Hier wird nach den ersten Preisen gefragt, nicht nach dem Sonderpreis. Das heißt, es müssen alle acht Trostpreise und der Sonderpreis vergeben sein, damit man sicher sein kann, einen der ersten Preise zu bekommen.

Um **sicher** einen der ersten Preise zu bekommen, muss ich **10** Lose ziehen.

22. Leo hat ein Glücksspiel erfunden und es gleich gebastelt.
Es gibt drei Spielräder, die gedreht werden müssen – für jeden Mitspieler eines. Wenn das Spielrad bei einem grauen Feld stehen bleibt, hat der Spieler gewonnen. Wenn es bei einem weißen Feld stehen bleibt, hat der Spieler verloren.
Das erste Spielrad hat Leo schon angemalt. Wie müssen die anderen beiden Spielräder gefärbt sein, damit jeder Spieler die gleichen Gewinnchancen hat?

Hinweis: Du siehst, dass das erste Spielrad zu einem Viertel (die Hälfte von der Hälfte) grau ist – das muss bei den anderen Spielrädern genauso sein. Jetzt hast du zwei Möglichkeiten: Entweder du rechnest für jedes Rad aus oder zählst ab, wie viel ein Viertel ist – oder du lässt in jedem Rad für jedes Feld, das du grau färbst, drei Teile weiß. (Es ist dabei egal, welches Feld du im zweiten Spielrad und welche drei Felder du im dritten Spielrad färbst – wichtig ist die Anzahl der gefärbten Felder.)

Lösungen – Fünfter Kompetenzbereich: Daten, Häufigkeiten und Wahrscheinlichkeiten

Lösungsvorschlag:

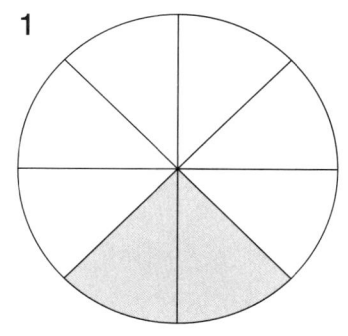

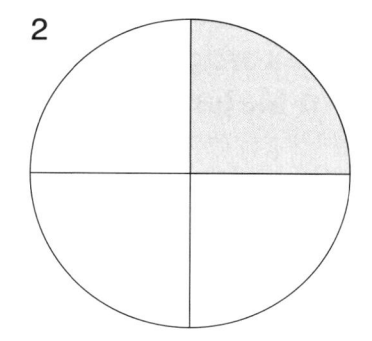

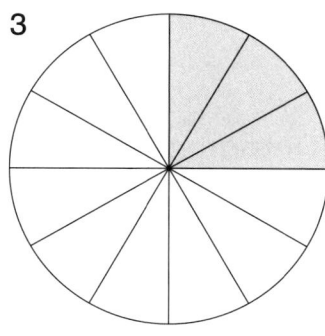

1

2

3

Lösungen – Fünfter Kompetenzbereich: Daten, Häufigkeiten und Wahrscheinlichkeiten

23. Wie schnell können Tiere werden?

Tierart	Rekordgeschwindigkeit in Metern pro Sekunde
Rennpferd	35
Schwalbe	60
Brieftaube	20
Biene	6

Beschrifte das Diagramm mit den passenden Tiernamen.

Hinweis: Diese Aufgabe löst du am einfachsten, wenn du in der Tabelle schaust, welches Tier am schnellsten ist, und dann den längsten Balken entsprechend beschriftest. So gehst du der Reihe nach die Tiere durch, bis du beim langsamsten Tier angekommen bist.
Du kannst natürlich auch am Diagramm ablesen, wie lang die einzelnen Säulen sind, die entsprechenden Zahlen dann oben in der Tabelle suchen und anschließend das Diagramm entsprechend beschriften.

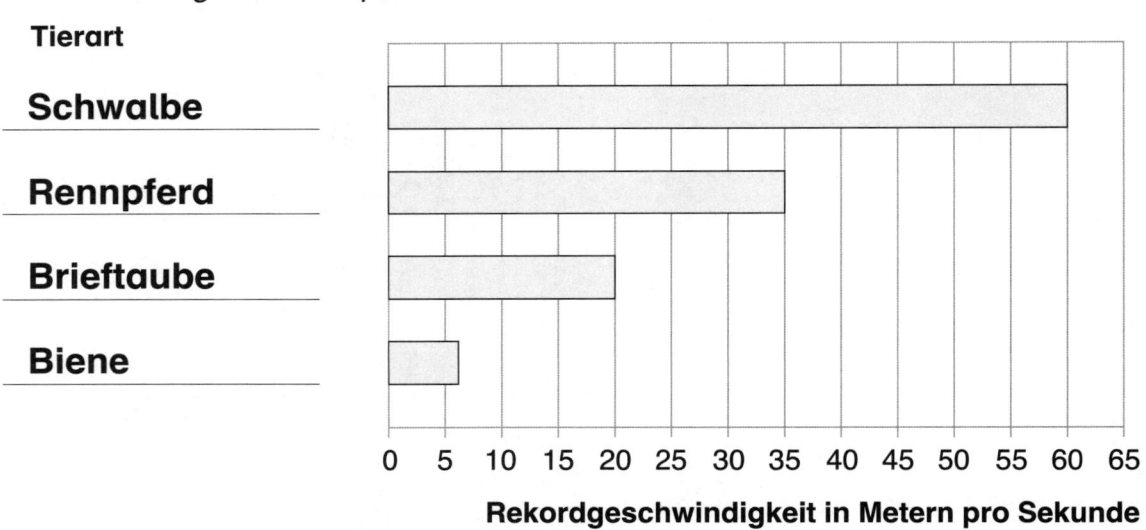

Tierart

- Schwalbe
- Rennpferd
- Brieftaube
- Biene

Rekordgeschwindigkeit in Metern pro Sekunde

24. Die Kinder sprechen über gesunde Ernährung. Aus einer Kiste sollen sie Obst, Gemüse und Süßigkeiten angeln und die Lebensmittel anschließend sortieren. Sie können die Lebensmittel beim Angeln **nicht** sehen.

Hinweis: Bei dieser Aufgabe ist es wichtig, dass du nicht nur schaust, in welcher Kiste die meisten gesuchten Lebensmittel liegen, sondern dass du immer auch schaust, wie viele von den anderen Lebensmitteln sich darin befinden.

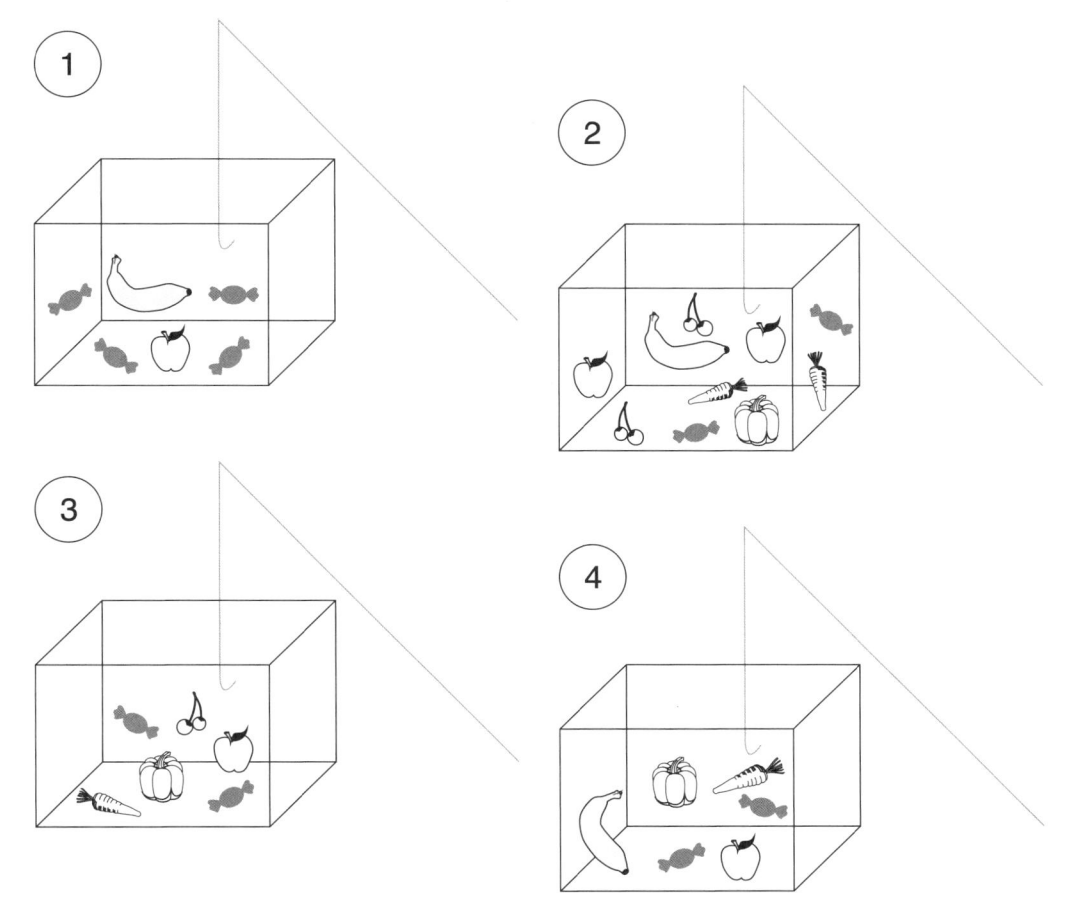

Lösungen – Fünfter Kompetenzbereich: Daten, Häufigkeiten und Wahrscheinlichkeiten

a) **Bei welcher Kiste ist die Wahrscheinlichkeit am größten, ein Bonbon zu angeln?**

Hinweis: Nur in der ersten Kiste sind mehr Bonbons als Obst/Gemüse. Hier ist die Wahrscheinlichkeit also am größten, ein Bonbon zu angeln.

Bei Kiste **1**.

b) **Bei welcher Kiste ist die Wahrscheinlichkeit am kleinsten, ein Bonbon zu angeln?**

Hinweis: In der zweiten Kiste sind nur zwei Bonbons, aber acht Stücke Obst und Gemüse. Auch in der dritten und vierten Kiste sind nur zwei Bonbons, gleichzeitig sind dort aber auch nur vier Stücke Obst und Gemüse. Die Wahrscheinlichkeit ist also bei der zweiten Kiste am geringsten, ein Bonbon zu angeln.

Bei Kiste **2**.

c) **Bei welcher Kiste ist die Wahrscheinlichkeit am größten, Obst/Gemüse zu angeln?**

Hinweis: Umgekehrt sind in der zweiten Kiste auch die meisten Stücke Obst/Gemüse und die wenigsten Bonbons. Hier ist also die Wahrscheinlichkeit am größten, ein Stück Obst oder Gemüse zu angeln.

Bei Kiste **2**.

25. Stell dir vor, du ziehst mit geschlossenen Augen Karten.

a) Alle herausgenommenen Karten sollen die **gleiche** Figur haben. Welche Aussage stimmt? Kreuze an.

🖉 *Hinweis: Welche Karten du ziehst, hängt vom Zufall ab. Wenn alle Karten die gleiche Figur haben sollen, ist dies nur bei drei oder vier Karten möglich, aber es ist immer auch möglich, dass eine andere Figur dabei ist. Wenn du fünf Karten ziehst, muss auf einer Karte eine andere Figur sein, denn es gibt jeweils nur vier Karten mit der gleichen Figur. Daher ist es unmöglich, dass alle Karten die gleiche Figur haben.*

	unmöglich	möglich, aber nicht sicher	sicher
Bei 3 genommenen Karten ist es		X	
Bei 4 genommenen Karten ist es		X	
Bei 5 genommenen Karten ist es	X		

b) Alle herausgenommenen Karten sollen **verschiedene** Figuren haben. Welche Aussage stimmt? Kreuze an.

🖉 *Hinweis: Hier ist es ganz ähnlich. Wenn du zwei Karten ziehst, kannst du entweder die Dame oder den König ziehen. Ziehst du mehr Karten, sind immer gleiche Figuren dabei, da es ja nur zwei verschiedene Bilder gibt.*

	unmöglich	möglich, aber nicht sicher	sicher
Bei 2 genommenen Karten ist es		X	
Bei 3 genommenen Karten ist es	X		
Bei 4 genommenen Karten ist es	X		

26. Die Lehrerin befragt die 26 Kinder in ihrer Klasse nach ihrem Lieblingsgetränk.

Lieblingsgetränk	Anzahl der Kinder
Apfelschorle	|||| ||||
Limo	|||| ||||	
Eistee	||||
Orangensaft	||
Wasser	

Stelle die Ergebnisse der Befragung in einem Säulendiagramm dar.

Hinweis: Zeichne hier nacheinander die einzelnen Säulen zu den Lieblingsgetränken der Kinder. Am besten markierst du zuerst die Höhe der einzelnen Säulen mit dem Lineal an der richtigen Stelle.

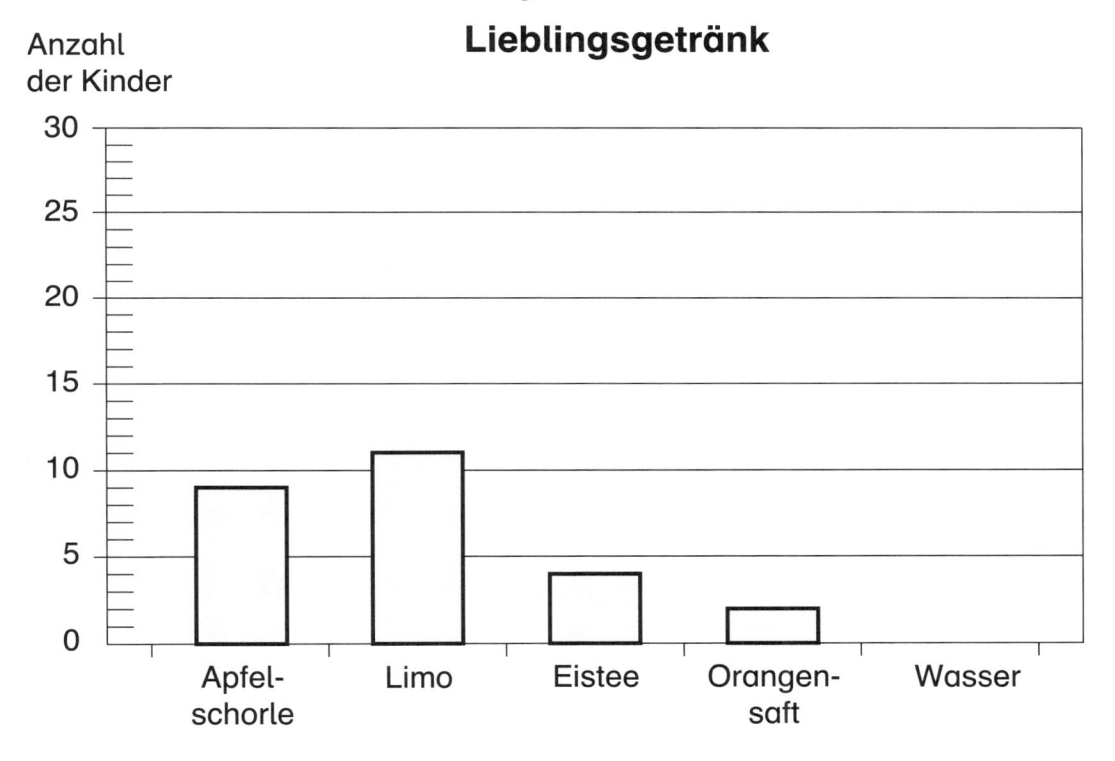

27. Timos Eltern besitzen eine Eisdiele und haben eine Woche lang gezählt, wie viele Gäste jeden Tag kommen.

👤 = 10 Gäste   👤 = 1 Gast

Wochentag	Gäste
Montag	
Dienstag	
Mittwoch	
Donnerstag	
Freitag	
Samstag	
Sonntag	

✏️ *Hinweis:* Hier ist es wichtig, dass du immer erst die großen Männchen zählst, denn sie stehen für 10 Gäste. Die kleinen Männchen stehen jeweils nur für einen Gast. Sie sind nur dann wichtig, wenn du an zwei Tagen gleich viele große Männchen findest.

a) An welchem Tag besuchten die wenigsten Gäste die Eisdiele?

Am Montag besuchten die wenigsten Gäste die Eisdiele.

b) Wie viele Gäste besuchten am Samstag und Sonntag insgesamt die Eisdiele?

✏️ *Hinweis:* Samstag: 89 Gäste; Sonntag: 96 Gäste; 89 + 96 = 185

Am Samstag und Sonntag besuchten insgesamt 185 Gäste die Eisdiele.

Lösungen – Fünfter Kompetenzbereich: Daten, Häufigkeiten und Wahrscheinlichkeiten

28. Die Kinder haben 120 Bücher in ihrer Klassenbücherei. Sie haben sie geordnet und gezählt:

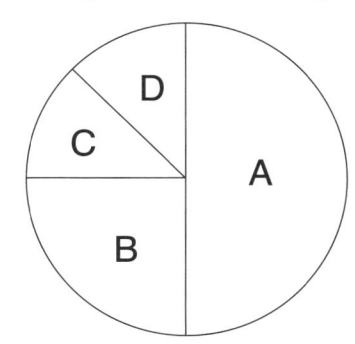

A = Kinderbücher
B = Sachbücher
C = Bilderbücher
D = Bücher aus anderen Ländern

Hinweis: Du kannst erkennen, dass die Kinderbücher die Hälfte der Bücher ausmachen. Die Hälfte von 120 Büchern sind 60 Bücher.
Ein Viertel ist genau die Hälfte von der Hälfte. Wenn 60 Bücher die Hälfte sind, sind ein Viertel 30 Bücher. Es gibt gleich viele Bilderbücher und Bücher aus anderen Ländern und zusammen machen sie ein Viertel der Bücher aus, also 30 Bücher. Es gibt also 15 Bilderbücher und 15 Bücher aus anderen Ländern. Wenn du sichergehen willst, dass deine Ergebnisse wirklich richtig sind, kannst du die einzelnen Bücher zum Schluss wieder addieren (+). Es müssen genau 120 Bücher sein: 60 + 30 + 15 + 15 = 120.

a) Die Kinder haben **60** Kinderbücher.

b) Die Kinder haben **30** Sachbücher.

c) Die Kinder haben **15** Bilderbücher.

d) Die Kinder haben **15** Bücher aus anderen Ländern.

29. Tim und Tina streiten sich darum, wer als Erster die neue Schaukel ausprobieren darf. Die Mutter schlägt vor, dass sie losen, und nimmt ein kleines Bonbon in die Hand. Nachdem sie ihre Hände hinter ihrem Rücken versteckt hat, darf Tim eine Hand auswählen. Wählt er die leere Hand, darf er zuerst auf die neue Schaukel und Tina bekommt dafür das Bonbon.

Wer hat die größere Chance, als Erster die neue Schaukel auszuprobieren?

Hinweis: Die Chance, dass Tim die leere Hand wählt, ist genauso groß wie die Chance, dass er die Hand mit dem Bonbon wählt. Aus diesem Grund haben Tim und Tina die gleiche Chance, als Erster die neue Schaukel zu probieren.

☐ Tim   ☐ Tina
☒ beide gleich   ☐ Das kann man so nicht sagen.

30. Du hast drei Ziffernkarten mit den Ziffern 2, 4 und 8.

Wie viele und welche verschiedenen dreistelligen Zahlen kannst du bilden?

Hinweis: Am einfachsten findest du die Zahlen, wenn du systematisch vorgehst. Denke daran, dass „dreistellige Zahl" bedeutet, dass die Zahl aus drei Ziffern besteht, das heißt, du musst alle drei Ziffern benutzen.
Du beginnst mit der 2 als erster Ziffer und bildest so viele verschiedene dreistellige Zahlen wie möglich. Da du nur die 4 und die 8 vertauschen kannst, findest du folgende zwei Zahlen: 248 und 284.
Als Nächstes stellst du die 4 an die erste Stelle und bildest wieder so viele dreistellige Zahlen wie möglich: 428 und 482.
Als Letztes stellst du die 8 an die erste Stelle und vertauschst die 2 und die 4. So findest du die beiden letzten dreistelligen Zahlen: 824 und 842.
Ohne System kann es sein, dass du lange suchst, bis du die letzte fehlende Zahl findest, dass du eine oder mehrere Zahlen vergisst oder dass du eine Zahl zweimal schreibst, ohne es zu bemerken.

Ich kann sechs verschiedene Zahlen bilden: 248 und 284, 428 und 482, 824 und 842.

▶ **Beispieltests**

Bildnachweis
Pressmaster. Shutterstock

1 Vorbereitungs- und Lerntipps

Aufbau und Durchführung

Die folgenden Beispieltests bestehen wie die richtige Vergleichsarbeit jeweils aus zwei Teilen aus den im Buch geübten Bereichen
- Zahlen und Operationen,
- Raum und Form,
- Muster und Strukturen,
- Größen und Messen sowie
- Daten, Häufigkeiten und Wahrscheinlichkeiten.

Du kannst mit den Beispieltests die echte Prüfung nachspielen und ausprobieren, ob du alle Aufgaben in der vorgegebenen Zeit schaffst.

Bearbeitungszeit und erlaubte Hilfsmittel

Insgesamt hast du **60 Minuten Zeit** zur Bearbeitung der Vergleichsarbeit, für jeden der beiden Aufgabenteile also 30 Minuten. Zwischen den Aufgabenteilen gibt es eine kurze Pause.
Stell dir einen Wecker, um zu testen, ob du mit der Zeit zurechtkommst. Versuche zunächst, in 30 Minuten den ersten Aufgabenteil zu bearbeiten. Mach dann eine kleine Pause und probiere danach aus, ob du den zweiten Teil in 30 Minuten schaffst.

Die Bearbeitungszeit ist knapp, sodass auch gute Schüler kaum alle Aufgaben komplett lösen können. Mach dir also keine Sorgen, wenn du mit einer Übungsaufgabe in der vorgegebenen Zeit nicht ganz fertig wirst.

Wichtig ist, dass du bei schwierigeren Aufgaben nicht hängenbleibst. Wenn du nicht weiterkommst, gehe zur nächsten Aufgabe. Die schaffst du vielleicht ganz leicht. Am Schluss kannst du dann noch einmal versuchen, die übersprungenen Aufgaben zu lösen.

Wenn die Zeit reicht, ist es außerdem sinnvoll, dass du dir deine Antworten noch mal durchliest und kontrollierst, ob du alles getan hast, was in der Aufgabe verlangt wurde.

Die Vergleichsarbeiten werden wie normale Klassenarbeiten ohne detaillierte Hilfestellungen, ohne Hinweise zu Lösungswegen und ohne Hilfsmittel durchgeführt. Selbstverständlich darfst du aber einen Schmierzettel für Nebenrechnungen oder Lösungsskizzen benutzen. Denke auch daran, verschiedenfarbige Stifte, einen spitzen Bleistift, einen Radiergummi und ein Lineal oder Geodreieck mitzunehmen.

2 Beispieltest 1

Aufgabenteil 1: Muster und Strukturen

1. Ein Apfel wiegt etwa 200 g. Wie viele Äpfel wiegen etwa 1 kg?

   _____ Äpfel wiegen etwa 1 kg.

2. Tim liest die Zahl fünfhundertsiebenundvierzig und soll diese Zahl schreiben. Er schreibt 574 auf.

   Erkläre seinen Fehler.

   _____

   _____

   _____

   _____

3. Berechne die fehlenden Preise.

   a) 1 Kugel Eis kostet 0,70 €.

   3 Kugeln Eis kosten _____ €.

   b) 2 Schalen Erdbeeren kosten 2,40 €.

   8 Schalen Erdbeeren kosten _____ €.

   c) 5 Sticker kosten 1,50 €.

   1 Sticker kostet _____ €.

   d) 3 Pinsel kosten 1,80 €.

   8 Pinsel kosten _____ €.

4. Wie viel wiegen 2, 3, 5 Säcke Blumenerde? Fülle die Tabelle aus.

Anzahl der Säcke	1	2	3	5
Gewicht in kg	15			

5. a) Ergänze die fehlende Zahl.

| 3 | 15 | | 5 | 25 | | 6 | 30 | | | 40 |

b) Finde ein eigenes Zahlenpaar, das zu dieser Regel passt.

| | |

6. Bei der Fahrt in den Urlaub fährt Familie Klein 400 km in 6 Stunden. Dabei fährt sie immer gleichmäßig schnell.

Wie lange brauchen sie für 200 km, 100 km und 300 km?

400 km: 6 Stunden

300 km: _____ Stunden

200 km: _____ Stunden

100 km: _____ Stunden

7. Viola fährt mit dem Fahrrad 3 km in 30 Minuten.

Wie lange braucht Viola für 2 km und für 6 km, wenn sie immer gleichmäßig schnell fährt?

3 km: 30 min

2 km: _____ min

6 km: _____ min

8. 8 Brötchen kosten 2,40 €.

12 Brötchen kosten _____ €.

9. Familie Schneider kauft im Supermarkt immer 2 Liter Milch. Das reicht für 3 Tage. Heute gibt es die Milch im Sonderangebot und sie kauft 6 Liter Milch.

Wie lange wird die Milch reichen?

Die Milch wird für _____ Tage reichen.

10. 124 – 62 – 60 – 30 – 28 – 14 – ...

Nach welcher Regel verändern sich die Zahlen?
Kreuze an.

☐ immer : 2
☐ immer – 2
☐ immer : 3 – 1
☐ immer : 2 – 2

11. Kai hat zu jeder Zeichnung eine Rechnung geschrieben.
Schreibe die fehlende Rechnung auf.

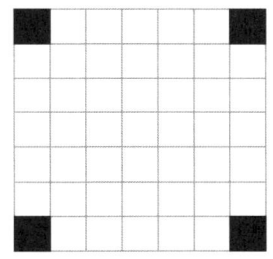

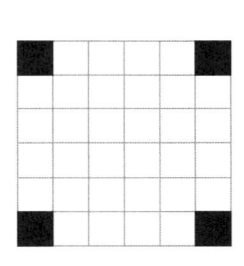

a)

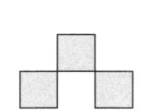

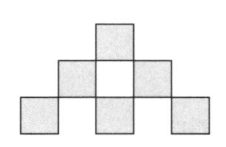

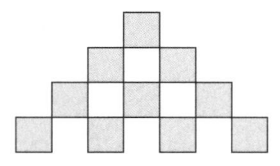

2 + 1 = 3   3 + 2 + 1 = 6   _____

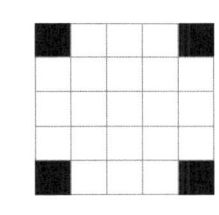

b)

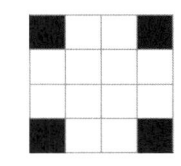

7 · 7 – 4 = 45   _____   5 · 5 – 4 = 21   4 · 4 – 4 = 12

12. Alle Zahlenreihen sind nach derselben Regel entstanden.
Schreibe die fehlenden Zahlen auf.

| 40 | 36 | 32 | 28 |

| 61 | 57 | | 49 |

| 23 | 19 | 15 | |

13. 1 Heft kostet 0,80 €. Ein Paket mit 5 Heften kostet 3,50 €.
Berechne jeweils den günstigsten Preis.

4 Hefte kosten _____ €.

8 Hefte kosten _____ €.

10 Hefte kosten _____ €.

14. 1: 210 − 12 = 198
2: 321 − 123 = 198
3: 432 − 234 = 198
4: 543 − 345 = 198

Wie heißt die 8. Rechnung? _____

15. Setze um jeweils eine Aufgabe fort.

a) 104 + 35 = 139
    114 + 25 = 139
    124 + 15 = 139
    _____

b) 28 : 4 + 7 = 14
    24 : 4 + 6 = 12
    20 : 4 + 5 = 10
    _____

16. 35 − 70 − 105 − 140 − 175 − 210

Wie berechnet Nils die Zahlen in seiner Zahlenfolge?
Kreuze an.

☐ immer · 2

☐ immer · 35

☐ immer + 35

☐ immer + 70

17. Die Figuren haben ein Muster.

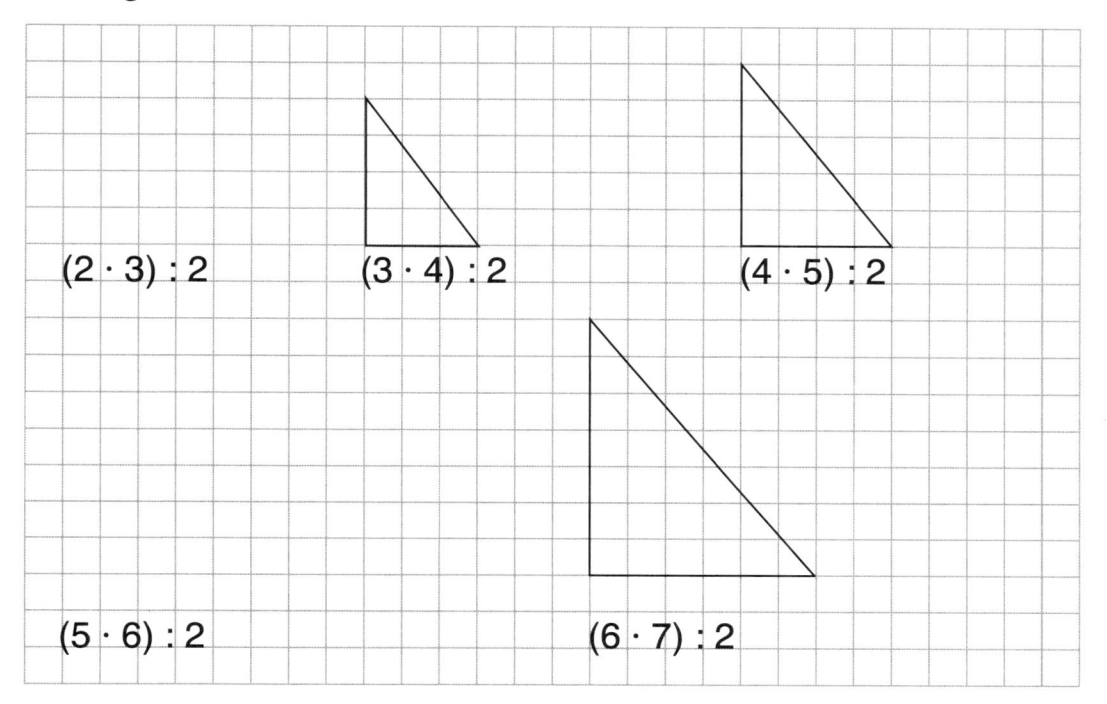

(2 · 3) : 2   (3 · 4) : 2   (4 · 5) : 2

(5 · 6) : 2   (6 · 7) : 2

Zeichne die fehlenden Figuren.

Kontrolliere, ob du alle Aufgaben bearbeitet hast!

So lange habe ich gebraucht: _____ Minuten

Aufgabenteil 2: Größen und Messen

18. Die Klasse 3b macht einen 1 km langen Spaziergang.
Sie haben schon 800 cm zurückgelegt.

Wie viele Meter müssen sie noch gehen?

Sie müssen noch _____ m gehen.

19. Wandle um.

a) 62 mm = _____ cm

b) 4 500 g = _____ kg

c) 4 min 15 sec = _____ sec

20.

Wie viele Kilogramm und wie viele Gramm sind es?
Schreibe als Kommazahl.

Es sind _____ kg.

21. Tom, Jan und Timo wollen eine 4 Kilometer lange Runde im Wald mit dem Fahrrad fahren. Sie fahren alle gemeinsam los. Tom ist nach 20 Minuten wieder da, Jan nach 25 Minuten und Timo nach 30 Minuten.

Wie lange dauert es, bis alle die 4 Kilometer gefahren sind?

Nach _____ Minuten haben alle drei die Runde im Wald geschafft.

22. a) Laura und ihr Vater machen einen Ausflug mit dem Fahrrad.
Sie fahren um 13.15 Uhr los und sind um 16.30 Uhr wieder da.
Wie lange waren sie unterwegs?

Sie waren _____ unterwegs.

b) Kira war mit ihrer Freundin im Kino.
Der Film startete um 15.05 Uhr und dauerte 85 Minuten.
Wann war der Kinofilm zu Ende?

Der Film war um _____ Uhr zu Ende.

c) Die Schule beginnt um 7.55 Uhr.
Daniel braucht 18 Minuten für seinen Schulweg.
Wann sollte er spätestens von zu Hause losgehen?

Daniel sollte spätestens um _____ Uhr losgehen.

23. Wie lang ist ein normales Bett für Erwachsene etwa? Kreuze an.

Ein normales Bett für Erwachsene ist etwa …

☐ 2 mm lang.

☐ 2 cm lang.

☐ 2 m lang.

☐ 2 km lang.

24. Verbinde mit der richtigen Einheit.

Dauer eines Schwimmbadbesuchs: 4	Minuten
Dauer eines Strandurlaubs: 14	Meter
Dauer der Pause in der Schule: etwa 20	Tage
Preis eines Lutschers: 20	Zentimeter
Preis eines Fahrrades: 340	Kilogramm
Breite einer Tür: 80	Millimeter
Breite einer Bleistiftspitze: 1	Stunden
Sprungweite eines Kängurus: 13,5	Cent
Gewicht eines Dackels: 9	Gramm
Gewicht eines Volleyballs: 270	Euro

Beispieltest 1

25. Die Kinder der Klasse 3a gehen in die Eisdiele. Jeder bezahlt für das Eis 1,50 €. Der Eismann hat schon 30 € kassiert und 5 Kinder warten noch auf ihr Eis und müssen noch bezahlen.

a) Wie viele Kinder gehen in die Klasse 3a?

_____ Kinder gehen in die Klasse 3a.

b) Schreibe auf, wie du zu der Lösung gekommen bist.

_____
_____
_____
_____
_____
_____
_____

26. Lisas Mama will mit dem Zug nach Hause fahren. Auf dem Bahnhof zeigt die Uhr Folgendes:

Der Zug kommt um 15.03 Uhr.
Wie lange muss sie noch warten?

Lisas Mama muss noch _____ warten.

27. Ergänze.

a) 3 mm + _____ = 1 cm

b) 24 min + _____ = 1 h

c) 140 g + _____ = 1 kg

28. Drei Autos hintereinander sind 12 Meter lang.

Wie lang sind sechs Autos?

Sechs Autos sind _____ Meter lang.

29. Hier siehst du zwei Waagen.

Wie viele Gewichte musst du auf die zweite Waage legen, damit sie wieder im Gleichgewicht ist?

Ich muss _____ Gewichte auf die zweite Waage legen.

30.

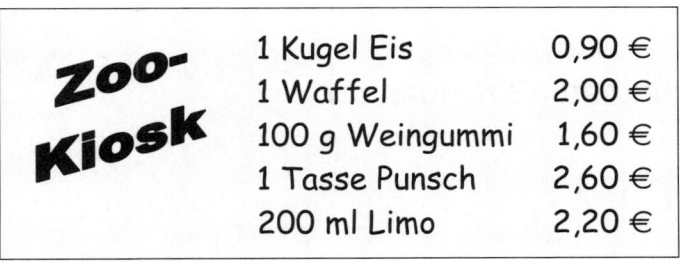

Zoo-Kiosk

1 Kugel Eis	0,90 €
1 Waffel	2,00 €
100 g Weingummi	1,60 €
1 Tasse Punsch	2,60 €
200 ml Limo	2,20 €

Kreuze an.   ja   nein

Du kaufst 200 g Weingummi.
Reichen 3 € für deinen Einkauf?   ☐   ☐

Du kaufst 600 mℓ Limo.
Reichen 8 € für deinen Einkauf?   ☐   ☐

Du kaufst 2 Kugeln Eis und eine Tasse Punsch.
Reichen 5 € für deinen Einkauf?   ☐   ☐

Du kaufst 1 Kugel Eis und eine Waffel.
Reichen 2,50 € für deinen Einkauf?   ☐   ☐

Du kaufst 100 g Weingummi und 2 Tassen Punsch.
Reichen 7 € für deinen Einkauf?   ☐   ☐

31. Die Kinder verkaufen bei einem Schulfest Waffeln und Kuchen. Sie haben schon 34,50 € eingenommen.

Schulfest

1 Waffel	1,20 €
1 Stück Kuchen	1,50 €

Wie viele Stücke Kuchen und wie viele Waffeln wurden schon verkauft?

Es wurden schon _____ Stücke Kuchen und _____ Waffeln verkauft.

32. Hier siehst du eine Waage mit zwei gleich schweren Büchern.

Wie viel wiegt ein Buch?

Ein Buch wiegt _____ .

33. Welche Strecke ist am kürzesten? Kreuze an.

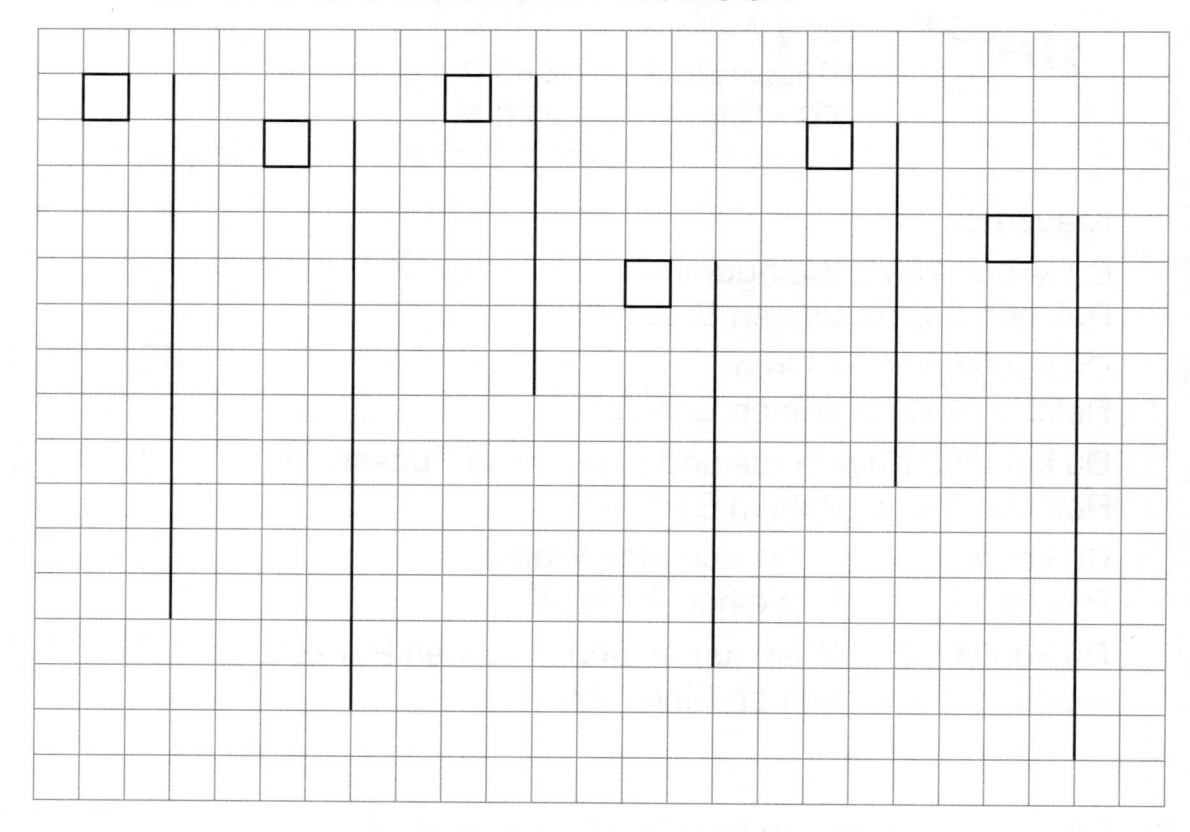

34. Die Kinder sollen im Sportunterricht 12 Minuten laufen.
Tina schafft 1 km und 856 Meter. Moni schafft 1 865 Meter.

Wer ist schneller gelaufen?

_____

Wie viele Meter hat sie mehr geschafft?

_____

35. Paul rechnet in der Pause: „Ich bin heute genau 115 Monate alt."

Wie viele Jahre und Monate ist Paul alt?
Kreuze an.

☐ 11 Jahre und 5 Monate

☐ 9 Jahre und 7 Monate

☐ 10 Jahre und 5 Monate

☐ 8 Jahre und 9 Monate

Kontrolliere, ob du alle Aufgaben bearbeitet hast!

So lange habe ich gebraucht: _____ Minuten

3 Beispieltest 2

Aufgabenteil 1: Daten, Häufigkeiten und Wahrscheinlichkeiten

1. In der Tabelle haben die Kinder eingetragen, welche Spiele sie am liebsten auf dem Schulhof spielen.

Spiele	Anzahl der Kinder
Völkerball	5
Tischtennis	12
Fangen	6
Verstecken	2

Ergänze das Säulendiagramm so, dass es zur Tabelle passt.

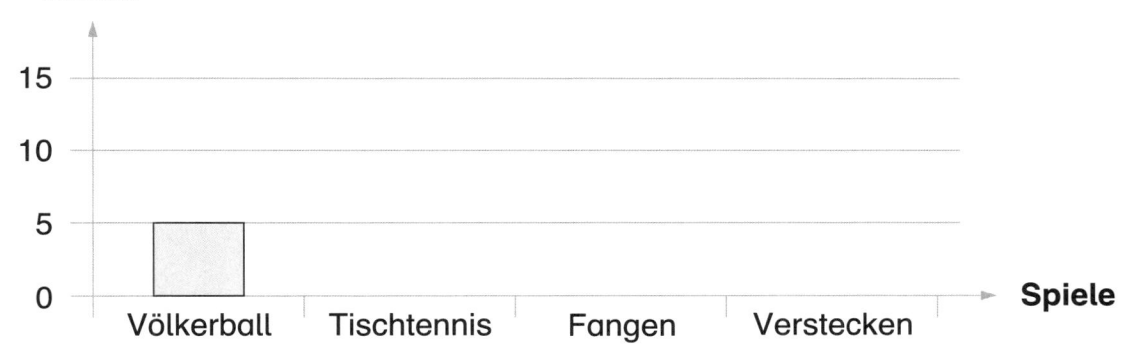

2. Du sollst aus einem Stapel Karten ziehen. Da deine Freunde alle Karten mit Katzen gezogen haben, möchtest du auch eine Karte mit Katze. Bei welchem Stapel sind deine Chancen am geringsten?

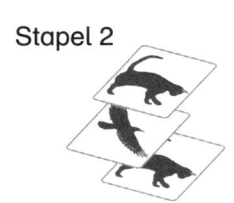

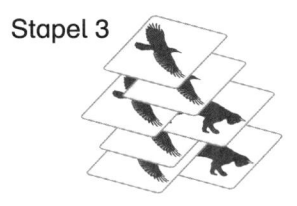

Stapel 1   Stapel 2   Stapel 3   Stapel 4

Bei Stapel: _____

Begründung: _____

3. Lena hat einen neuen Würfel mit den Ziffern von 0 bis 9. Lena und Max spielen ein Würfelspiel, bei dem Lena gewinnt, wenn sie die Zahlen 6, 7, 8 oder 9 würfelt. Sie überlegen, welche **anderen Zahlen** Max würfeln muss, damit er gewinnt. Er soll die gleichen Gewinnchancen haben.

Schreibe eine mögliche Regel für Max auf.

_____

_____

_____

4. Ein Zirkus besucht die Schule. Die Kinder können zwischen verschiedenen Aktivitäten wählen, die sie für eine Zirkusaufführung üben. Die Ergebnisse siehst du in dem Diagramm.

Anzahl der Kinder

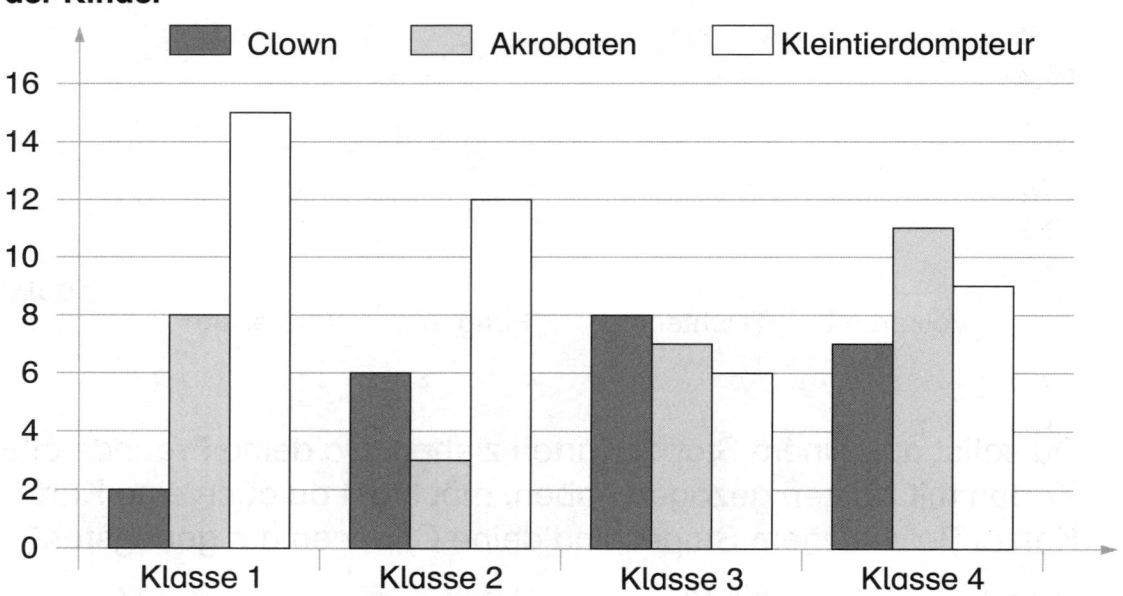

a) Wie viele Kinder aus Klasse 3 wollen Akrobaten werden?

_____ Kinder.

b) Welche Klasse besuchen die meisten Kinder?

Klasse _____.

5. Alle Kinder der Schule wurden gefragt, welche Elternteile arbeiten?

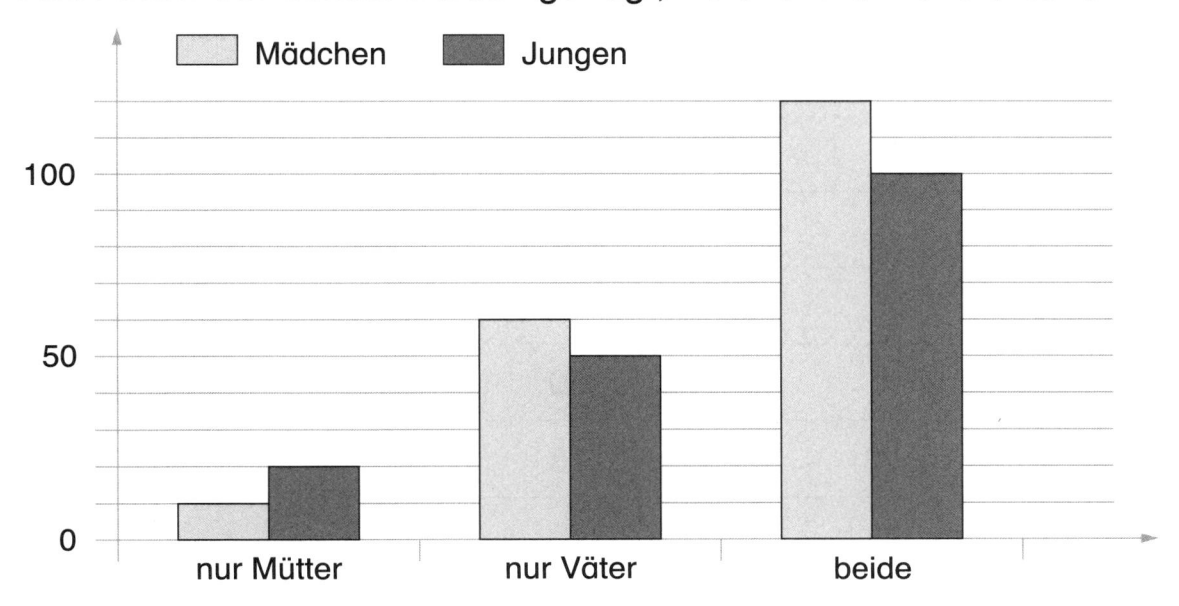

Stimmen die Aussagen? Kreuze an.

	stimmt	stimmt nicht
Es arbeiten bei den Mädchen häufiger beide Elternteile als bei den Jungen.	☐	☐
Es arbeiten bei den Jungen genau 10 Mütter.	☐	☐
In der Schule gibt es mehr Jungen als Mädchen.	☐	☐
Es arbeitet bei allen Kindern häufiger nur der Vater als nur die Mutter.	☐	☐

6. Die Kinder spielen ein Würfelspiel, bei dem man mit drei Würfeln würfeln muss. Aus den Augenzahlen wird die Summe gebildet. Simon sagt, dass die Summe nicht größer als 18 sein kann.

Begründe, warum das so ist.

_____

_____

_____

7. In dieser Tabelle siehst du, wie viele Kinder einer Grundschule Milch, Kakao, Vanillemilch, Erdbeermilch und Bananenmilch bestellt haben.

Getränk	Anzahl der Kinder
Milch	5
Kakao	120
Vanillemilch	60
Erdbeermilch	15
Bananenmilch	40

Beschrifte die einzelnen Teile des Kreisdiagramms mit dem passenden Getränk.

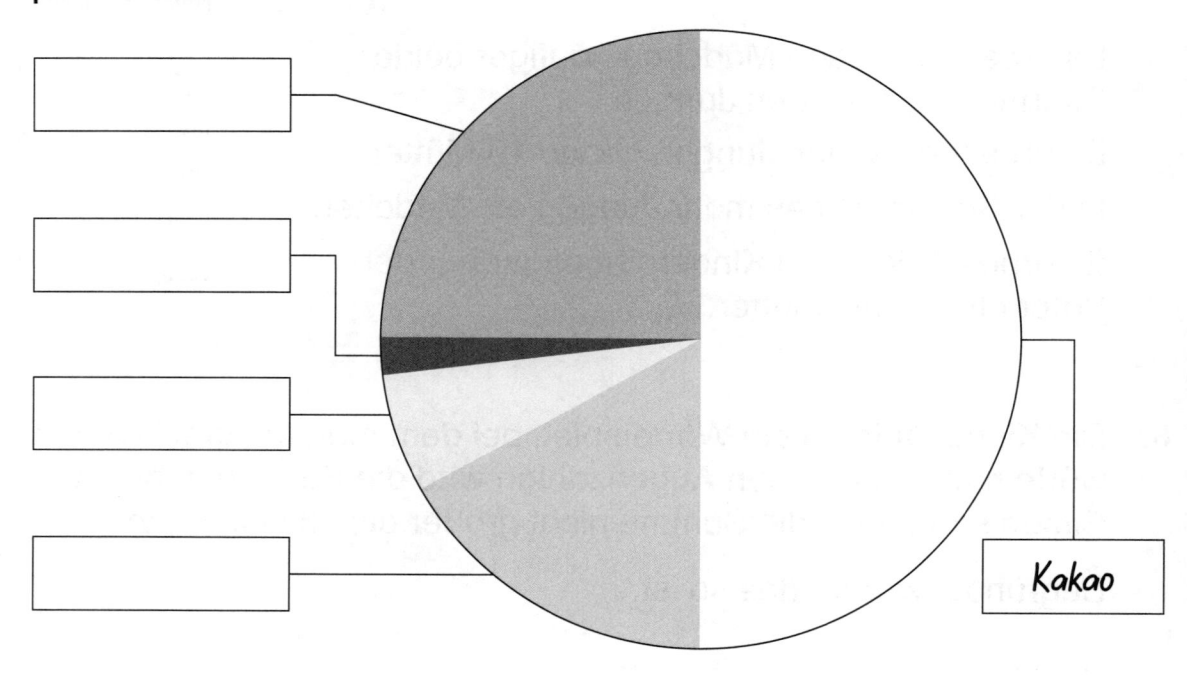

8. Die Kinder einer Grundschule wurden gefragt, welche Haustiere sie haben. Die Tabelle zeigt das Ergebnis der Umfrage.

Hund	
Katze	
Hamster	
Kaninchen	
Meerschweinchen	

= 10 Kinder   = 1 Kind

Verbinde.

Meerschweinchen
Hund
Kaninchen
Katze
Hamster

Platz 1
Platz 2
Platz 3
Platz 4
Platz 5

9. Lieblingsnationalmannschaften der WM der Klasse 3b

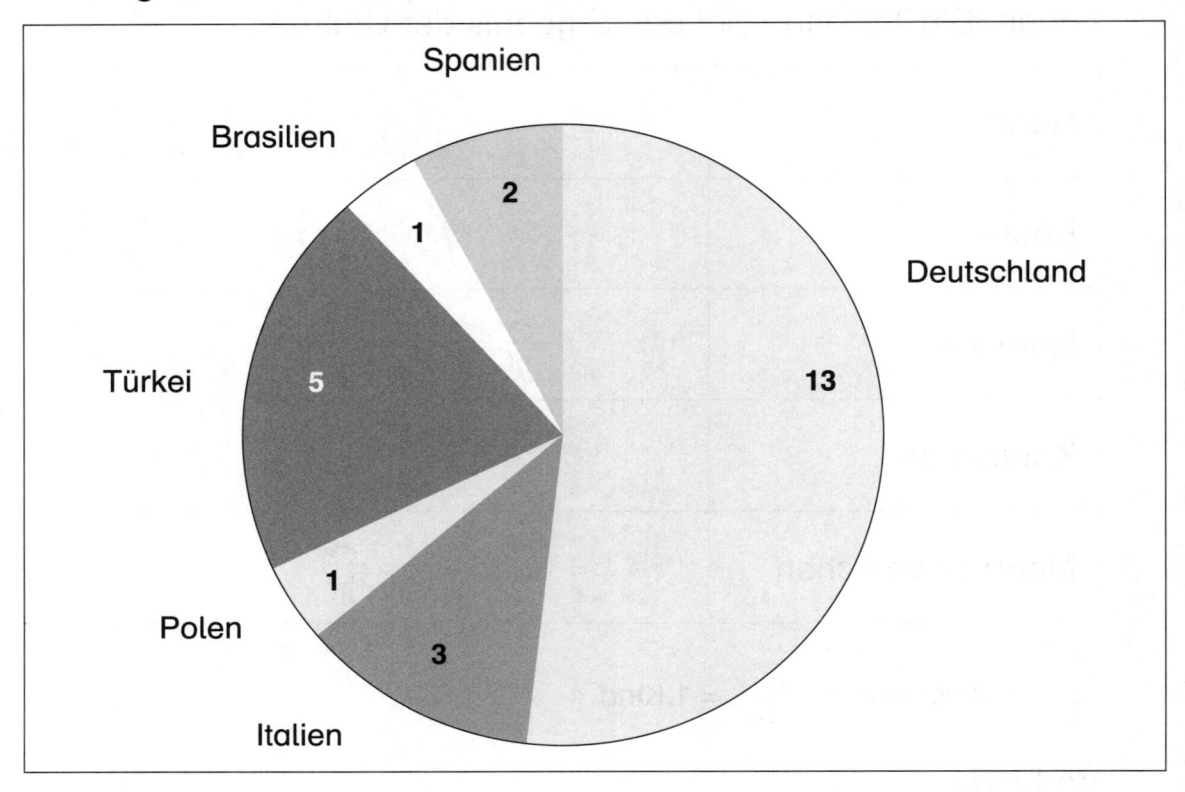

- Spanien: 2
- Brasilien: 1
- Türkei: 5
- Polen: 1
- Italien: 3
- Deutschland: 13

Stimmen die Aussagen? Kreuze an.

	stimmt	stimmt nicht
Polen kam bei der Umfrage an dritter Stelle.	☐	☐
Mehr als die Hälfte der Kinder nannte Deutschland als ihre Lieblingsnationalmannschaft bei der WM.	☐	☐
Brasilien und Türkei nannten gleich viele Kinder.	☐	☐
Italien war bei den Kindern beliebter als Brasilien.	☐	☐

10. Timo hat folgende Karten in der Hand:

Sein Freund Jonas zieht 3 Karten und berechnet die Summe.

a) Welche Summe kann er nicht ausgerechnet haben?

☐ 7
☐ 10
☐ 14
☐ 15

b) Es ist möglich, aber nicht sicher, dass die drei gezogenen Karten 9 ergeben. Begründe.

_____
_____

11. Du verlierst, wenn das Glücksrad auf einer geraden Zahl anhält. Kreuze das Glücksrad an, bei dem die Chancen zu verlieren am größten sind.

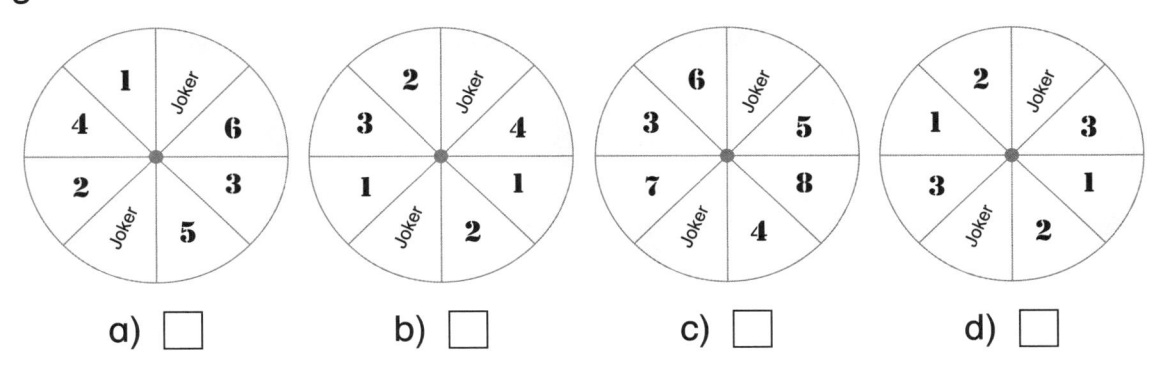

a) ☐   b) ☐   c) ☐   d) ☐

12. Bei der Wahl zum Klassensprecher kam es in der Klasse 3a zu folgendem Ergebnis:

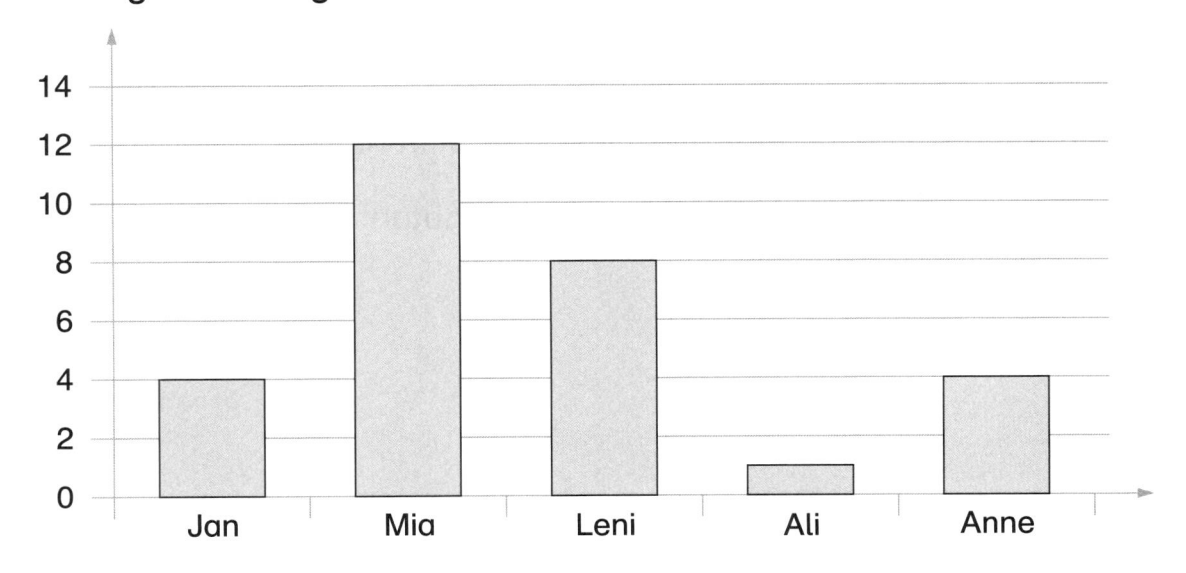

a) ☐

Name	Anzahl der Stimmen
Jan	3
Mia	12
Leni	8
Ali	1
Anne	5

b) ☐

Name	Jan	Mia	Leni	Ali	Anne
Anzahl der Stimmen	4	12	8	1	4

c) ☐

Name	Anzahl der Stimmen
Jan	3
Sara	12
Leni	8
Ali	1
Anne	5

d) ☐

Name	Jan	Mia	Leni	Ali	Anne
Anzahl der Stimmen	4	12	8	4	2

Kontrolliere, ob du alle Aufgaben bearbeitet hast!

So lange habe ich gebraucht: _____ Minuten

Aufgabenteil 2: Raum und Form

13. Lars möchte aus kleinen Würfeln folgenden Quader bauen:

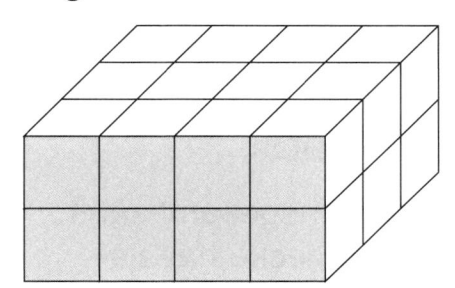

Er hat schon angefangen:

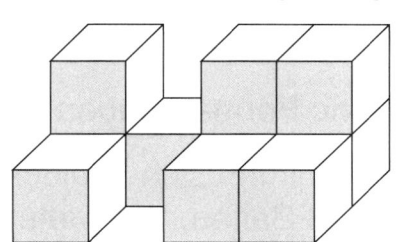

Wie viele kleine Würfel braucht er noch?

Er braucht noch _____ kleine Würfel.

14. Hier siehst du ein Würfelnetz, in dem eine Fläche markiert ist. Male im Netz auch die im Würfel gegenüberliegende Seite an.

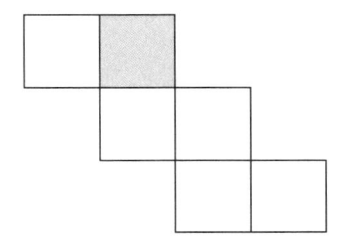

15.

Wo steht die Zahl vier? Kreuze an.

☐ im Kreis und im Rechteck

☐ im Kreis und im Quadrat

☐ in allen drei Formen

☐ nur im Kreis

16. Zu einem Spiel gehören folgende Formen: Dreiecke, Rechtecke, Quadrate und Kreise.

a) Ben zieht eine Karte und nimmt sich zwei Dreiecke, ein Quadrat und drei Rechtecke. Wie viele Seiten haben seine Formen zusammen?

Seine Formen haben zusammen _____ Seiten.

b) Julia nimmt sich Dreiecke und Rechtecke. Insgesamt zählt sie 18 Seiten. Wie viele Dreiecke und Rechtecke hat sie?

Sie hat _____ Dreiecke und _____ Rechtecke.

c) Katja nimmt sich Figuren mit 22 Seiten.
Schreibe zwei Möglichkeiten auf, welche Formen sie genommen hat.

_____

_____

17. Jede Figur wurde an der Spiegelachse gespiegelt. Kreuze an, ob die gespiegelte Figur so richtig gezeichnet ist oder nicht.

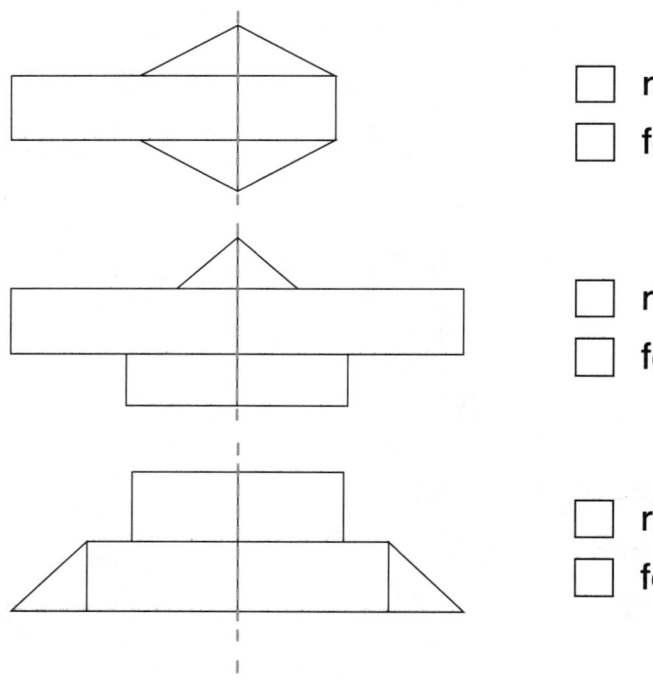

☐ richtig gespiegelt
☐ falsch gespiegelt

☐ richtig gespiegelt
☐ falsch gespiegelt

☐ richtig gespiegelt
☐ falsch gespiegelt

☐ richtig gespiegelt
☐ falsch gespiegelt

18. Spiegele an der Achse und male die fehlenden Dreiecke aus.

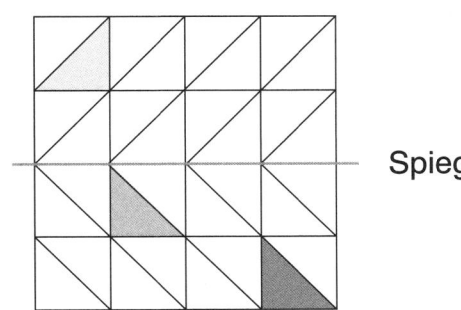

Spiegelachse

19. Daniels Papa möchte eine neue Terrasse bauen. Hier siehst du seine Entwürfe mit den eingezeichneten Platten.

A

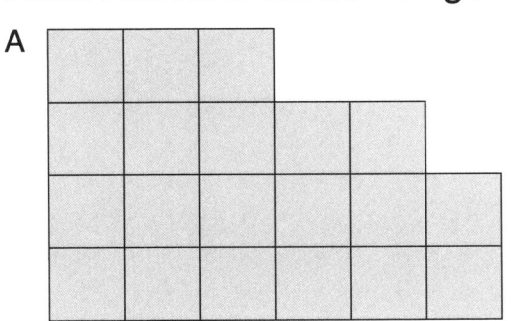

B

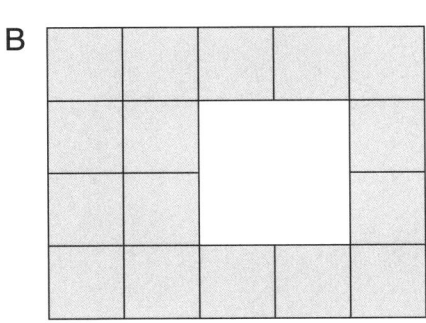

Für welche Terrasse braucht er mehr Platten?

Er braucht für Terrasse _____ mehr Platten.

20. Diese Figur setzt sich aus zwei Teilen zusammen.

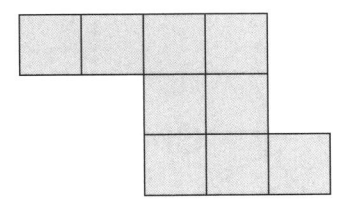

Welche sind es? Kreuze an.

a) ☐

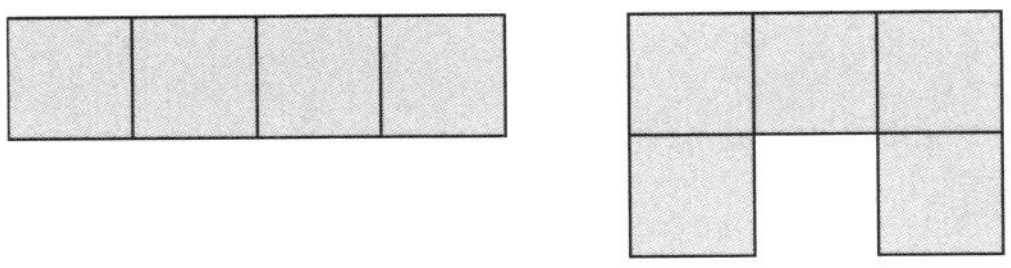

b) ☐

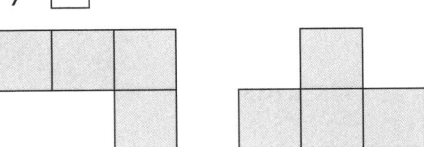

c) ☐

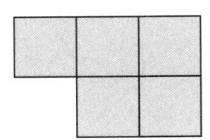

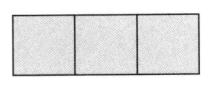

d) ☐

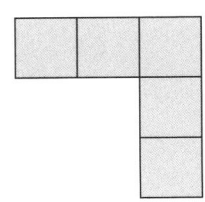

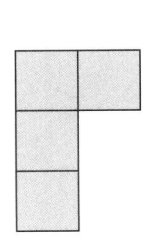

Beispieltest 2

21. Zeichne die Figur ab.

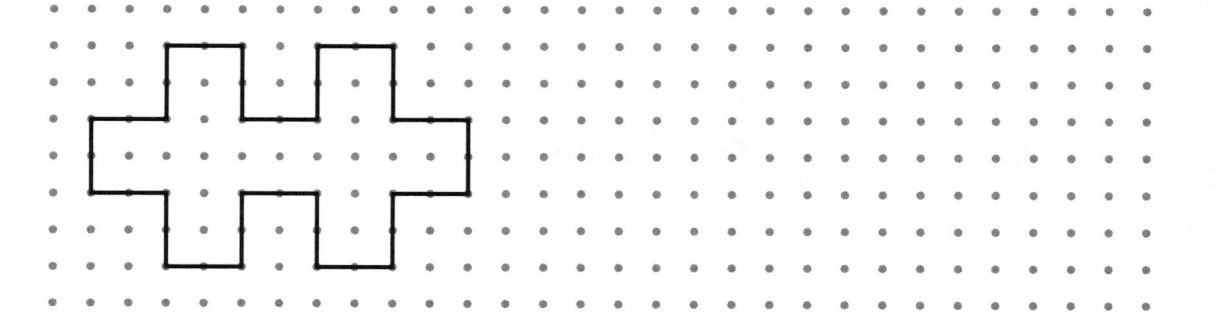

22. Zeichne ein Rechteck in das Punkteraster.

23. Wer sieht das Auto wie? Trage die Namen ein.

24. Immer zwei Figuren sind gleich. Verbinde sie.

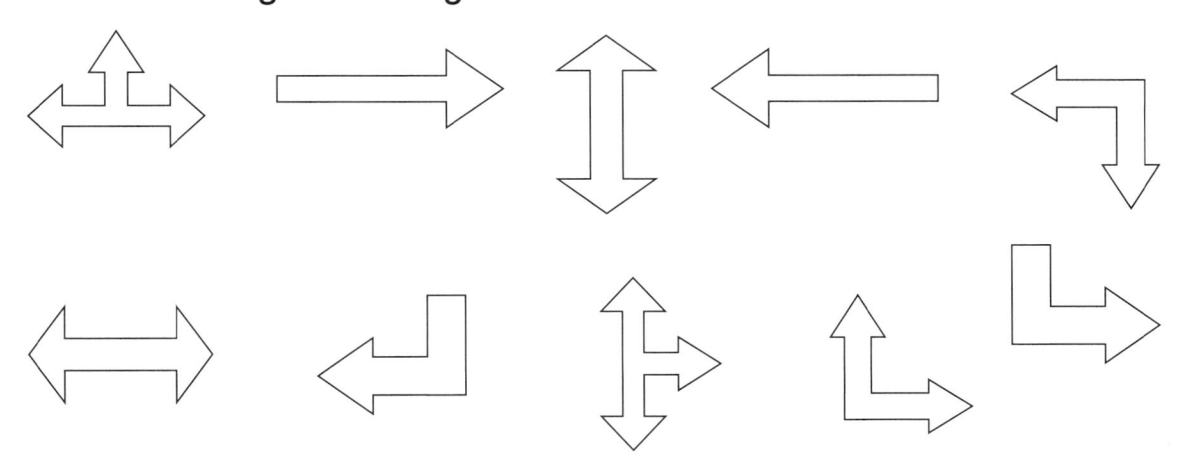

25. Hier siehst du den Grundriss eines Badezimmers. Der äußere Rand ist mit kleinen Fliesen ausgelegt. Das fehlende weiße Quadrat soll mit den großen quadratischen Fliesen ausgelegt werden. Eine große Fliese ist genauso groß wie vier kleine Fliesen. Wie viele große Fliesen braucht man, um das weiße Quadrat auszulegen.

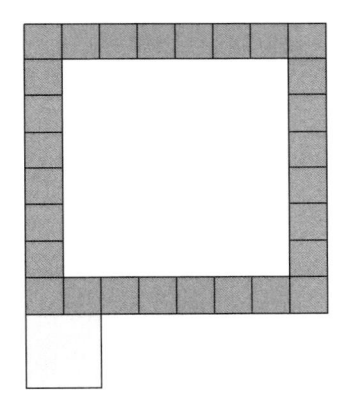

Man braucht
_____ große Fliesen.

26. Hier siehst du drei Körper von oben.

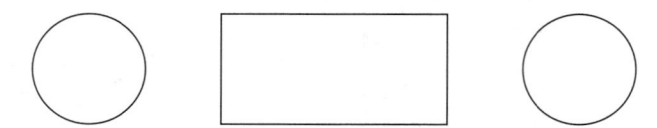

Welche Anordnung siehst du?

a) ☐

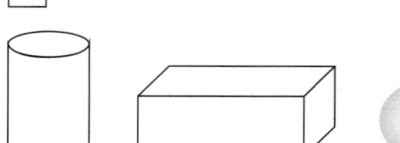

b) ☐

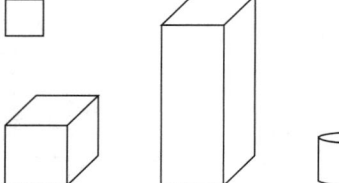

c) ☐

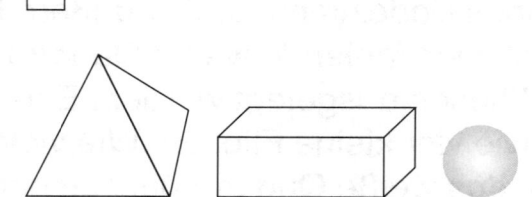

d) ☐

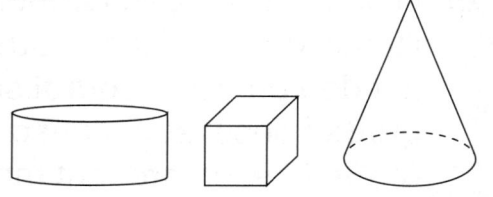

27. Milas Mama hat viele Stoffreste, aus denen sie eine Decke nähen möchte. So sehen die Stoffreste aus.

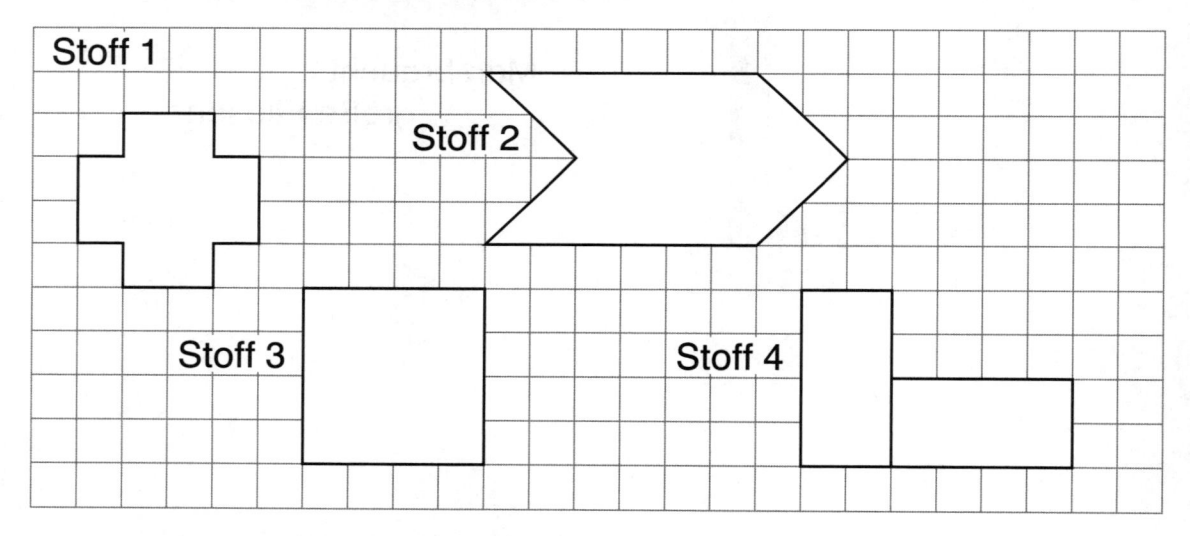

Stoff 1

Stoff 2

Stoff 3

Stoff 4

a) Welche Stoffreste sind gleich groß?

Die Stoffreste _____ und _____ sind gleich groß.

b) Begründe.

_____

_____

Beispieltest 2

28. Ein Kind hat folgende Figur gelegt:

Welche Teile wurden hier benutzt, welche nicht?

Kreuze an.

	benutzt	nicht benutzt		benutzt	nicht benutzt
☐	☐	☐	(Trapez)	☐	☐
(Rechteck)	☐	☐	(Dreieck)	☐	☐
(Kreis)	☐	☐	(schmales Rechteck)	☐	☐

29. Welche drei Würfelgebäude sind gleich?

A   B   C   D

Würfelgebäude _____ , _____ und _____ .

Kontrolliere, ob du alle Aufgaben bearbeitet hast!

So lange habe ich gebraucht: _____ Minuten

Lösungen

Beispieltest 1

Aufgabenteil 1: Muster und Strukturen

1. Ein Apfel wiegt etwa 200 g. Wie viele Äpfel wiegen etwa 1 kg?

   Hinweis: Wenn 1 Apfel 200 g wiegt, wiegen 2 Äpfel 400 g, 3 Äpfel 600 g usw. Du weißt, dass 1 000 g 1 kg sind. Das Ergebnis ist also 5 Äpfel, denn 5 · 200 g = 1 000 g.

   5 Äpfel wiegen etwa 1 kg.

2. Tim liest die Zahl fünfhundertsiebenundvierzig und soll diese Zahl schreiben. Er schreibt 574 auf.

   Erkläre seinen Fehler.

   Hinweis: Denke bei derartigen Aufgaben gut nach. Wenn du dir unsicher bist, schreibe die Zahl auf einen Notizzettel, vielleicht kommst du dann auf Tims Fehler.

   Tim schreibt die Ziffern genau in der Reihenfolge, in der er sie in der gesprochenen Zahl hört. Wir sprechen aber die Einerziffer vor der Zehnerziffer und die Zahl müsste richtig 547 geschrieben werden.

3. Berechne die fehlenden Preise.

   a) 1 Kugel Eis kostet 0,70 €.

   Hinweis: Hier multiplizierst (·) du den Preis für eine Kugel Eis mit 3.

   3 Kugeln Eis kosten **2,10 €**.

   b) 2 Schalen Erdbeeren kosten 2,40 €.

   Hinweis: Du kannst den Preis für eine Schale Erdbeeren berechnen (2,40 € : 2 = 1,20 €) und diesen Preis dann mit 8 multiplizieren (·). Du kannst aber auch den Preis für die 2 Schalen Erdbeeren mit 4 multiplizieren: 4 · 2 Schalen sind auch 8 Schalen.

   8 Schalen Erdbeeren kosten **9,60 €**.

Lösungen – Beispieltest 1

c) 5 Sticker kosten 1,50 €.

Hinweis: Hier musst du den Preis für 5 Sticker durch 5 dividieren (:), damit du weißt, wie viel ein Sticker kostet.

1 Sticker kostet **0,30 €**.

d) 3 Pinsel kosten 1,80 €.

Hinweis: Dies ist die komplizierteste Rechnung: Du musst erst ausrechnen, wie viel 1 Pinsel kostet (1,80 € : 3 = 0,60 €) und diesen Preis dann mit 8 multiplizieren (·).

8 Pinsel kosten **4,80 €**.

4. Wie viel wiegen 2, 3, 5 Säcke Blumenerde? Fülle die Tabelle aus.

Hinweis: Hier musst du das Gewicht eines Sackes mit Blumenerde mit der Anzahl der Blumensäcke multiplizieren (2 Säcke wiegen 2 · 15 kg = 30 kg, 3 Säcke wiegen 3 · 15 kg = 45 kg usw.). Achte darauf, dass in der letzten Spalte das Gewicht für 5 (nicht 4!) Säcke berechnet werden soll.

Anzahl der Säcke	1	2	3	5
Gewicht in kg	15	**30**	**45**	**75**

5. a) Ergänze die fehlende Zahl.

Hinweis: Du erkennst, dass du die erste Zahl mit 5 multiplizieren (·) musst, um die zweite Zahl zu erhalten. Umgekehrt kannst du die zweite Zahl durch 5 dividieren (:), um die erste Zahl zu erhalten. Um die gesuchte Zahl zu berechnen, rechnest du also 40 : 5 = 8.

| 3 | 15 | | 5 | 25 | | 6 | 30 | | **8** | 40 |

b) Finde ein eigenes Zahlenpaar, das zu dieser Regel passt.

Hinweis: Das Zahlenpaar berechnest du wie in Aufgabe a beschrieben. Du hast verschiedene Möglichkeiten. Es reicht, wenn du eine aufschreibst.

Lösungsvorschläge:

| **4** | **20** | oder | **2** | **10** | oder | **7** | **35** | oder | **9** | **45** |

6. Bei der Fahrt in den Urlaub fährt Familie Klein 400 km in 6 Stunden. Dabei fährt sie immer gleichmäßig schnell.

Wie lange brauchen sie für 200 km, 100 km und 300 km?

Hinweis: Am besten berechnest du zuerst die Fahrzeit für 200 km, denn hier musst du die vorgegebene Zeit nur halbieren (6 h : 2 = 3 h).
Auf dem gleichen Weg berechnest du auch die Fahrzeit für 100 km. Hierfür halbierst du die Fahrzeit für 200 km (3 h : 2 = 1,5 h).
Um die Zeit für 300 km zu berechnen, musst du nur noch die Zeit für 200 km und die Zeit für 100 km addieren (3 h + 1,5 h = 4,5 h).

400 km: 6 Stunden
300 km: **4,5** Stunden
200 km: **3** Stunden
100 km: **1,5** Stunden

7. Viola fährt mit dem Fahrrad 3 km in 30 Minuten.

Wie lange braucht Viola für 2 km und für 6 km, wenn sie immer gleichmäßig schnell fährt?

Hinweis: Um die Fahrzeit für 6 km zu berechnen, kannst du die Fahrzeit für 3 km einfach verdoppeln (2 · 30 min = 60 min).
Um die Fahrzeit für 2 km zu berechnen, kannst du entweder die Fahrzeit für 6 km durch 3 dividieren (60 min : 3 = 20 min) oder du berechnest die Fahrzeit für 1 km (3 km : 3 = 10 min) und multiplizierst (·) diese mit 2.

3 km: 30 min
2 km: **20** min
6 km: **60** min

8. 8 Brötchen kosten 2,40 €.

Hinweis: Du kannst den Preis für ein Brötchen berechnen (2,40 € : 8 = 0,30 €) und diesen mit 12 multiplizieren (·). Oder du halbierst den Preis für 8 Brötchen (4 Brötchen kosten 1,20 €) und addierst ihn zu dem Preis für die 8 Brötchen (2,40 € + 1,20 € = 3,60 €).

12 Brötchen kosten **3,60** €.

Lösungen – Beispieltest 1

9. Familie Schneider kauft im Supermarkt immer 2 Liter Milch. Das reicht für 3 Tage. Heute gibt es die Milch im Sonderangebot und sie kauft 6 Liter Milch.

Wie lange wird die Milch reichen?

Hinweis: Familie Schneider hat dreimal so viel Milch gekauft wie normal. Daher reicht die Milch auch dreimal so lange (3 · 3 Tage = 9 Tage).

Die Milch wird für **9** Tage reichen.

10. 124 – 62 – 60 – 30 – 28 – 14 – ...

Nach welcher Regel verändern sich die Zahlen?
Kreuze an.

Hinweis: Schau dir die Zahlen genau an und überlege, wie du von der ersten zur zweiten Zahl, von der zweiten zur dritten Zahl kommst usw. Du erkennst, dass die Zahlen kleiner werden, das heißt, dass – oder : gerechnet wurde. (Tipp: Wenn die Zahlen größer werden, wurde + oder · gerechnet.) Du erkennst, dass sich die Zahlen teilweise halbieren (124, 60, 28) und dazwischen werden immer 2 subtrahiert (–), also ist die letzte Antwort richtig.

☐ immer : 2

☐ immer –2

☐ immer : 3 – 1

☒ immer : 2 – 2

11. Kai hat zu jeder Zeichnung eine Rechnung geschrieben.
Schreibe die fehlende Rechnung auf.

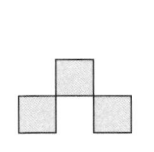

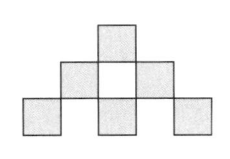

a) *Hinweis:* Hier werden immer von unten nach oben die gefärbten Kästchen addiert (+). Achte darauf, dass du mit der größten Zahl beginnst und nicht vergisst, die Aufgabe auszurechnen.

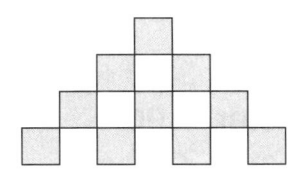

2 + 1 = 3   3 + 2 + 1 = 6   **4 + 3 + 2 + 1 = 10**

Lösungen – Beispieltest 1

b) *Hinweis:* Du erkennst, dass in den Rechnungen immer die Anzahl der Kästchen in den Quadraten berechnet und dann die schwarz gefärbten Eckkästchen subtrahiert (−) werden.

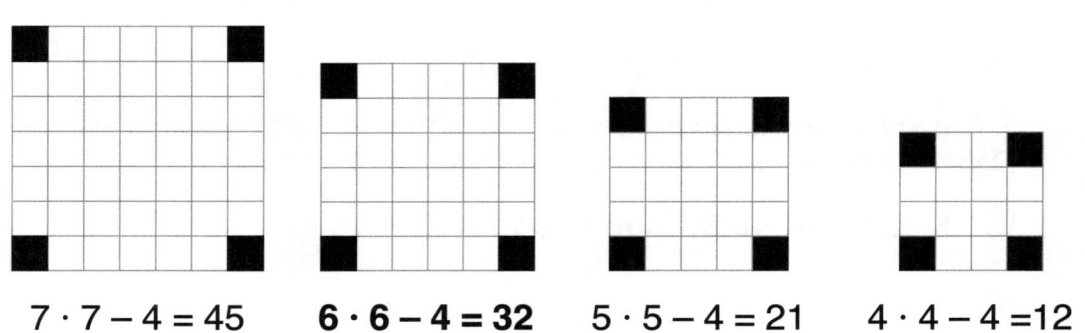

$7 \cdot 7 - 4 = 45$ **$6 \cdot 6 - 4 = 32$** $5 \cdot 5 - 4 = 21$ $4 \cdot 4 - 4 = 12$

12. Alle Zahlenreihen sind nach derselben Regel entstanden. Schreibe die fehlenden Zahlen auf.

Hinweis: Alle Zahlen sind entstanden, indem man immer 4 subtrahiert (−) hat.

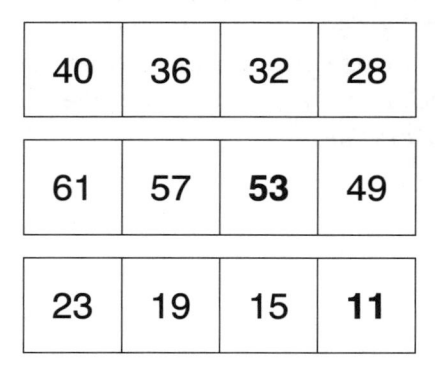

40	36	32	28
61	57	**53**	49
23	19	15	**11**

13. 1 Heft kostet 0,80 €. Ein Paket mit 5 Heften kostet 3,50 €. Berechne jeweils den günstigsten Preis.

Hinweis: Hier musst du immer die Einzelpreise berechnen und dann den Paketpreis. Denke daran, dass du auch ein Paket Hefte mit einzelnen Heften kombinieren kannst.
4 Einzelhefte sind am günstigsten. Bei 8 Heften kauft man am günstigsten ein Paket Hefte und drei Einzelhefte. Bei 10 Heften sind 2 Pakete am günstigsten.

4 Hefte kosten **3,20 €**.
8 Hefte kosten **5,90 €**.
10 Hefte kosten **7,00 €**.

Lösungen – Beispieltest 1

14. 1: 210 − 12 = 198
2: 321 − 123 = 198
3: 432 − 234 = 198
4: 543 − 345 = 198

Hinweis: Du erkennst, dass die einzelnen Ziffern der ersten und zweiten Zahl von Aufgabe zu Aufgabe immer um 1 größer werden. Das Ergebnis ist immer 198. Entsprechend musst du dir diese Ziffernfolge bis zur 8. Rechnung weiterdenken.
Es kann aber auch sein, dass du folgendes Muster erkennst: Die einzelnen Zahlen bestehen aus Ziffernfolgen, wobei die Folge in der ersten Aufgabe bei der ersten Zahl mit 2, in der zweiten Aufgabe mit 3 beginnt usw. In der zweiten Zahl der Aufgabe wird die Ziffernfolge dann umgedreht und das Ergebnis ist immer 198. In der 8. Rechnung muss die erste Ziffer also die 9 sein: 987. Die zweite Zahl lautet dann 789 und das Ergebnis der Subtraktion/Minusrechnung (−) ist 198.

Wie heißt die 8. Rechnung?   **987 − 789 = 198**

15. Setze um jeweils eine Aufgabe fort.

Hinweis: Schau dir die untereinanderstehenden Zahlen genau an und vergleiche sie miteinander:
In Aufgabe a wird die erste Zahl immer um 10 größer, die zweite Zahl um 10 kleiner und das Ergebnis bleibt immer gleich.
In Aufgabe b wird die erste Zahl immer um 4 kleiner, es wird immer durch 4 dividiert (:) und die Zahl, die dann addiert (+) wird, wird immer um 1 kleiner. Das Ergebnis wird immer um 2 kleiner.

a) 104 + 35 = 139
114 + 25 = 139
124 + 15 = 139
134 + 5 = 139

b) 28 : 4 + 7 = 14
24 : 4 + 6 = 12
20 : 4 + 5 = 10
16 : 4 + 4 = 8

16. 35 − 70 − 105 − 140 − 175 − 210

Wie berechnet Nils die Zahlen in seiner Zahlenfolge?
Kreuze an.

Hinweis: Schau dir die Zahlen genau an und überlege, wie du von der ersten zur zweiten Zahl, von der zweiten zur dritten Zahl kommst usw. (Tipp: Wenn die Zahlen größer werden, wurde + oder · gerechnet. Wenn die Zahlen kleiner werden, wurde − oder : gerechnet.) Du erkennst, dass die Zahlen größer werden und immer 35 addiert (+) wurde.

☐ immer · 2   ☒ immer + 35
☐ immer · 35   ☐ immer + 70

Lösungen – Beispieltest 1

17. Die Figuren haben ein Muster.

Hinweis: Du erkennst, dass die erste Zahl der Malaufgabe angibt, wie viele Kästchen das Dreieck unten breit ist. Die zweite Zahl der Malaufgabe (·) gibt an, wie viele Kästchen das Dreieck hoch ist. In den Zeichnungen musst du die beiden Eckpunkte dann nur zu einem Dreieck verbinden. Benutze ein Lineal.

Zeichne die fehlenden Figuren.

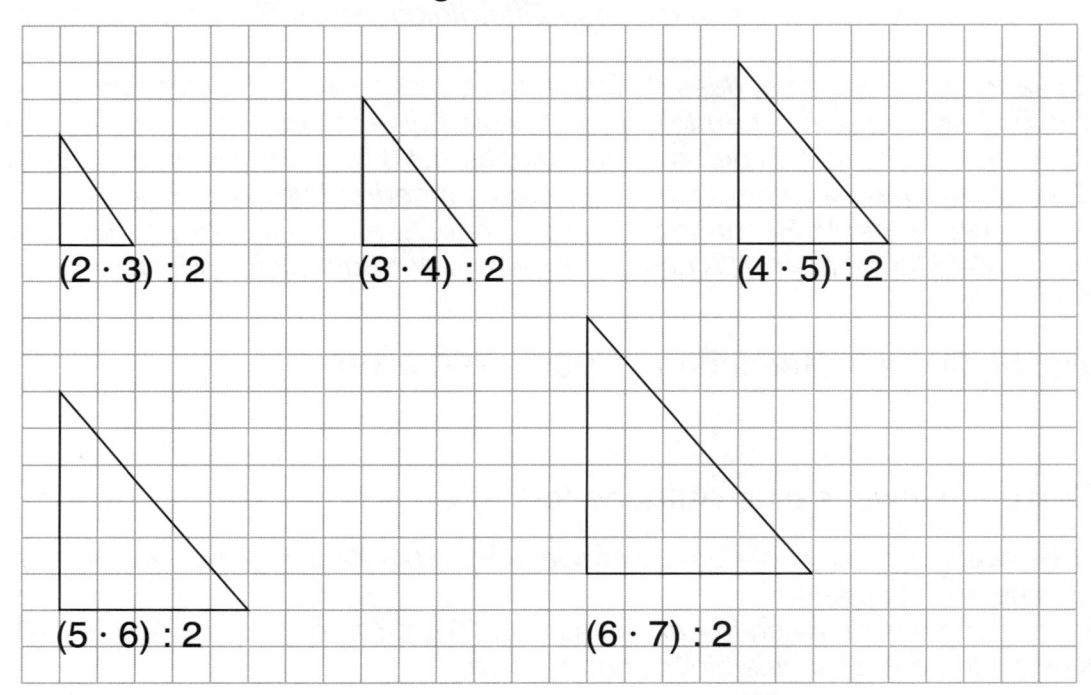

(2 · 3) : 2   (3 · 4) : 2   (4 · 5) : 2

(5 · 6) : 2   (6 · 7) : 2

Lösungen – Beispieltest 1

Aufgabenteil 2: Größen und Messen

18. Die Klasse 3b macht einen 1 km langen Spaziergang.
Sie haben schon 800 cm zurückgelegt.

Wie viele Meter müssen sie noch gehen?

*Hinweis: Achte darauf, dass du diese Aufgabe genau liest, denn dort steht nicht 800 m, sondern 800 cm.
Zuerst rechnest du also die 800 cm in Meter um (800 cm = 8 m). Jetzt weißt du, dass sie noch 1 000 m (1 000 m = 1 km) – 8 m = 992 m gehen müssen.*

Sie müssen noch **992** m gehen.

19. Wandle um.

Hinweis: Achte hier genau auf die angegebenen Einheiten und in welche Einheit du sie umrechnen sollst. Wie du die Einheiten umrechnest, siehst du auch auf der Aufklappseite vorne im Buch. Wenn du dich unsicher fühlst, kannst du die Umrechnungen der Einheiten auf einen Notizzettel schreiben. Denke daran, dass das Komma immer die angegebene Einheit von der nächstkleineren trennt (Beispiel: 62 mm sind 6 ganze Zentimeter und 2 Millimeter, daher steht das Komma nach der 6: 6,2 cm). Achte außerdem darauf, dass 1 min 60 sec hat.

a) 62 mm = **6,2** cm

b) 4 500 g = **4,5** kg

c) 4 min 15 sec = **255** sec

20.

Wie viele Kilogramm und wie viele Gramm sind es?
Schreibe als Kommazahl.

Hinweis: Die Gewichte kannst du leicht addieren (+). Denke daran, dass das Komma immer die angegebene Einheit von der nächstkleineren trennt. Hier ist es ein ganzes Kilogramm und 402 g, das Komma steht also nach der 1.

Es sind **1,402** kg.

Lösungen – Beispieltest 1

21. Tom, Jan und Timo wollen eine 4 Kilometer lange Runde im Wald mit dem Fahrrad fahren. Sie fahren alle gemeinsam los. Tom ist nach 20 Minuten wieder da, Jan nach 25 Minuten und Timo nach 30 Minuten.

Wie lange dauert es, bis alle die 4 Kilometer gefahren sind?

Hinweis: Hier überlegst du, wann alle wieder da sind, und das ist der Fall, wenn der Letzte (also hier Timo) ankommt.

Nach **30** Minuten haben alle drei die Runde im Wald geschafft.

22. a) Laura und ihr Vater machen einen Ausflug mit dem Fahrrad. Sie fahren um 13.15 Uhr los und sind um 16.30 Uhr wieder da. Wie lange waren sie unterwegs?

*Hinweis: Bei diesen Aufgaben musst du genau lesen. Denke daran, dass eine Stunde 60 Minuten hat. Am besten rechnest du bei solchen Aufgaben immer erst bis zur vollen Stunde, dann berechnest du die vollen Stunden und dann die restlichen Minuten. Die einzelnen Angaben schreibst du auf einen Notizzettel.
Hier überlegst du folgendermaßen: Von 13.15 Uhr bis 14.00 Uhr sind es 45 Minuten, von 14.00 Uhr bis 16.00 Uhr sind es 2 Stunden und von 16.00 Uhr bis 16.30 Uhr sind es noch einmal 30 Minuten: 45 min + 2 h + 30 min = 3 h 15 min.*

Sie waren **3 Stunden und 15 Minuten** unterwegs.

b) Kira war mit ihrer Freundin im Kino.
Der Film startete um 15.05 Uhr und dauerte 85 Minuten.
Wann war der Kinofilm zu Ende?

Hinweis: Von 15.05 Uhr bis 16.00 Uhr vergehen 55 Minuten, dann läuft der Film noch 30 Minuten (denn 85 min – 55 min = 30 min). Das heißt, der Film ist um 16.30 Uhr zu Ende.

Der Film war um **16.30** Uhr zu Ende.

c) Die Schule beginnt um 7.55 Uhr.
Daniel braucht 18 Minuten für seinen Schulweg.
Wann sollte er spätestens von zu Hause losgehen?

Hinweis: Hier ziehst du einfach die 18 Minuten von den 55 Minuten ab. Das heißt, er muss spätestens um 7.37 Uhr losgehen. (Achte bei einer solchen Aufgabe darauf, ob eine volle Stunde überschritten wird, du also bei der Uhrzeit auch die Anzahl der Stunden ändern musst. Dies ist hier jedoch nicht der Fall.)

Daniel sollte spätestens um **7.37** Uhr losgehen.

Lösungen – Beispieltest 1

23. Wie lang ist ein normales Bett für Erwachsene etwa? Kreuze an.

Hinweis: Wenn du dir unsicher bist, schau mal auf deinem Lineal, wie lang 2 mm und 2 cm sind. Dann ist dir klar, dass diese Einheiten nicht infrage kommen. Außerdem kannst du dir sicher vorstellen, dass ein 2 km langes Bett in keinen Raum hineinpassen würde, hier würde selbst eure Turnhalle nicht ausreichen. Es bleiben also nur 2 m als Lösung.

Ein normales Bett für Erwachsene ist etwa …

☐ 2 mm lang.

☐ 2 cm lang.

☒ 2 m lang.

☐ 2 km lang.

24. Verbinde mit der richtigen Einheit.

Hinweis: Alle Angaben mit einer Dauer weisen auf eine Zeiteinheit, alle Angaben mit einem Preis auf einen Geldbetrag, alle Angaben mit einer Breite auf eine Längenangabe und alle Gewichtsangaben auf ein Gewicht hin. Verbinde zuerst alle Paare, bei denen du dir ganz sicher bist.

Dauer eines Schwimmbadbesuchs: 4	Minuten
Dauer eines Strandurlaubs: 14	Meter
Dauer der Pause in der Schule: etwa 20	Tage
Preis eines Lutschers: 20	Zentimeter
Preis eines Fahrrades: 340	Kilogramm
Breite einer Tür: 80	Millimeter
Breite einer Bleistiftspitze: 1	Stunden
Sprungweite eines Kängurus: 13,5	Cent
Gewicht eines Dackels: 9	Gramm
Gewicht eines Volleyballs: 270	Euro

Lösungen – Beispieltest 1

25. Die Kinder der Klasse 3a gehen in die Eisdiele. Jeder bezahlt für das Eis 1,50 €. Der Eismann hat schon 30 € kassiert und 5 Kinder warten noch auf ihr Eis und müssen noch bezahlen.

Hinweis: Du berechnest zuerst, wie viele Kinder schon bezahlt haben: 1 Eis kostet 1,50 €, dann kosten 10 Eis 15 € und 20 Eis 30 €. Es haben also schon 20 Kinder bezahlt. 5 Kinder warten noch auf ihr Eis, also gehen insgesamt 20 + 5 = 25 Kinder in die Klasse 3a.

a) Wie viele Kinder gehen in die Klasse 3a?

25 Kinder gehen in die Klasse 3a.

b) Schreibe auf, wie du zu der Lösung gekommen bist.

Lösungsvorschlag:

Ein Eis kostet 1,50 €, dann kosten 10 Eis 15 € und 20 Eis 30 €. Es haben also schon 20 Kinder bezahlt. 5 Kinder warten noch auf ihr Eis. 20 Kinder + 5 Kinder = 25 Kinder.

26. Lisas Mama will mit dem Zug nach Hause fahren. Auf dem Bahnhof zeigt die Uhr Folgendes:

Der Zug kommt um 15.03 Uhr.
Wie lange muss sie noch warten?

Hinweis: Denke daran, dass eine Stunde 60 Minuten hat. Am besten rechnest du erst bis zur vollen Stunde und dann die restlichen Minuten: Auf der Uhr ist es 14.35 Uhr, bis 15.00 Uhr sind es also noch 25 Minuten. Hinzu kommen dann noch 3 Minuten.

Lisas Mama muss noch **28 Minuten** warten.

27. Ergänze.

Hinweis: Achte hier genau auf die angegebenen Einheiten und bis zu welcher Einheit du ergänzen sollst. Wie du die Einheiten umrechnest, siehst du auch auf der Aufklappseite vorne im Buch. (Achte darauf, dass 1 Stunde 60 Minuten hat.)

a) 3 mm + **7 mm** = 1 cm

b) 24 min + **36 min** = 1 h

c) 140 g + **860 g** = 1 kg

Lösungen – Beispieltest 1

28. Drei Autos hintereinander sind 12 Meter lang.

Wie lang sind sechs Autos?

Hinweis: Da sich hier die Anzahl der Autos verdoppelt, verdoppelt sich auch ihre Länge (2 · 12 m = 24 m).

Sechs Autos sind **24** Meter lang.

29. Hier siehst du zwei Waagen.

Wie viele Gewichte musst du auf die zweite Waage legen, damit sie wieder im Gleichgewicht ist?

Hinweis: Hier musst du zuerst ausrechnen, wie viele Gewichte du für einen Apfel brauchst. 3 Äpfel brauchen 6 Gewichte, dann braucht 1 Apfel zwei Gewichte (6 : 3 = 2). Für 2 Äpfel musst du also 4 Gewichte auflegen.

Ich muss **4** Gewichte auf die zweite Waage legen.

30.

Zoo-Kiosk	
1 Kugel Eis	0,90 €
1 Waffel	2,00 €
100 g Weingummi	1,60 €
1 Tasse Punsch	2,60 €
200 ml Limo	2,20 €

Hinweis: Achte genau darauf, wie viel du von den einzelnen Dingen kaufen sollst.

Kreuze an.

	ja	nein
Du kaufst 200 g Weingummi. Reichen 3 € für deinen Einkauf?		[X]

Hinweis: 200 g Weingummi kosten 2 · 1,60 € = 3,20 €.

	ja	nein
Du kaufst 600 ml Limo. Reichen 8 € für deinen Einkauf?	[X]	

Hinweis: 600 ml (3 · 200 ml) Limo kosten 3 · 2,20 € = 6,60 €.

Lösungen – Beispieltest 1

	ja	nein
Du kaufst 2 Kugeln Eis und eine Tasse Punsch. Reichen 5 € für deinen Einkauf?	X	

Hinweis: 2 Kugeln Eis (2 · 0,90 €) kosten 1,80 € und eine Tasse Punsch kostet 2,60 €. Zusammen sind das 4,40 €.

	ja	nein
Du kaufst 1 Kugel Eis und eine Waffel. Reichen 2,50 € für deinen Einkauf?		X

Hinweis: 1 Kugel Eis (0,90 €) und eine Waffel (2,00 €) kosten zusammen 2,90 €.

	ja	nein
Du kaufst 100 g Weingummi und 2 Tassen Punsch. Reichen 7 € für deinen Einkauf?	X	

Hinweis: 100 g Weingummi (1,60 €) und 2 Tassen Punsch (2 · 2,60 € = 5,20 €) kosten zusammen 6,80 €.

31. Die Kinder verkaufen bei einem Schulfest Waffeln und Kuchen. Sie haben schon 34,50 € eingenommen.

Wie viele Stücke Kuchen und wie viele Waffeln wurden schon verkauft?

Schulfest	
1 Waffel	1,20 €
1 Stück Kuchen	1,50 €

Hinweis: Für diese Aufgabe gibt es mehrere richtige Lösungen. Du musst genau überlegen und ein bisschen ausprobieren. Am besten schreibst du dir deine Versuche auf einen Notizzettel. Gib nicht sofort auf, aber wenn du merkst, dass du keine Lösung findest, mach mit der nächsten Aufgabe weiter. Beginne deine Versuche mit leicht zu rechnenden Aufgaben.
Beispiel: 10 Stücke Kuchen kosten 15,00 €, aber für die restlichen 19,50 € kann man keine Waffeln kaufen, ohne dass Restgeld übrig bleibt. 20 Stücke Kuchen kosten 30,00 €, aber für die restlichen 4,50 € kann man ebenfalls keine Waffeln kaufen, ohne dass Restgeld übrig bleibt. 15 Stücke Kuchen kosten 22,50 €, dann bleiben 12,00 € für Waffeln. Damit kann man genau 10 Waffeln kaufen, die Rechnung geht also auf. (Weitere mögliche Lösungen sind 23 Stücke Kuchen und 0 Waffeln, 7 Stücke Kuchen und 20 Waffeln, 3 Stücke Kuchen und 25 Waffeln.)

Lösungsvorschlag:

Es wurden schon **15** Stücke Kuchen und **10** Waffeln verkauft.

Lösungen – Beispieltest 1

32. Hier siehst du eine Waage mit zwei gleich schweren Büchern.

Wie viel wiegt ein Buch?

Hinweis: Wenn die beiden Bücher gleich schwer sind, wiegt ein Buch die Hälfte. Da beide Bücher zusammen 500 g wiegen, wiegt ein Buch 250 g (500 g : 2 = 250 g).

Ein Buch wiegt **250 g**.

33. Welche Strecke ist am kürzesten? Kreuze an.

Hinweis: Achte darauf, dass die Strecken nicht alle auf der gleichen Höhe beginnen. Am besten zählst du, wie viele Kästchen die einzelnen Strecken lang sind, um die kürzeste zu finden.

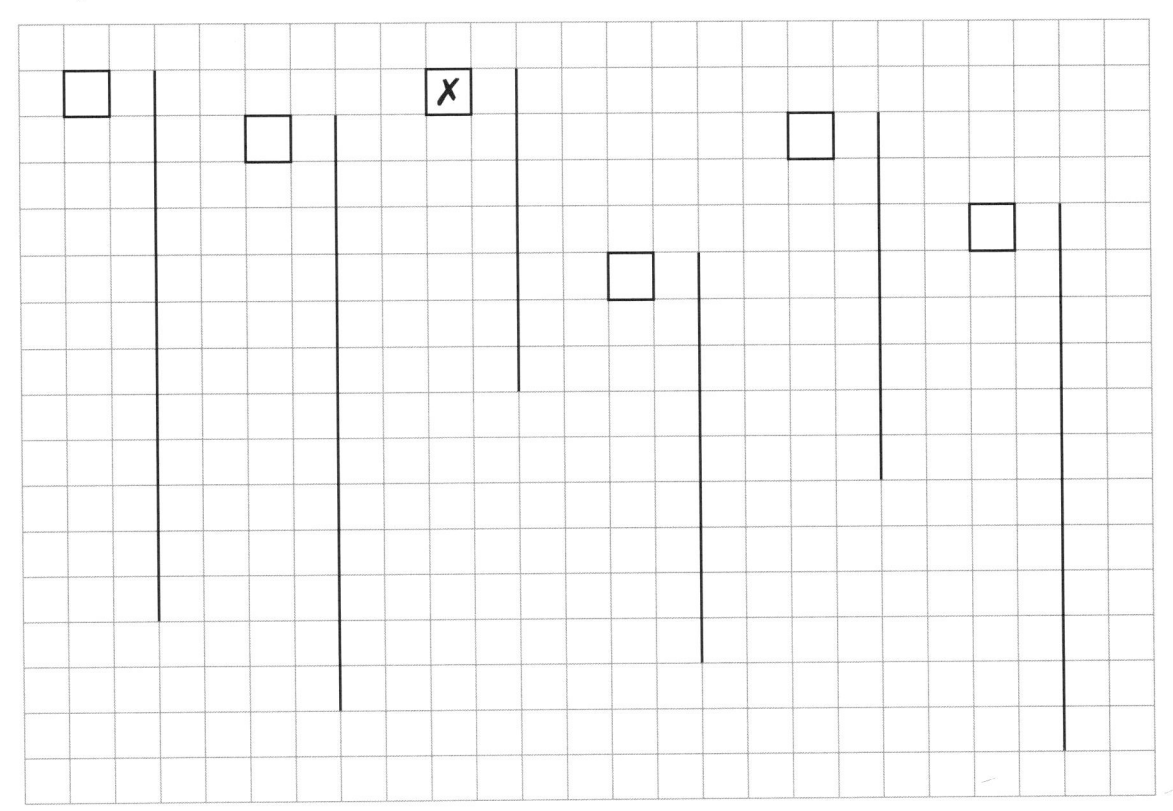

34. Die Kinder sollen im Sportunterricht 12 Minuten laufen.
Tina schafft 1 km und 856 Meter. Moni schafft 1 865 Meter.

Hinweis: Hier musst du genau überlegen: Wer in 12 Minuten mehr Meter gelaufen ist, ist schneller. Tina hat 1 856 Meter und Moni 1 865 Meter geschafft, Moni war also schneller.

Wer ist schneller gelaufen?
Moni ist schneller gelaufen.

Wie viele Meter hat sie mehr geschafft?
Sie hat 9 Meter mehr geschafft.

35. Paul rechnet in der Pause: „Ich bin heute genau 115 Monate alt."

Wie viele Jahre und Monate ist Paul alt?
Kreuze an.

Hinweis: Ein Jahr hat 12 Monate. Wenn Paul schon 10 Jahre alt wäre, wäre er auch schon über 120 Monate (also 10 · 12 Monate) alt. Da er aber 115 Monate alt ist, fehlen ihm noch 5 Monate, bis er 10 Jahre alt wird. Er ist also 9 Jahre und 7 Monate alt.

☐ 11 Jahre und 5 Monate
☒ 9 Jahre und 7 Monate
☐ 10 Jahre und 5 Monate
☐ 8 Jahre und 9 Monate

Lösungen – Beispieltest 2

Beispieltest 2

Aufgabenteil 1: Daten, Häufigkeiten und Wahrscheinlichkeiten

1. In der Tabelle haben die Kinder eingetragen, welche Spiele sie am liebsten auf dem Schulhof spielen.

   Hinweis: Zeichne nacheinander die einzelnen Säulen zu den Lieblingsspielen der Kinder. Am besten markierst du zuerst die Höhen der Säulen mit dem Lineal an der richtigen Stelle. Achte auf die Einteilung des Diagramms.

   Ergänze das Säulendiagramm so, dass es zur Tabelle passt.

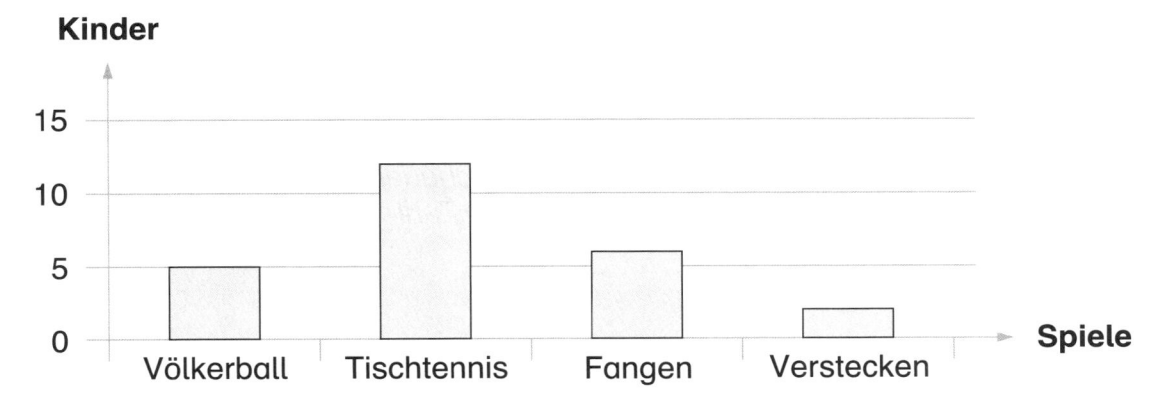

2. Du sollst aus einem Stapel Karten ziehen. Da deine Freunde alle Karten mit Katzen gezogen haben, möchtest du auch eine Karte mit Katze. Bei welchem Stapel sind deine Chancen am geringsten?

   Hinweis: Auf jedem Stapel liegen nur zwei Karten mit Katzen. Auf dem dritten Stapel liegen zusätzlich die meisten anderen Karten. Es liegen hier fünf Karten mit Vögeln. Auf Stapel 1 liegen nur zwei, auf Stapel 2 nur eine und auf Stapel 4 vier Karten mit Vögeln. Die Wahrscheinlichkeit, eine Katzenkarte zu ziehen, ist also beim dritten Stapel am geringsten.

   Bei Stapel: **3**
   Begründung: **Auf jedem Stapel liegen 2 Karten mit Katzen, in Stapel 3 sind jedoch die meisten anderen Karten mit dabei.**

3. Lena hat einen neuen Würfel mit den Ziffern von 0 bis 9. Lena und Max spielen ein Würfelspiel, bei dem Lena gewinnt, wenn sie die Zahlen 6, 7, 8 oder 9 würfelt. Sie überlegen, welche **anderen Zahlen** Max würfeln muss, damit er gewinnt. Er soll die gleichen Gewinnchancen haben. Schreibe eine mögliche Regel für Max auf.

   Hinweis: Für jede Zahl ist die Chance, dass sie gewürfelt wird, gleich. Damit außerdem die Gewinnchancen für Lena und Max gleich sind, müssen ihnen gleich viele Zahlen zugeordnet werden. Max sollte also wie Lena bei vier verschiedenen Zahlen gewinnen können. Da Lena schon bei den Zahlen 6 bis 9 gewinnt, bleiben für Max noch vier Zahlen aus dem Bereich 1 bis 5 übrig.

Lösungsmöglichkeit:
Max gewinnt, wenn er die Zahlen 1, 2, 4 oder 5 würfelt.

4. Ein Zirkus besucht die Schule. Die Kinder können zwischen verschiedenen Aktivitäten wählen, die sie für eine Zirkusaufführung üben. Die Ergebnisse siehst du in dem Diagramm.

    a) Wie viele Kinder aus Klasse 3 wollen Akrobaten werden?

    Hinweis: Schau dir das Diagramm zuerst einmal genau an. Wie werden die verschiedenen Aktivitäten unterschieden? Wo findest du, wie viele Kinder an den Aktivitäten teilnehmen? Achte auch auf die Aufteilung der Kinder in den Klassen. Dann musst du schauen, wie hoch die graue Säule bei Klasse 3 ist. Achte beim Ablesen der Zahlen auf die Einteilung des Diagramms.

    7 Kinder.

    b) Welche Klasse besuchen die meisten Kinder?

    Hinweis: Schau dir alle Säulen an und lies die zugehörigen Mengen ab. Um die Aufgabe zu lösen, musst du für jede Klasse die Zahlen der drei Säulen addieren. So erhältst du die Anzahl der Schüler pro Klasse und kannst vergleichen.

    Klasse 4.

5. Alle Kinder der Schule wurden gefragt, welche Elternteile arbeiten?

    Hinweis: Auch dieses Diagramm solltest du dir zunächst genau ansehen. Wo steht, wer arbeitet? Wie werden Mädchen und Jungen unterschieden? Wo siehst du, wie viele Kinder die verschiedenen Antworten gegeben haben?

    Stimmen die Aussagen? Kreuze an.

	stimmt	stimmt nicht
Es arbeiten bei den Mädchen häufiger beide Elternteile als bei den Jungen.	X	
Es arbeiten bei den Jungen genau 10 Mütter.		X
In der Schule gibt es mehr Jungen als Mädchen.		X
Es arbeitet bei allen Kindern häufiger nur der Vater als nur die Mutter.	X	

6. Die Kinder spielen ein Würfelspiel, bei dem man mit drei Würfeln würfeln muss. Aus den Augenzahlen wird die Summe gebildet. Simon sagt, dass die Summe nicht größer als 18 sein kann.

   Hinweis: Mit einem Würfel kannst du Zahlen zwischen 1 und 6 würfeln. Die größte Summe beim Würfeln mit drei Würfeln ergibt sich also, wenn du mit allen Würfeln eine 6 würfelst (6 + 6 + 6 = 18).

   Mit einem Würfel kann man höchstens eine 6 würfeln. Bei drei Würfeln kann man also höchstens dreimal eine 6 würfeln, was in der Summe 18 ergibt.

7. In dieser Tabelle siehst du, wie viele Kinder einer Grundschule Milch, Kakao, Vanillemilch, Erdbeermilch und Bananenmilch bestellt haben.

   Hinweis: Schau dir die verschiedenen Anzahlen von Kindern pro Getränk genau an und ordne die Mengen absteigend. Im Diagramm siehst du, dass die größte Fläche den Kindern zugeordnet wurde, die Kakao als Lieblingsgetränk nannten. Die zweitgrößte Fläche entspricht dem Lieblingsgetränk Vanillemilch, die drittgrößte der Bananenmilch, gefolgt von der Erdbeermilch. Milch wird von den wenigsten Kindern genannt und bekommt deshalb die kleinste Fläche.

   Beschrifte die einzelnen Teile des Kreisdiagramms mit dem passenden Getränk.

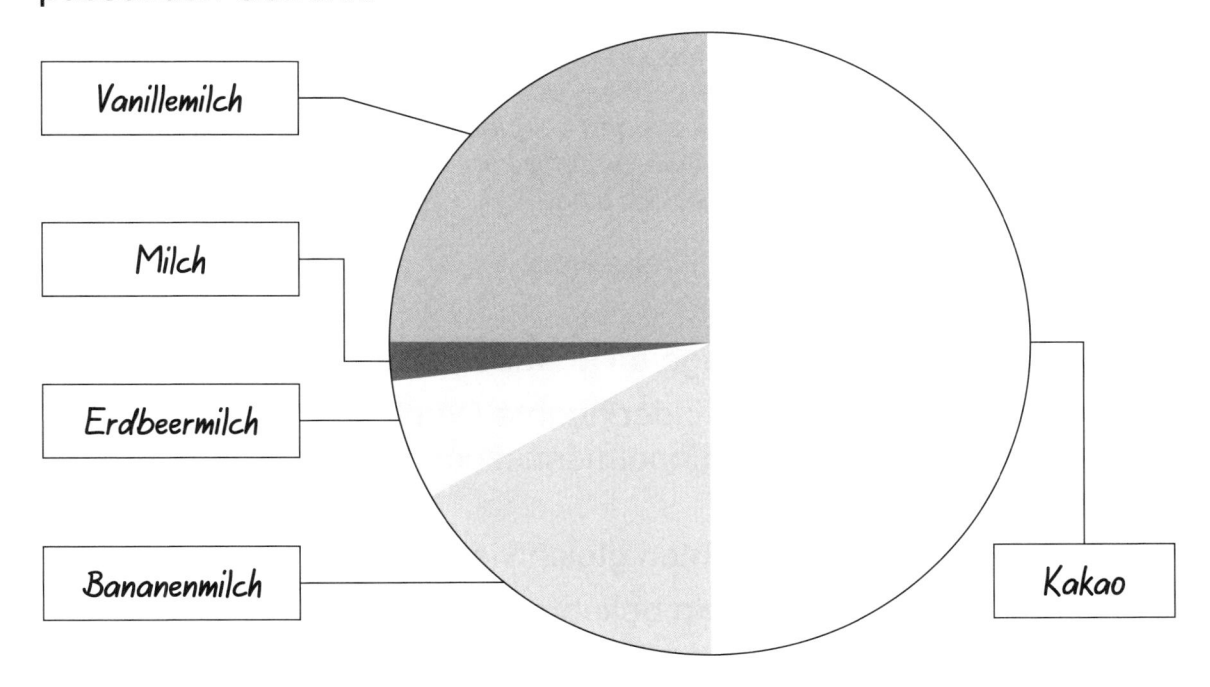

Lösungen – Beispieltest 2

8. Die Kinder einer Grundschule wurden gefragt, welche Haustiere sie haben. Die Tabelle zeigt das Ergebnis der Umfrage.

   Hinweis: Hier ist es wichtig, dass du dir die Legende genau anschaust: Welches Zeichen steht für welche Zahl? Dann kannst du ausrechnen, wie viele Kinder welches Haustier haben, und die Tiere entsprechend ordnen. Das Tier, das die meisten Kinder haben, kommt auf den ersten Platz; das Tier, das die wenigsten Kinder besitzen, auf den fünften Platz.

   Verbinde.

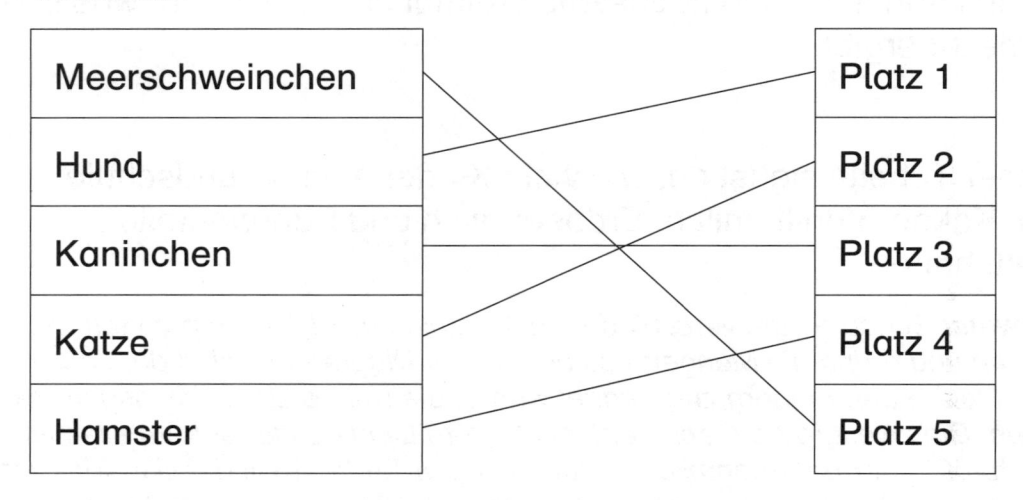

Tier	Platz
Meerschweinchen	Platz 4
Hund	Platz 2
Kaninchen	Platz 3
Katze	Platz 1
Hamster	Platz 5

9. Lieblingsnationalmannschaften der WM der Klasse 3b

   Hinweis: Sieh dir das Diagramm genau an und finde eine Rangfolge der Länder. Achte auch auf die Mengenangaben in den einzelnen Teilen des Diagramms. Schau dir zur Beurteilung der zweiten Aussage an, wie groß der Anteil der Fläche, die für Deutschland als Lieblingsmannschaft steht, am gesamten Diagramm ist. Zur Überprüfung kannst du ausrechnen, wie viele Kinder insgesamt in der Klasse 3 b sind.

   Stimmen die Aussagen? Kreuze an.

Aussage	stimmt	stimmt nicht
Polen kam bei der Umfrage an dritter Stelle.		X
Mehr als die Hälfte der Kinder nannte Deutschland als ihre Lieblingsnationalmannschaft bei der WM.	X	
Brasilien und Türkei nannten gleich viele Kinder.		X
Italien war bei den Kindern beliebter als Brasilien.	X	

Lösungen – Beispieltest 2

10. Timo hat folgende Karten in der Hand:

Sein Freund Jonas zieht 3 Karten und berechnet die Summe.

a) Welche Summe kann er nicht ausgerechnet haben?

Hinweis: Überlege, durch welche Kartenkombinationen die Summen entstanden sein können. Bedenke, dass Jonas nur drei Karten zieht. Die 7 ergibt sich aus einer 3 und zwei 2ern, die 10 aus einer 5, einer 3 und einer 2. Für die 14 gibt es keine geeignete Kartenkombination. Die 15 entsteht durch drei Karten mit einer 5. Du musst also nur die 14 ankreuzen.

☐ 7
☐ 10
☒ 14
☐ 15

b) Es ist möglich, aber nicht sicher, dass die drei gezogenen Karten 9 ergeben. Begründe.

Hinweis: Jonas kann drei Karten mit einer 3 oder eine Karte mit einer 5 und zwei Karten mit einer 2 ziehen. Dann ist die Summe 9. Jedoch ist es genauso möglich, dass Jonas andere Karten zieht, beispielsweise eine 5, eine 3 und eine 2, was in der Summe 10 ist. Damit ist es zwar möglich, dass die Summe von Jonas' Karten 9 ergibt, es ist aber nicht sicher.

Nur wenn Jonas drei Karten mit einer 3 oder eine Karte mit einer 5 und zwei Karten mit einer 2 zieht, ergibt die Summe der Zahlen 9. Es ist aber auch möglich, dass Jonas andere Karten zieht und das Ergebnis dadurch anders ausfällt.

Lösungen – Beispieltest 2

11. Du verlierst, wenn das Glücksrad auf einer geraden Zahl anhält. Kreuze das Glücksrad an, bei dem die Chancen zu verlieren am größten sind.

Hinweis: Auf den Glücksrädern a, b und c stehen je drei gerade Zahlen. Auf Glücksrad d nur zwei. Daher ist die Chance zu verlieren bei a, b und c am größten.

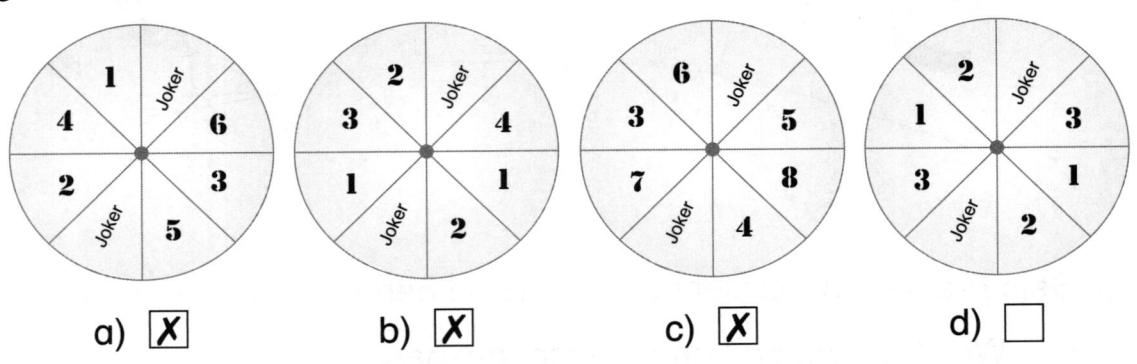

a) [X]   b) [X]   c) [X]   d) ☐

12. Bei der Wahl zum Klassensprecher kam es in der Klasse 3a zu folgendem Ergebnis:

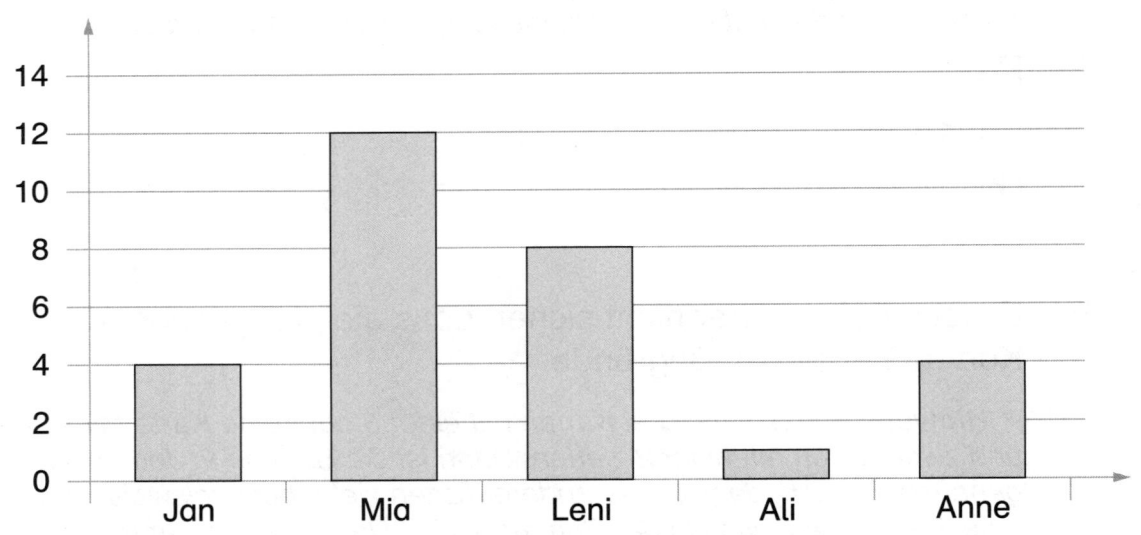

Hinweis: Schau dir das Diagramm genau an und lies die Stimmenzahlen anhand der Säulen ab. Dabei siehst du, dass nur Tabelle b richtig ist.

b) [X]

Name	Jan	Mia	Leni	Ali	Anne
Anzahl der Stimmen	4	12	8	1	4

Lösungen – Beispieltest 2

Aufgabenteil 2: Raum und Form

13. Lars möchte aus kleinen Würfeln folgenden Quader bauen:

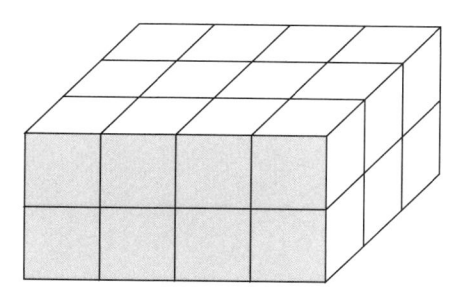

Er hat schon angefangen:

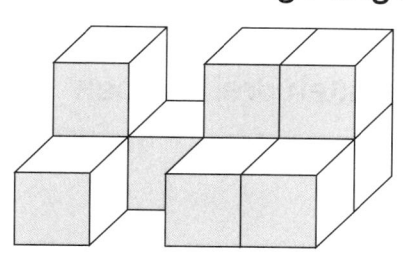

Wie viele kleine Würfel braucht er noch?

Hinweis: Vervollständige zunächst die untere Etage mit 5 Würfeln. Für die obere Etage brauchst du dann noch 9 Würfel, damit der Quader komplett ist.

Er braucht noch **14** kleine Würfel.

14. Hier siehst du ein Würfelnetz, in dem eine Fläche markiert ist.
Male im Netz auch die im Würfel gegenüberliegende Seite an.

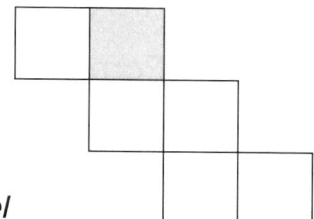

Hinweis: Setze das Netz im Kopf zu einem Würfel zusammen. Es ist nicht möglich, dass die gegenüberliegende Seite direkt neben der gefärbten Seite liegt.

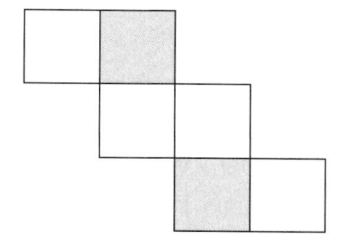

15.

Wo steht die Zahl vier? Kreuze an.

Lösungen – Beispieltest 2

Hinweis: Sieh dir die Zeichnung genau an. Wenn du die verschiedenen Formen mit unterschiedlichen Farben schattierst, kannst du gut erkennen, wozu die Teilfläche mit der Zahl vier gehört.

- [ ] im Kreis und im Rechteck
- [x] im Kreis und im Quadrat
- [ ] in allen drei Formen
- [ ] nur im Kreis

16. Zu einem Spiel gehören folgende Formen: Dreiecke, Rechtecke, Quadrate und Kreise.

a) Ben zieht eine Karte und nimmt sich zwei Dreiecke, ein Quadrat und drei Rechtecke. Wie viele Seiten haben seine Formen zusammen?

Hinweis: Stell dir die Formen genau vor. Wenn du unsicher bist, mach dir Skizzen auf deinem Schmierzettel und zähle dann die Seiten der Formen.

Seine Formen haben zusammen 22 Seiten.

b) Julia nimmt sich Dreiecke und Rechtecke. Insgesamt zählt sie 18 Seiten. Wie viele Dreiecke und Rechtecke hat sie?

Hinweis: Auch hier ist es wichtig, dass du dir die Formen gut vorstellst und überlegst, wie viele Seiten sie haben. Ein Dreieck hat drei Seiten, ein Rechteck vier Seiten. Überlege also, wie häufig die Zahlen 3 und 4 in die 18 passen. Am besten probierst du es auf deinem Notizzettel aus.

Sie hat 2 Dreiecke und 3 Rechtecke.

c) Katja nimmt sich Figuren mit 22 Seiten. Schreibe zwei Möglichkeiten auf, welche Formen sie genommen hat.

Hinweis: Überlege zunächst, welche Formen es gibt und wie viele Seiten sie haben. Dann kannst du wie bei Aufgabe b vorgehen und ausprobieren, wie häufig die Zahlen in die 22 passen.

1. Möglichkeit: Sie nimmt 2 Dreiecke und 4 Quadrate.
2. Möglichkeit: Sie nimmt 6 Dreiecke und 1 Rechteck.

Lösungen – Beispieltest 2

17. Jede Figur wurde an der Spiegelachse gespiegelt. Kreuze an, ob die gespiegelte Figur so richtig gezeichnet ist oder nicht.

Hinweis: Falte die Figuren gedanklich an der Spiegelachse. Wenn die beiden Hälften dann genau übereinanderliegen, wurde die Figur richtig gespiegelt. Falls die Hälften sich unterscheiden, ist die Spiegelung falsch.

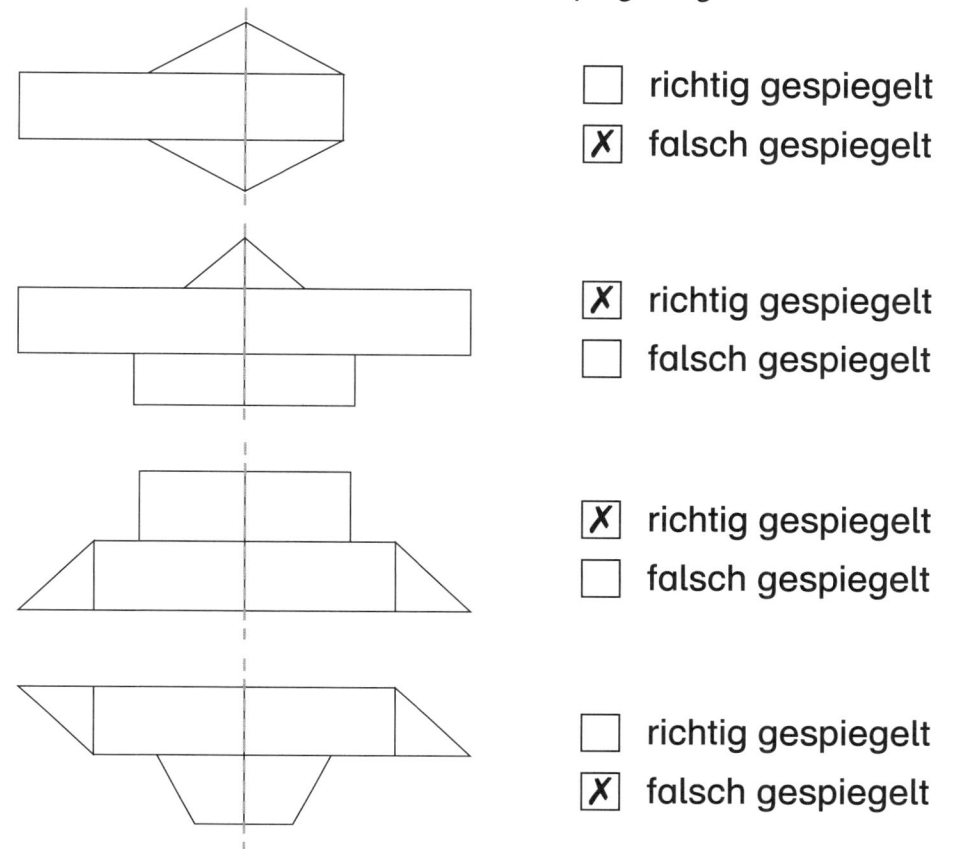

☐ richtig gespiegelt
☒ falsch gespiegelt

☒ richtig gespiegelt
☐ falsch gespiegelt

☒ richtig gespiegelt
☐ falsch gespiegelt

☐ richtig gespiegelt
☒ falsch gespiegelt

18. Spiegele an der Achse und male die fehlenden Dreiecke aus.

Hinweis: Denke daran, dass bei einer Spiegelung alle Punkte der Figur den gleichen Abstand zur Spiegelachse haben müssen.

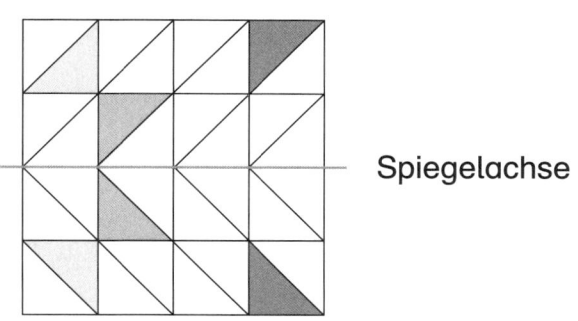

Spiegelachse

Lösungen – Beispieltest 2

19. Daniels Papa möchte eine neue Terrasse bauen. Hier siehst du seine Entwürfe mit den eingezeichneten Platten.

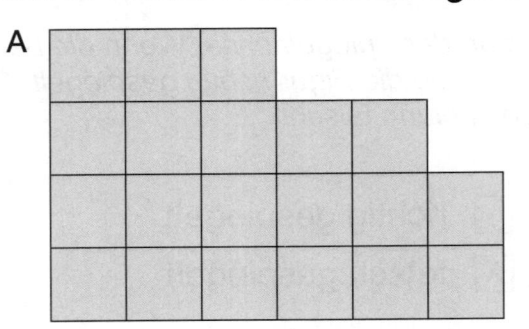

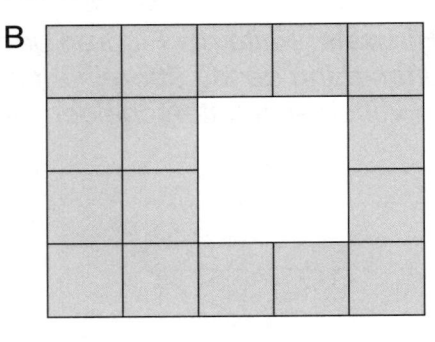

A

B

Für welche Terrasse braucht er mehr Platten?

Hinweis: Sieh die Entwürfe genau an. Du kannst die Platten einfach abzählen.

Er braucht für Terrasse **A** mehr Platten.

20. Diese Figur setzt sich aus zwei Teilen zusammen.

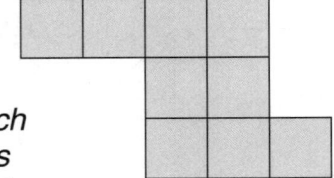

Hinweis: Setze die Teile gedanklich zusammen. Denke dabei daran, dass du sie drehen kannst. Achte auch auf die Anzahl der grauen Kästchen.
Die einzelnen Teile müssen zusammen aus genauso vielen Kästchen bestehen wie die Figur. Wenn du unsicher bist, mach Zeichnungen auf deinem Schmierzettel.

Welche sind es? Kreuze an.

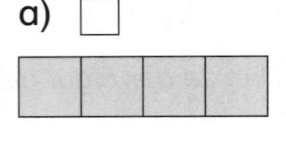

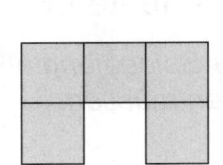

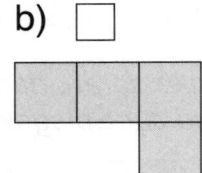

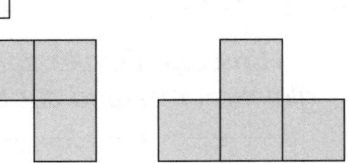

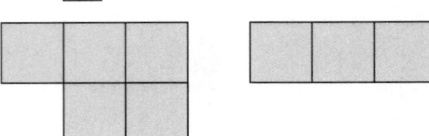

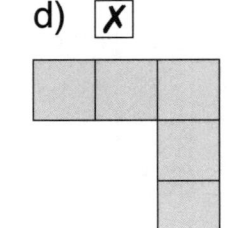

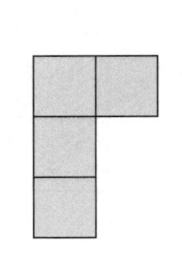

a) ☐

b) ☐

c) ☐

d) [X]

Lösungen – Beispieltest 2

21. Zeichne die Figur ab.

Hinweis: Achte darauf, dass du die Linien und Abstände genauso lang zeichnest wie in der Vorgabe. Zeichne mit dem Lineal.

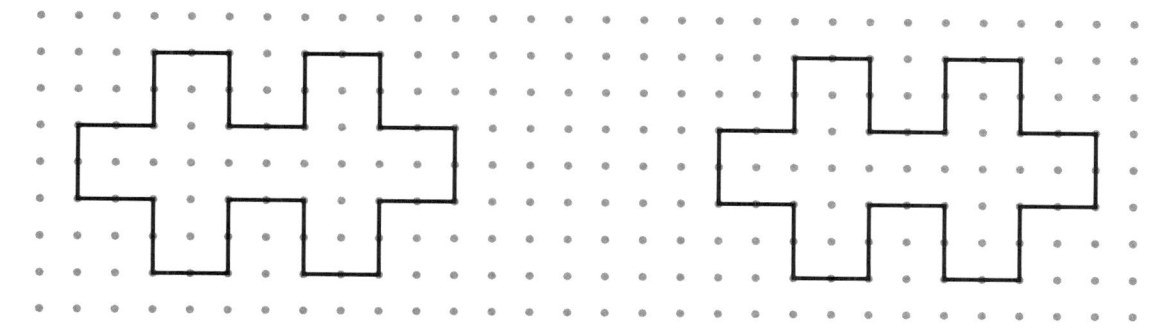

22. Zeichne ein Rechteck in das Punkteraster.

Hinweis: Denke daran, dass ein Rechteck vier Seiten und vier rechte Winkel hat und die gegenüberliegenden Seiten immer gleich lang sind. Zeichne mit Lineal.

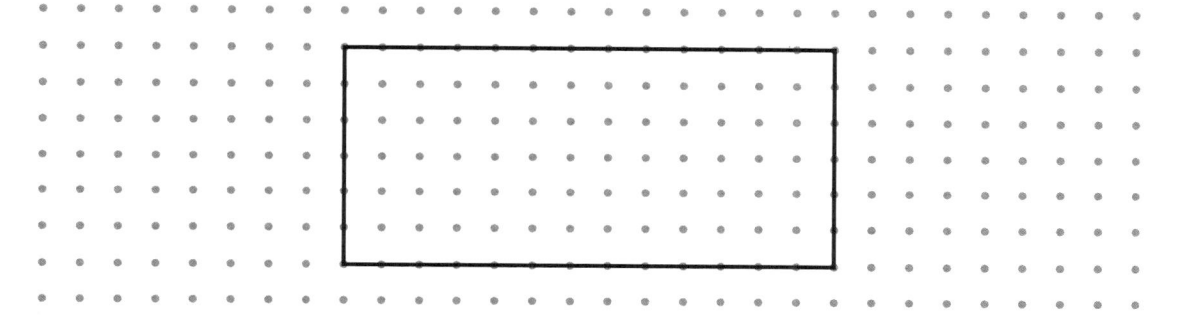

23. Wer sieht das Auto wie? Trage die Namen ein.

Hinweis: Konzentriere dich gut und versetze dich gedanklich an den Standpunkt der einzelnen Kinder. Dafür musst du das Auto im Kopf drehen.

Birgit

Chris

Diana

Anton

Lösungen – Beispieltest 2

24. Immer zwei Figuren sind gleich. Verbinde sie.

Hinweis: Drehe und spiegele die Figuren gedanklich, um zu prüfen, ob sie gleich sind. Auch die Anzahl der Pfeilspitzen kann dir dabei helfen.

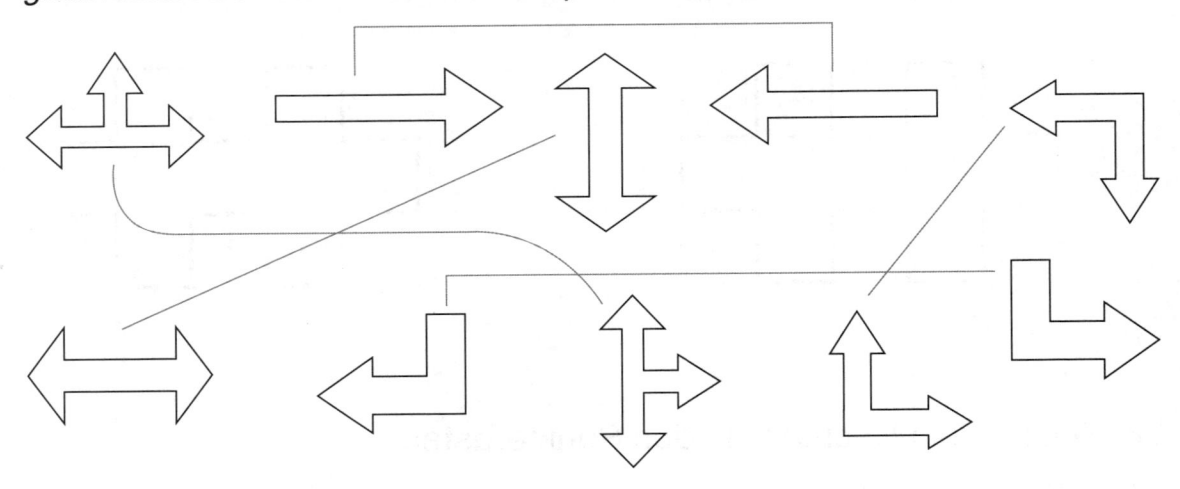

25. Hier siehst du den Grundriss eines Badezimmers. Der äußere Rand ist mit kleinen Fliesen ausgelegt. Das fehlende weiße Quadrat soll mit den großen quadratischen Fliesen ausgelegt werden. Eine große Fliese ist genauso groß wie vier kleine Fliesen. Wie viele große Fliesen braucht man, um das weiße Quadrat auszulegen.

Hinweis: Berechne zunächst, wie viele kleine Fliesen die weiße Fläche ausfüllen. Zähle hierfür ab, wie viele kleine Fliesen an die untere Seite des Quadrats grenzen: Es sind 6 Stück. Die Fläche besteht zudem aus 6 Reihen. Du rechnest also 6 · 6 = 36. Das Ergebnis teilst du durch 4, da eine große Fliese genauso groß ist wie vier kleine (36 : 4 = 9). Man braucht also 9 große Fliesen.

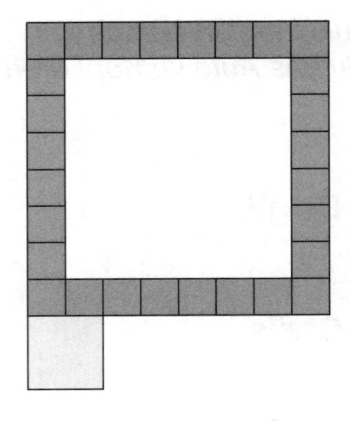

Man braucht **9** große Fliesen.

Lösungen – Beispieltest 2

26. Hier siehst du drei Körper von oben.

Welche Anordnung siehst du?

Hinweis: Die äußeren Körper müssen rund sein, da du sie als Kreise siehst. Es kommen also nur a und d infrage. Allerdings müssten bei der Draufsicht von d noch die Spitze der Pyramide zu sehen sein und der Würfel in der Mitte als Quadrat dargestellt werden. In der Zeichnung fehlt die Spitze jedoch und in der Mitte ist ein Rechteck zu sehen. Es ist also nur Anordnung a richtig.

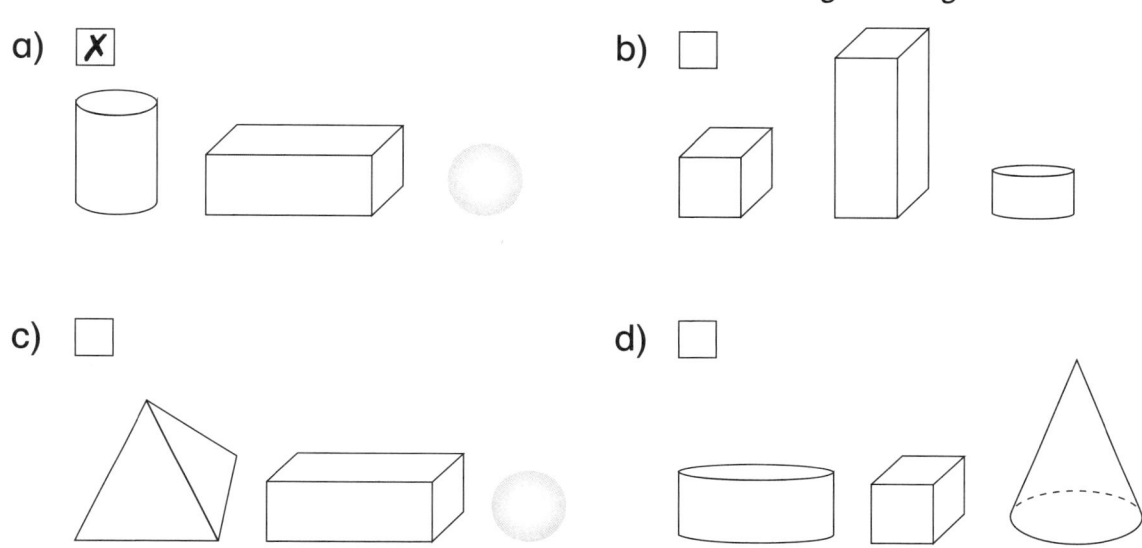

a) [X]   b) [ ]

c) [ ]   d) [ ]

27. Milas Mama hat viele Stoffreste, aus denen sie eine Decke nähen möchte. So sehen die Stoffreste aus.

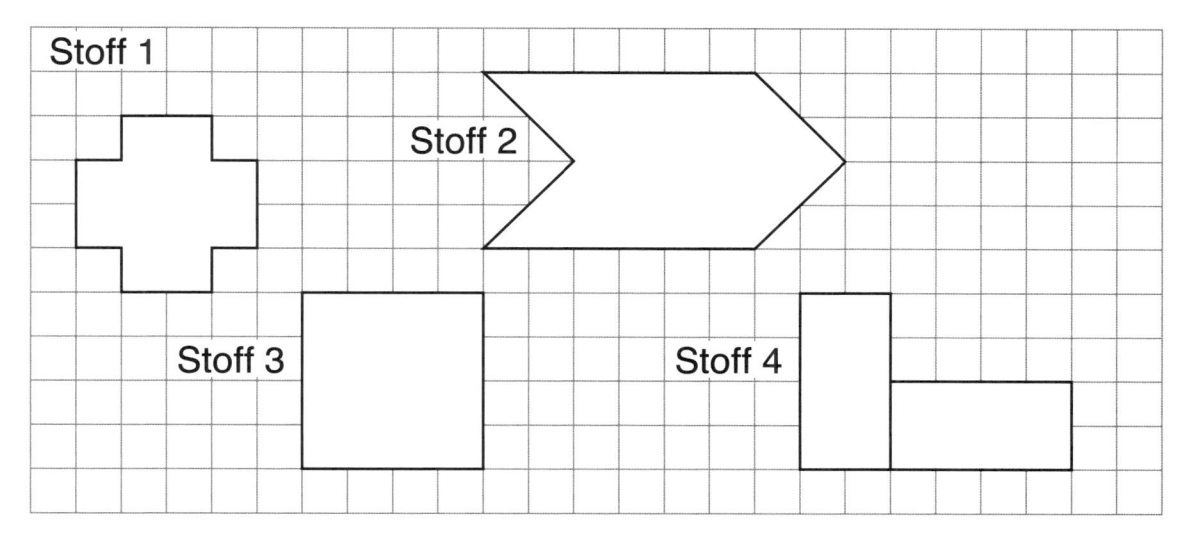

a) Welche Stoffreste sind gleich groß?

Hinweis: Überlege, wie groß die Flächen der einzelnen Stoffreste sind, indem du dich an den Kästchen orientierst. Stoff 1 bedeckt 12 Kästchen,

Lösungen – Beispieltest 2

Stoff 2 deckt 24 Kästchen ab. Stoff 3 und Stoff 4 bedecken je 16 Kästchen und sind daher gleich groß.

Die Stoffreste **3** und **4** sind gleich groß.

b) Begründe.

Hinweis: Schreibe hier die Überlegungen auf, die dich auf das Ergebnis in a gebracht haben.

Stoff 3 und 4 bedecken beide jeweils 16 Kästchen und sind damit gleich groß. Stoff 1 ist kleiner, da er nur 12 Kästchen bedeckt, und Stoff 2 ist größer, weil er 24 Kästchen bedeckt.

28. Ein Kind hat folgende Figur gelegt:

Welche Teile wurden hier benutzt, welche nicht?

Kreuze an.

Hinweis: Bei dieser Aufgabe musst du genau hinsehen. Vergleiche die Bestandteile der Figur mit den Teilen, die zur Auswahl stehen. Drehe die Teile dabei auch gedanklich und prüfe Längen und Breiten.

	benutzt	nicht benutzt		benutzt	nicht benutzt
Quadrat	X	☐	Trapez	☐	☐
Rechteck	X	☐	Dreieck	X	☐
Kreis	☐	☐	Rechteck (schmal)	☐	☐

29. Welche drei Würfelgebäude sind gleich?

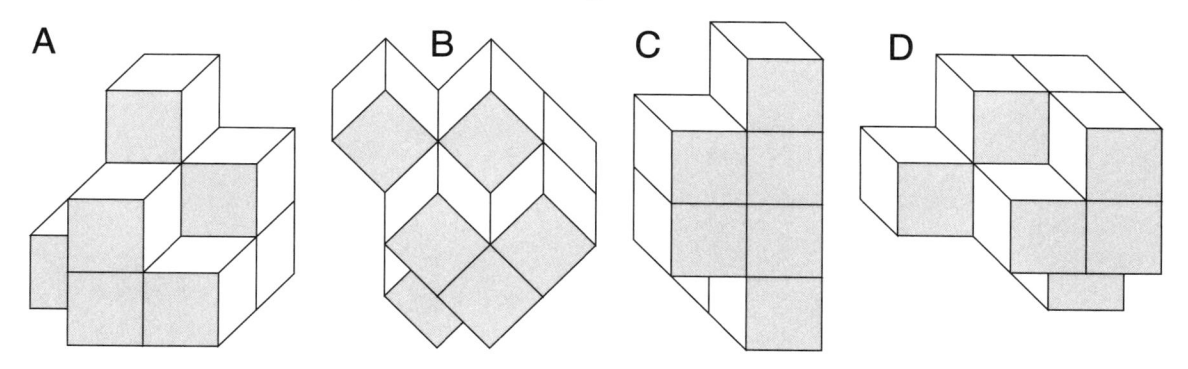

A　　　　　　B　　　　　　C　　　　　　D

Hinweis: Hier musst du dich gut konzentrieren und die Gebäude beim Vergleichen gedanklich drehen. Dann stellst du fest, dass A, B und D gleich sind. B ist nur leicht nach links geneigt und D ist um eine Vierteldrehung nach links gekippt abgebildet.

Würfelgebäude **A**, **B** und **D**.

Notizen

Erfolgreich durch die Grundschule mit den STARK-Reihen

Biberleicht lernen

Die „Biberleicht"-Hefte bereiten optimal auf die Schule vor.

Training

Infokästen wiederholen Grundlagen und vielfältige Aufgaben motivieren zum Üben.

Lernzielkontrollen

Authentische Lerzielkontrollen zur Überprüfung der wichtigsten Inhalte des jeweiligen Schuljahres.

VERA 3

Abwechslungsreiches Trainingsmaterial zur Vorbereitung auf die bundesweiten Vergleichsarbeiten in der 3. Klasse.

Training Übertritt

Zur Vorbereitung auf den Probeunterricht und die Aufnahmeprüfung an weiterführenden Schulen.

Und vieles mehr auf www.stark-verlag.de

(Bitte blättern Sie um)

Für einen guten Start in der weiterführenden Schule

Training Unterstufe

Unterrichtsrelevantes Wissen schülergerecht präsentiert. Übungsaufgaben mit Lösungen sichern den Lernerfolg.

STARK in Klassenarbeiten

Schülergerechtes Training wichtiger Themenbereiche für mehr Lernerfolg und bessere Noten.

Klassenarbeiten

Praxisnahe Übungen für eine gezielte Vorbereitung auf Klassenarbeiten.

Kompakt-Wissen

Kompakte Darstellung des wichtigen Wissens zum schnellen Nachschlagen und Wiederholen.

Lektüren

Spannende Geschichten, sprachlich den Kenntnissen der jeweiligen Klassenstufe angepasst.

Und vieles mehr auf www.stark-verlag.de

Bestellungen bitte direkt an:
STARK Verlagsgesellschaft mbH & Co. KG · Postfach 1852 · 85318 Freising
Tel. 0180 3 179000* · Fax 0180 3 179001* · www.stark-verlag.de · info@stark-verlag.de
*9 Cent pro Min. aus dem deutschen Festnetz, Mobilfunk bis 42 Cent pro Min.
Aus dem Mobilfunknetz wählen Sie die Festnetznummer: 08167 9573-0

Lernen · Wissen · Zukunft
STARK